해적 협상 노트 2006:
동원호 피랍 사건 전모

해적 협상 노트 2006: 동원호 피랍 사건 전모

발행일	2023년 1월 9일

지은이	조희용
펴낸이	조희용
기획	이양
펴낸곳	조앤리 Jo & Lee
출판등록	2022년 10월 17일(제 2022-000199호)
주소	서울 서초구 논현로 19길 15 양재빌딩 4층 1호
전화번호	010-2574-2017
이메일	joandlee1955@gmail.com

편집/제작	(주)북랩

ISBN	979-11-981140-0-6 93340 (종이책) 979-11-981140-1-3 95340 (전자책)

소말리아 해적과의 협상 117일,
무슨 일이 있었나

해적 협상 노트 2006:
동원호 피랍 사건 전모

조희용 지음

머리말

외교관은 재미있는 직업이다. 외교관은 언제 어디서든 일단 주어진 여건에서 국가 이익을 위해 최선을 다해야 한다. 국가 이익이 안전 보장이든, 경제적 이득이든, 우리 국민의 보호 등과 관계없이 외교관은 특정한 임무가 주어지면 어떠한 상황이든 상대가 누구이든, 협상 등을 통해 성과를 거두기 위해서 최대한 노력한다.

협상 과정과 그 결과물에 대한 종합적인 판단은 우선 일차적으로 외교당국이 하게 되지만, 동시에 국내 정치권, 전문가, 언론 또한 객관적인 상황과 결과에 대한 자체 판단이나 정부 당국의 브리핑 등을 듣고 협상 전반을 평가하게 된다. 민주주의 사회에서 권력의 견제와 균형(check and balance)이라는 원칙에 따르는 자연스러운 현상이다.

나는 30여 년간 외교관 생활을 하였다. 서울 외교부[1] 본부에서나 해외공관에서나 외교관의 본분을 지키고 주어진 업무를 나름대로 한다고 해 왔다. 어디서든 다양한 분야의 인사들과 접촉, 교류하면서, 각종 협상에 참여하여 우리 입장을 제대로 알리고 한국과 한국 국민에 대한 인식을 우호적으로 제고하는 활동을 수행하여 왔다.

---

1   우리 정부조직법상 '외교부'는 1948년 정부 출범 이래 1998년까지는 '외무부'로, 이후 2013년까지는 '외교통상부'로, 2013년 이후에는 '외교부'로 불렸다. 이 책에서는 당시 명칭으로 기술하되, 통칭 '외교부'로도 표현하였다.

그런 가운데 외국 정부와의 협상 과정이나 결과, 또는 외교관의 실제 활동을 국민들에게 어느 정도 알리는 것이 바람직한지에 대해 동료, 선배, 상사들과 늘 고민해 왔다.

모든 나라의 정부는 국익과 앞으로의 외교 등을 고려하여 자국의 외교 활동에 대한 대외적인 발표에 있어서 일정한 제한을 두게 마련이다. 더욱이 재외국민 보호 과정에서는 국제법과 국제관례를 존중하면서 당사자의 안전과 개인 정보 등의 이익을 최대한 보호해야 하는 것이 우선이므로 정부의 대외 발표에는 엄격한 제한이 있을 수밖에 없으며 더욱이 해적과 같은 범죄 집단이 개입된 경우에는 더욱 그렇다.

나는 외교관 생활 중 2006년 7월 해적과의 협상에 참여하는 특이한 경험을 하였다. 그 이전에 2003년 주 필리핀대사관 공사 겸 총영사로 근무하던 중 우리 기업인이 필리핀에서 처음으로 납치된 사건이 발생하여 비슷한 경험을 한 적이 있었다. 필리핀 경찰 당국 주도하에 납치범과 협상이 진행되는 과정에 피해자 가족과 함께 지내면서 필요한 조언이나 가능한 협조를 제공한 적이 있었다.

나는 2006년 7월 초 이규형 외교통상부 제2차관[2]의 권유로 2006년 7월 12일부터 30일까지 두바이에서 소말리아 해적들과 동원호 석방을 위한 협상에 참여하였다.

당시 내 개인적인 기억과 메모 등을 바탕으로 외교통상부가 동원수산과 함께 피랍된 동원호 선원의 조기 안전 석방을 위해 어떠한 노력을 지속적으로 하였는지, 그리고 국제사회의 중견국으로서 국제법과

---

2   이규형 차관 등 모든 인사의 직책은 그 당시 직책으로 기술하였다.

국제관례를 최대한 존중하면서 실제로 해적과의 협상을 어떻게 진행했는지에 대해 가능한 한 상세히 밝히고자 한다.

외교관은 재임 중에는 물론 퇴직 후에도 자신의 외교 활동과 공무 중 취득한 정보를 함부로 공개할 수 없다. 다만 동원호 피랍 사건은 16년여 전에 발생하였고, 그간 '석방금' 또는 '몸값'[3] 등 관련 내용이 언론 등에 이미 공개되었으며[4] 특히 당시 협상의 전반적인 역학 관계를 이해하기 위해서는, '선원의 안전 석방'과 함께 협상의 핵심인 석방금 합의에 이르기까지의 구체적 협상 과정을 밝힐 수밖에 없으므로 이에 대한 양해를 구한다.[5]

우리 정부는 사실상 처음 겪어 본 2006년 해적에 의한 동원호 피랍 사건 이래, 국제사회의 해적 퇴치 활동에 적극적으로 참여하면서 국제사회의 보편적 관례에 따라 개별적인 우리 선박, 선원 납치의 경우에는 "정부는 해적과 협상하지 않으며 선사가 협상을 주도한다"라는 기본 원칙과 축적된 협상 역량에 따라 선원과 선사를 최대한 지원해 왔다.

외교부는 지금도 유사한 사건, 사고 발생 시 우리 국민의 안전을 확

---

3   영어의 'ransom'의 의미로서 이 책에서는 '석방금'과 '몸값'을 혼용해서 썼다. 동원호의 경우에는 구출 대상이 선원뿐 아니라 선박도 포함되므로 경우에 따라 서술의 흐름상 '석방금'이라는 표현이 적절하다고 생각하였다.

4   해적의 협상 창구이자 대변인 역할을 했던 '압디 모하메드(Abdi Mohamed)'가 AP 통신과의 7월 30일 전화 인터뷰에서 "80만 불 이상의 몸값(more than $800,000 in ransom)이 지불된 지 하루 만에 선원들이 석방되었다"고 말하였으며 외신 및 국내 언론이 이를 그대로 보도하였다.

5   정부는 해적과의 협상에 대해 언론에 설명하면서 해적이 요구하는 '석방금 액수' 또는 '몸값'이라는 표현 대신 '석방 조건'이라는 표현을 고수한다. 인명을 구하기 위해 어쩔 수 없이 몸값을 전달하나 국제관례상 전달 자체 및 금액을 공식적으로 밝히지 않는다.

보하기 위해 직·간접적으로 내가 참여했던 활동과 비슷한 형태로 외교 역량을 최대한 활용하여 대응하고 있다. 다만 '국민의 살 권리'와 '국민의 알 권리' 사이에서 균형점을 모색하면서 궁극적인 국익을 확보하기 위해 국내 일부에서의 비난을 늘 감수하고 전체 활동을 공개할 수 없을 뿐이다.

이 책이 외교부가 해적과의 협상에 공식적으로 직접 나설 수는 없으나 실질적으로는 민간 기업과 처음부터 협상에 참여함으로써 우리의 국격과 국익을 함께 지켜나갔던 활동에 대해 국내 각계의 이해를 높이고 외교부에 대한 믿음을 쌓아가는 데 조금이나마 보탬이 되었으면 하는 바람이다.

아울러 국제사회에서 다양한 협상에 참여하는 당사자들에게 어떠한 협상에서도 정체성과 원칙을 지켜나가면서 궁극적으로 신뢰를 쌓아 가는 것이 협상 타결에 도움이 된다는 진실을 이해하는 데 조금이나마 도움이 되기를 바란다.

또한 항상 만만치 않은 국내외 여건하에서 국익을 위해 밤낮을 안 가리고 고군분투하는 외교관들이 전문직으로서 국내 일부의 편견과 일시적인 비판에 휘둘리지 않고 주어진 외교 활동을 최선을 다해 수행하는 과정에서 이러한 해적과의 협상 사례가 참고가 될 수 있을 것으로 생각한다.

2022년 10월

조희용

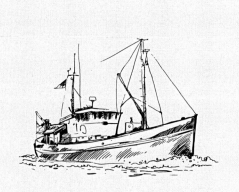

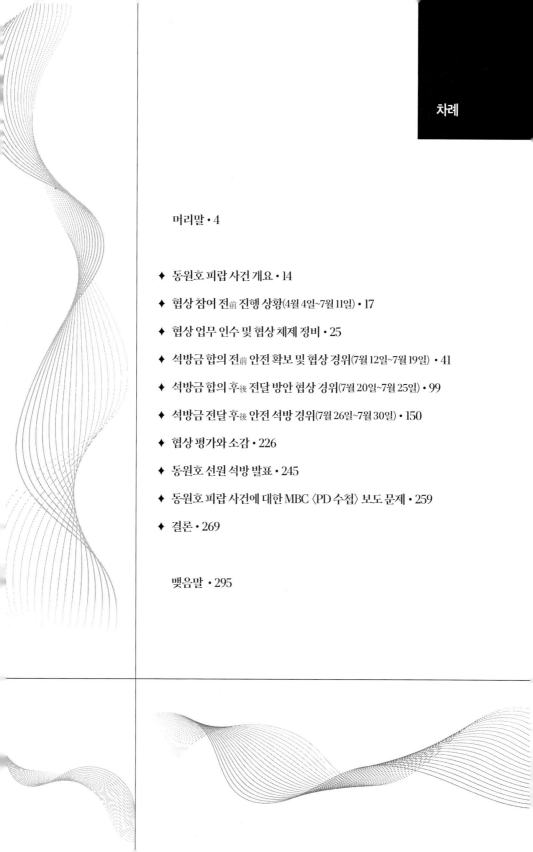

사건 주요 일지

동원호(선원 25명)
소말리아 해적에 의해 피랍

2006年 4月 4日

4月 - 5月

케냐 나이로비에서 해적 대리인을 통한
협상 진행

외교부, 소말리아 과도정부 및 주요국에
지원 요청 및 협상 지원대표 파견

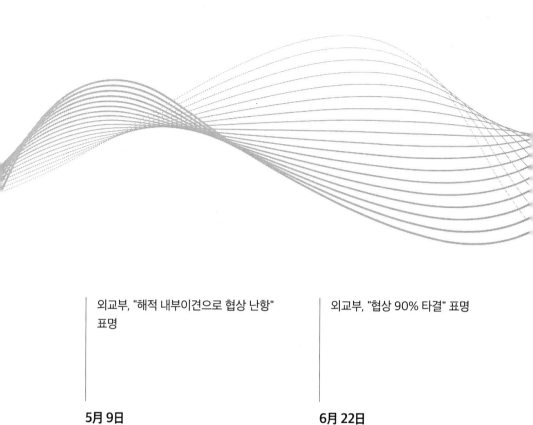

외교부, "해적 내부이견으로 협상 난항" 표명

외교부, "협상 90% 타결" 표명

5月 9日

6月 15日

6月 22日

아랍에미리트 두바이에서
해적과 직접협상 개시

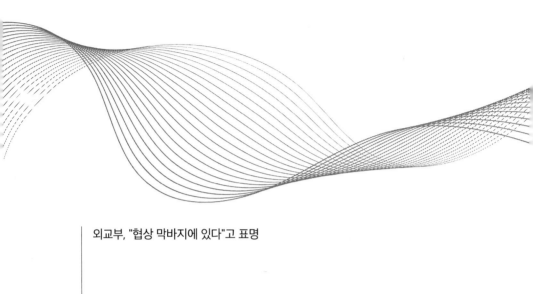

외교부, "협상 막바지에 있다"고 표명

7月 4日

7月 25日

석방금 합의

동원호 피랍
117일만에 석방

2006年 7月 30日

7月 29日

석방금 전달

동원호 피랍 사건 개요

2006년 4월 4일 동원수산 소속 원양어선 제628호 동원호와 선원(최성식 선장 등 한국인 8명, 인도네시아인 9명, 베트남인 5명, 중국인 3명 등 총 25명)이 소말리아 인근 해역에서 조업 중 현지 무장단체에 납치되었다. 정부는 동원수산과 긴밀히 협력하면서 해적과의 협상의 모든 과정을 지원하였고, 그 결과 동원호와 선원 전원이 7월 30일, 납치된 지 117일 만에 석방되었다.

4월 4일 오후 3시 40분경(한국 시간)[1] 인도양 소말리아 인근 공해상에서 8명의 해적이 스피드보트 두 척으로 총기를 난사하면서 동원호를 납치하였다. 연락이 닿은 주변 수역의 네덜란드 군함과 미군 군함이 동원호를 추적하였으나, 소말리아 영해 내로 도주하였다. 네덜란드 외교부가 외교 채널을 통해 바로 우리 외교부에 통보해 주었다.

4월 5일 0시 45분(한국 시간) 동원호 통신장이 해적 몰래 전화로 선원 전원이 무사함을 동원수산 본사에 알려왔다. 이후 동원호는 소말리아 중부 '오비아(Obbia)' 항 인근 해상에 억류되었다.

정부는 동원호 피랍 직후, 주케냐 대사관(소말리아 관할) 등 재외공관

---

1   당시 시간 표시는 기본적으로 아랍에미리트의 두바이 시간대이며, 한국 시간인 경우에는 '한국 시간'이라고 표기하였다.

을 통해 납치 세력의 정체를 파악하고 유사 사례를 분석하여 대응했으며 동원수산은 바로 납치 세력과 협상을 시작하였다. 납치 세력은 소말리아 북부 '하라데레(Haradheere)' 지역을 기반으로 한 '압디 모하메드 아프웨니(Abdi Mohammed Afwyene)' 휘하의 '소말리아 머린(Somali Marine)'으로 밝혀졌다. 동 납치 세력은 2005년 8월 세계식량기구(WFP: World Food Program)의 식량 운반 구호 선박 등 유사한 선박 납치 행위를 계속해 왔으며 시간을 끌며 석방금을 높이는 협상전략을 구사한다고 알려졌다.

정부는 바로 소말리아 과도정부에 영향력을 행사해 줄 것을 요청하고 주변국인 케냐, 지부티, 에티오피아 정부에 반기문 외교부 장관 서한을 전달하는 등을 통해 동 건 해결을 위한 적극적인 협력과 지원을 요청하였다. 아울러 4월 7일 정달호 외교부 재외동포영사대사가 두바이로 파견된 이래, 백성택 재외동포영사국 심의관, 이시형 대사, 손세주 대사, 조희용 대사 등 협상 지원 대표를 교체 파견하여 동원수산의 협상을 지원하였다.

동원수산은 초기에는 케냐 나이로비에서 소말리아 과도정부 인사 채널과 씨족 원로 등 대리인 채널을 통해 협상을 시작하였다. 해적은 석방금을 초기 500만 불에서 시작하여 점차 내려 5월 중순경 100만 불 선을 요구하기 시작하였으며, 동원수산은 초기 15만 불부터 조금씩 올려 4월 중순부터 6월 중순까지 30만 불을 고수하다가 이후 60만 불을 제시하였다. 외교부는 5월 9일 언론 브리핑에서 납치단체의 내부 이견으로 석방금을 높게 받아 내려는 주장으로 협상 진전이 어렵다는 상황임을 밝혔다.

정부는 협상팀에 6월 14일 영국인 협상전문가인 '피터 에스드버리(Peter Astbury, 이하 '피터'로 호칭)'를 합류시켰으며, 협상팀은 해적 측의 요청을 감안하여 6월 중순부터 두바이를 거점으로 해적과 본격적인 협상을 진행하였다.

손세주 본부 대사가 6월 15일 두바이에 도착한 후, 협상팀은 석방금 협상과 함께 협상 타결 시 석방금 전달 방안을 강구하고, 동원호 선원 석방 시 안전 항행을 위해 바레인 주재 미국 해군과의 협조 관계를 계속 유지하였다. 석방금에 대한 양측의 구체 입장이 점차 좁혀졌으며, 이에 따라 외교부는 국내 언론에 대해 6월 22일 "협상이 90% 타결"되었으며, 7월 4일에는 "협상이 막바지에 있다"라고 밝혔다.

손 대사는 7월 12일(수) 조희용 대사에게 협상 업무를 인계하고 귀국하였다. 이후 협상팀은 해적과 지속적으로 협상한 결과, 7월 25일(화) 석방금 88만 불에 최종 합의하였다. 7월 29일(토) 협상팀은 두바이에서 석방금을 해적 대리인에게 전달하였으며 다음 날인 7월 30일(일) 동원호와 선원 25명 전원은 납치된 지 117일 만에 안전하게 석방되었다.

협상 참여 전前 진행 상황
(4월 4일~7월 11일)

협상 참여 경위

2006년 7월 초, 이규형 외교통상부 제2차관이 나에게 전화를 걸어왔다. 동원호 피랍 사건 해결을 위한 그간 외교부 대응에 관해 설명하고 당시 두바이에서 협상을 지원하고 있는 손세주 대사의 업무를 이어받아 동 협상에 참여해 주면 좋겠다고 하면서 나의 의향을 물었다. 나는 바로 그렇게 하겠다고 대답하였다.

당시 나는 외교통상부와 고려대학교 간 관학 협력 협정에 따라 동 대학교 정치외교학과 외교겸임교수로 2005년 9월부터 강의하던 중 2006년 봄학기를 마치고 본부 동아시아 지역협력 대사로 복귀할 예정이었다.

7월 11일까지의 협상 진행 상황

7월 10일(월)~11일(화) 나는 외교통상부 재외국민보호과 이영호 과장과 정기홍 서기관으로부터 해적과의 협상 기본전략과 동원호 석방 협상 현황에 대해 다음과 같이 설명을 들었다.

협상의 기본전략

- 외교부는 사건 발생 직후 바로 전 재외공관에 해적 납치사례, 각국
의 대응 방안 및 우리 정부에 대한 조언과 지원 가능 분야 등을 지
급 파악하여 보고하라는 지시를 내려 보냈으며, 이에 따라 약 일주
일에 걸쳐 이준규 국장, 이영호 과장, 정기홍 서기관을 중심으로 공
관 보고를 종합하여 해적과의 협상 기본전략을 다음과 같이 수립
하였음. [2]

1) 어느 나라 정부도 해적 집단과 절대로 직접 협상하지 않는다. 국가
가 해적에게 협박당하여 돈을 주는 협상을 하는 것은 금물이며 이
런 국제관례를 만들어서는 안 된다.

2) 해적과 '몸값' 협상은 선주가 하도록 하고, 정부는 보이지 않는 곳에
서 측면 지원을 한다.

3) 해적은 인질을 통해 돈을 받아 내는 것이 목적이므로 테러 집단과
는 달리 자신들의 안전에 위협이 없는 한, 인질을 죽이지 않는다.

4) 선주가 소말리아 해적과 '몸값' 협상을 하는 과정에서 당지 사정에
밝은 유럽계 전문가의 조언과 도움이 긴요하다. 선박 보험회사 출
신으로서 과거에 해적과 몸값 협상을 해본 경험이 있는 전문가를
협상에 간여하도록 하는 것이 효과적이다.

5) 최근 벌어졌던 선박 납치 사건을 살펴보면 해적이 보통 3~4개월 정

---

2   당시 외교부 관계자들은 돌이켜 보면 해적의 선박 피랍 사건이 전례가 없는 상황에서 상기와
같이 빠른 시간 내에 협상 기본 전략을 수립함으로써 초기부터 일관되게 해적과의 협상을 끌
고 나갈 수 있었으며, 이에 따라 이후 유사한 사건 발생 시에도 일관되게 효과적으로 대응할
수 있었다고 평가한다.

도 인질을 억류했으므로 장기간의 협상에 대비해야 한다.

⑹ 해적들과 선주가 대면 협상한 사례는 없으며, 전화와 팩스로 협상한
다. 해적들은 대체적으로 선주와의 협상 장소로 두바이를 선호한다.[3]

- 우리 정부로서는 해적에 의한 동원호 피랍 사건이 전례가 없는 사
건으로서 사실상 처음 겪는 상황이었으나 다행히 주요 우방국들이
자신들의 협상 경험과 의미 있는 조언을 전해주어서 상기와 같이
바로 협상의 기본 틀을 잡고 상부에 보고하였음.

- 이에 따라 사건 발생 초기부터 7월 현재까지 이러한 협상 기본전략
을 기초로 동원수산과 함께 일관되게 협상을 진행하고 있음.

7월 초까지의 협상 현황

- 납치범은 소말리아 북부 군벌인 '소말리아 머린(Somali Marine)'의 하
부조직인 소위 '해안경비대(Coast Guard)'이며 그간 전례[4]로 보아 그
들이 원하는 것은 금전으로 판단됨. 금전 지불이 선원 석방의 유일
한 방안일 경우, 국제법상 위법성은 조각阻却 될 수 있다는 것이 통
설임.

- 현재 양측은 석방금액을 두고 계속 협상 진행 중이며 동원수산은

---

3   MBC 〈PD 수첩〉 등 일부 언론이 "왜 협상단을 현지에 파견하여 납치범과 직접 교섭하지 않
는가?"라고 비판하였으나, 협상 초기부터 해적도 현지 협상은 소말리아 내 무장세력이 난무
하는 내전 상황하에서 자신들에게도 위험하다는 입장을 밝혔기 때문에 대응 방안이 될 수 없
었다.

4   과거 피랍 사건 해결 사례로서 2005년 6월 UNDP 선박 (선원 11명)의 경우 30만 불 합의금 지
불, 2005년 8월 대만 선박 3척(선원 47명)의 경우 합의금 30만~40만 불 지불한 것으로 알려
졌다.

60~80만 불 사이에서 최종안을 모색하고자 금액을 조금씩 상향하
는 식으로 대응하고 있으며 해적측은 80~90만 불을 요구하고 있음.
- 선원의 안전상태가 최우선이므로 지속적으로 확인해 왔으며 현재
까지 안전한 상태임. 선박도 석방 시 운항하는 데 지장이 없는 것으
로 파악되고 있음.
우리 측이 육지에 억류 중인 선장이 동원호로 귀환한 이후에야 본
격적인 협상이 가능하다고 강력히 주장하여 일단 관철했으며, 선
장을 더 이상 육지에 억류하지 말고 선박에 상시 체류하도록 할 것
을 요구하고 있음[5].
- 한편 3월 29일, 동원호보다 1주일 전에 납치된 아랍에미리트 유조
선(LIN 1호)는 6월 12일경 해적과 석방금 45만 불에 합의하였으나
아직 합의금 전달 방식에 대한 이견으로 석방이 지체되고 있다고
알려짐[6]. 이를 참고로 우리 측도 협상 중에서도 석방금 전달 방식
을 염두에 두고 교섭해야 할 것임[7].

---

5   해적은 동원호 납치 후 미군이나 용병 등 외부의 무력에 의한 선박 구출 가능성에 대비하여
    선장을 '이중 인질'로 잡아 두고 동원수산과의 협상 통로로 이용하기 위해 해적 두목의 집에
    3개월 이상 계속 체류하게 하였다.
6   우리 협상팀은 아랍에미리트 유조선 측의 협상대리인과 긴밀히 연락하면서 정보 교환을 하
    였다. 유조선 측이 5월 중순경 군사작전 감행 가능성을 비쳤으며 이에 대해 우리 측은 선원의
    안전에 피해를 초래할 수 있는 어떠한 무력 행사에도 반대한다는 입장을 전달하였다. 유조선
    측은 5월 21일경 현지 군벌을 동원하여 무력 시위를 함으로써 해적 두목 '모하메드 아프웨니'
    가 도망가는 등 일정한 효과는 있었으나 결국 유조선 석방에는 실패하였다. 이러한 무력 행사
    때문에 동원호 협상이 일정 기간 지연되기도 하였다. 따라서 해적은 유조선 측에 대한 의심이
    높아진 것으로 보이며 석방금 합의 이후에도 전달 방식을 두고 계속 협상을 진행하였다.
7   나는 유조선의 경우 석방금 합의 후로부터 한 달이 지나도 석방금 전달이 이루어지지 않고
    있다는 설명을 듣고 해적과의 협상이 기본적으로 예상할 수 없는 불확실한 요소와 여러 장애
    가 있어 최종적인 안전 석방에 시간이 상당히 걸릴 수밖에 없다는 생각이 들었다.

정부 주요 조치 사항

- 동원호 사건 발생 직후부터 소말리아 과도정부(염기섭 주 케냐 대사, 4월 6일 '아미드(Ahmed)' 대통령, '게디(Ghedi)' 총리 면담 등)는 물론, 케냐, 에티오피아, 지부티 등 주변국 정부, 선원들의 본국인 중국, 베트남, 인도네시아 정부, 그리고 미국, 국제해사기구(IMO) 등에 대해 동원호 선원과 선박의 조기 안전 석방을 위한 적극적인 협력과 지원을 요청하는 외교적 노력을 지속해 옴.
- 최근에는 반기문 외교장관이 6월 30일 감비아 반줄에서 개최된 아프리카연합(African Union: AU) 정상회의 참석 계기에 소말리아 과도정부 아미드 대통령 및 '이스마일(Ismail)' 외교장관을 면담하고 동원호의 조속한 석방을 위한 협조를 재차 요청함.
- 피랍 후 초기에는 동원수산이 소말리아 과도정부 소개로 해적의 친척 '시아드(Siad)' 및 씨족 원로인 '쿠탈(Cutale)'을 중개인으로 하여 나이로비에서 해적과 협상했으나, 결국 실패하였고, 해적 측이 동원수산과 직접 교섭하기를 희망함에 따라 두바이에서 양측 간 협상이 진행되고 있는 상황임.
- 정부로서는 소말리아 과도정부를 통한 협상이 진전을 이루지 못하였으나 앞으로의 상황 전개가 불투명한 상황에서 과도정부와의 협력 관계는 지속적으로 유지할 필요가 있다고 판단됨.
- 6월 14일 이래 영국인 납치 협상 전문가 피터를 우리측 협상단에 합류토록 하여 석방 협상 과정에 자문하고 있으니 적극 활용하기 바람.

전망 및 대처방향

- 협상이 막바지 단계에 이르고 있는 상황이며, 양측이 80만 불을 염두에 두고 협상하고 있는 만큼, 조만간 석방금에 합의할 가능성이 높다고 조심스럽게 관측함. 다만 합의 이후에도 석방금 전달 등 후속 절차가 필요하므로 실제 석방까지는 상당한 시일이 소요될 가능성도 배제할 수 없을 것임.
- 그동안 해적의 수차례에 걸친 요구액 번복 등의 행태를 고려할 때, 우리측이 협상 타결을 서두른다는 인상을 주면 또다시 시간을 끌면서 요구액을 올려서 요구할 가능성이 항상 있으므로 일관되고 의연한 태도 견지가 중요할 것임.
- 현지 협상단의 판단에 따라 해적에게 강력히 대처하면서, 협상의 모멘텀을 계속 살려 나가기를 기대함.
- 협상 타결 이후에도 해적이 변심하여 합의를 뒤집을 수 있으므로, 선원들이 안전하게 석방될 때까지 대외 보안을 반드시 유지해야 함.
- 비상사태 발생 시 대처 방안을 검토 중임(선원 중 위급환자 발생, 불의의 사고 또는 충돌로 인한 선원 피해 발생 시 대응 등).

언론 대응 및 해적의 언론 이용

- 사건 발생 초기부터 기본적으로 외교부 재외동포영사국장이 외교부 및 해양수산부 출입기자단에 석방 협상 진행 상황 등을 설명하고 보도 자제 등 관련 협조를 요청해 왔으며 석방 협상이 장기화될 가능성에 대해서도 언론의 이해를 촉구하고 있음.
- 해적이 자신들의 입지를 강화하기 위해 언론을 적극적으로 이용하

해적 협상 노트 2006: 동원호 피랍 사건 전모

는 법을 알고 있으며 이번에도 그러한 시도를 하려고 하고 있으니 절대적으로 이에 말려들어 가서는 안 됨.

- 해적은 지난 4월 26일 로이터 통신과 인터뷰를 하였으며, 로이터가 선원들의 상황을 영상 보도한 내용을 KBS가 보도한 바 있음.

- 이어서 더 심각했던 사례는 5월 7일 해적이 최성식 선장에게 KBS에 전화를 하라고 시켰으며 동 통화 내용을 KBS가 단독 보도한 일임. 이때 최 선장은 "선원이 질병과 굶주림으로 고통을 받고 있다. 회사 측 협상단과 연락이 두절되었다. 회사는 돈 때문에 협상도 안 하고 있다. 해도 너무한다. 납치범들이 총을 겨누고 구타한다"라는 등 해적이 시키는 대로 말한 바 있음.

- 이에 따라 외교부는 우리 언론에 대해 해적의 농간에 넘어가면 안 된다고 진행 상황을 수시로 설명하고 있음.

외교차관, 국장, 동원수산 사장과 협의

이어서 나는 이규형 차관과 이준규 재외동포영사국장을 각각 면담하였다. 이 차관은 해적과 협상 마무리 단계에 조 대사를 적임자로 판단한 것이니, 어려운 여건이며 상대가 예측하기 어려운 해적이기는 하나 그간의 외교관 경험을 살려 원만히 해결되도록 최선을 다해 줄 것을 당부하였다.

이 국장은 그간 협상 성과로 해적의 요구를 500만 불, 300만 불에서 80만~90만 불 수준으로 낮추었다고 하면서 협상이 막바지에 이르러 조만간 타결될 가능성이 있으니 자신과 긴밀히 협의하면서 해결해 보자고 말하였다.

    동원수산의 송장식 사장은 7월 11일(화) 11시경 나에게 전화해 점심을 같이 하자고 하였으나, 그날 저녁 두바이 출발 예정으로 챙겨야 할 것이 많아 점심을 같이 못 한다고 양해를 구하고 대신 전화로 협의하였다. 송 사장은 전화 협의에서 협상 창구인 강오순 상무를 최대한 지원해 줄 것을 요망하면서 최종 석방금액에는 신경 쓰지 말라고 말하였다. 나는 이 발언을 나의 현장 판단을 전적으로 존중하며, 내 판단을 믿겠다는 의미라고 받아들였다. 덕분에 내 발걸음은 다소 가벼워졌다.

협상 업무 인수 및
협상 체제 정비

해적 협상의 기본 구상

나는 7월 11일(화) 밤, 늦은 항공편으로 두바이로 출발하였다.

나는 비행기 안에서 해적과의 협상을 어떻게 해야 할지 궁리하면서 내가 해야 할 일을 적어 보았다. 동원호 석방 협상을 야구 경기로 비유하자면 감독이 8회말 투수교체를 결정하고 내가 마지막 구원투수와 비슷한 역할을 해 줄 것을 기대하고 있다고 느꼈다.

100일 가까운 시간 동안 진행된 협상을 통해 어렵게 이뤄낸 성과를 기반으로 무엇보다도 선원 전원의 인명 피해 없이 무사히 마무리될 수 있도록 최선을 다하는 수밖에 없다고 생각하였다.

한편으로는 나의 역량이나 의지와는 아무 상관 없이 혹시 상황이 잘못되어 인명 사고라도 나면 어떻게 되나? 그럴 경우 나도 일정한 책임을 져야 하는 경우도 생길 수 있겠다는 생각도 들었다. 이 차관의 제의에 대해 굳이 안 해도 되는 일을 괜히 한다고 했나 하는 등의 잡다한 생각이 스쳐 가기도 했다.

그러나 마음을 고쳐 잡고 우선 협상의 기본 틀을 구상하기 위해 사건의 본질, 외교부가 그간 취해 온 조치와 연계하여 나의 구체적인 업무를 머릿속에 정리하였다.

해적과의 협상 자체가 전례가 없어 과거 파일을 참고할 수도 없었으며 외교부 본부로부터 구체적인 세부 지침도 없었다. 결국, 오직 그간의 외교관 경험을 살려 현장에서 나름대로 전략적 사고와 무한한 상상력을 발휘하면서 그때그때, 구체적으로 대응할 수밖에 없는 상황임을 새삼 인식하였다.

그래서 내가 해야 할 업무에 대해 다음과 같은 기본 인식을 확인하고 행동의 틀을 잡았다.

1) 사건의 본질을 살펴보면, 해적이 우리 선원과 선박을 불법으로 납치하여 이를 인질로 돈을 요구하는 것. 또한 우리의 목표는 선원과 선박의 안전하고 조속한 석방이며, 그 수단은 일정 수준의 돈을 지불하는 것임. 물론 소말리아가 내전 중인 상황이므로 납치 세력에 대한 정치적인 지원 세력이 있는지 여부도 확인할 필요가 있음.

2) 본부가 그간 파악한 정보에 의하면, 일반적으로 해적은 인질을 통해 돈을 받아 내는 것이 목적이므로 테러 집단과는 달리 인질을 절대로 죽이지 않는다고는 하나, 예단하지 말고 선원의 안전은 지속적으로 확보하는 노력을 해야 함.

3) 외교부가 취해 온 조치와 연계된 업무로는, 해적에 대해 직·간접적으로 영향력을 행사할 수 있는 소말리아 인사나 여타 그룹의 협력을 지속적으로 확보하고, 유사시나 석방 후 동원호 안전 운항을 위한 미국 해군과의 협조 체계를 운영하는 것이 중요하다고 판단됨.

4) 협상팀에 접근하는 국내외 언론에 대해서는 외교부 본부가 원칙적

으로 대응할 것이므로, 협상팀은 불가피한 경우 이외에는 일절 대응해서는 안 될 것임.

5) 내가 참여하는 협상 업무를 석방금 합의까지의 단계, 석방금 전달까지의 단계, 석방금 전달 이후 안전한 석방까지의 단계로 구분하여 석방금 협상 과정 중에 석방금 전달 방식과 '전달 시 동시 석방 조건'에 관해서도 함께, 소위 패키지 딜(package deal)로 협상해야 함. 그 과정에서 눈에 보이지 않는 해적과 가상의 신뢰 관계를 쌓아가는 일이 궁극적으로 해결의 기초가 될 것으로 예상됨.

손세주 대사와 업무 인수인계

7월 12일(수) 오전 4시 40분, 두바이 공항에 도착하였다. 9시간 40분의 야간 비행이었다. 당시 기온은 섭씨 30도, 동트기 전 새벽에 손세주 대사가 공항에서 반갑게 맞이해 주었다. 손 대사는 웃으면서 어쩌다 두바이에서 이렇게 만나게 됐냐고, 자신에 이어 내가 협상팀에 합류하고 나에게 업무를 인계하게 된 데 대해 안심이 된다고 덕담을 건넸다.

손 대사와는 1990년대 중반, 외무부 의전실에서 의전 1과장, 2과장을 같이 하면서 서로 신뢰하는 관계였다. 공항 근처 협상팀이 체류하고 있는 '알 부스탄 로타나(Al Bustan Rotana)' 호텔에 도착하여 수속을 마친 후, 바로 손 대사, 동원수산 강오순 상무, 피터와 함께 조찬을 하면서 인사를 나누고 협상 상황을 청취하였다.

손 대사는 6월 16일 두바이 도착 이래부터 그간의 협상 경과를 상세히 설명해 주었다. 해적 내부에서 여전히 100만 불 이상 받아야 한다는 강경한 주장이 있으나 내심으로는 90만 불 정도를 원하는 것으로 보이며, 우리 측은 최대한 80만 불을 고수하는 상황이므로 85만 불 선에서 타결할 수 있지 않을까 예상한다고 말하였다. 이어 합의 후 석방금 전달 방안, 미국 해군과의 협조 방안에 관해서도 협의하였다.

손 대사는 두바이 도착 얼마 후인 6월 19일 바레인 주둔 미국 해군 연락사무소(U.S. Maritime Liaison Office: MARLO)의 '제시 루이스(Jesse Lewis)' 중위를 우리 숙소에서 직접 면담하였으며, 동원호 석방 시 소말리아 영해 밖에서의 호위를 요청한 상황이라고 했다. 앞으로 미 해군과의 해적 동향 등 정보 교환 등 협력 체제를 계속 활용할 필요가 있다고 설명하였다.

아울러 동원수산 강 상무와 피터와의 그간 원만한 협력 관계와 3인 간의 공동 업무 성과를 높이 평가하고 그들과의 협업에 여러 조언을 주었다.

나는 7월 12일(수) 저녁 손 대사를 두바이 공항에서 환송하였다. 그날 새벽에는 손 대사가 나를 맞이하였고 그날 저녁에는 내가 손 대사를 환송함으로써 업무 인수인계를 마쳤다.

그 이후 나는 7월 30일(일) 저녁 동원호 석방 후 그날 밤 비행기로 귀국할 때까지 숙소 앞 동포 민박집에서의 한식 식사를 위한 외출 이외에는 19일간 내내 숙소 호텔에서만 지내면서 해적과의 협상에 참여하였다.

협상팀 체제 점검 및 협조 체제 구축

나는 우선 현지 협상팀 3인 간의 신뢰 관계를 조속히 구축함으로써 효율적인 협의 체제로 만들 필요성을 느꼈다. 또한, 각자 연락선과의 협의 내용을 즉시 공유하여 다음 단계의 대응 방안을 함께 만드는 것이 매우 중요하다고 판단하였다.

외교부 대사는 그간 기본적으로 협상 창구인 강 상무가 해적의 협상 창구 압디[8], 또는 최성식 선장과 통화한 이후, 강 상무의 통화 내용 설명(debriefing)을 듣고 이를 바탕으로 대응 방향을 조언해 왔다.

나는 이러한 협상팀 내의 소통이 완전하지 못할 수 있다는 데 우선 주목했다. 소위 '건전한 의심, 또는 회의감(healthy skepticism)'을 갖기 시작한 것이다.

협상이 대면 협상이 아니라 전화를 이용한 영어 대화로 진행되는 만큼 양측간 소통이 완벽할 수 없었다. 따라서 통화 녹음 시설이 마련되지 못한 상황에서 누구라도 해적과 영어 통화 후 통화 내용을 한국어나 영어로 완전히 재현할 수는 없을 것으로 판단했다. 더욱이 일반적인 대면 협상에서 상대방의 미묘한 입장 변화를 감지할 수 있는 상대방의 언어 표현의 변화는 물론, 어떤 때는 언어보다 더 중요한 상대방의 표정, 몸짓(body language) 등은 짐작할 수도 없었다.

---

8   모하메드 압디(Mohamed Abdi, 이하 압디로 호칭)는 납치단체 '소말리아 머린'의 대변인으로 유일하게 영어를 구사했다.

따라서 해적과 통화 후 해적이 요구하는 금액 등 협상의 주요 내용은 확인할 수 있으나, 상대방의 대화 태도나 사용하는 단어의 변화 등을 즉시 잡아내서 과거 발언과의 비교를 통해 상대방의 보이지 않은 의도나 최대 기대치, 앞으로의 행동을 짐작하는 데에는 한계가 있을 것으로 판단하였다.

또한 협상 기술을 발휘하는 데도 제한이 있을 것 같았다. 상대방 입장을 정확히 읽기 위해 다양한 협상 경험을 바탕으로 유도 질문을 하거나, 상대방의 도발적인 발언에 즉각 대응하여 기세를 꺾거나, 상대방의 호의적 반응을 도출하기 위한 협상자 간 적절한 동료 의식(예를 들어 "같은 배를 탔다"라며 각자의 최종 의사 결정자에 대한 고충 토로나 동정심 유발 등)을 고취시키는 등의 협상 기술은 해적의 영어 수준이나 전화를 통한 협상이라는 제약사항으로 인해 발휘하기 어려울 것으로 보였다.

아울러 강 상무는 사기업의 직원으로 당연히 회사의 입장을 우선해야 했다. 실제로도 회사의 방침과 회장, 사장의 지시를 우선할 수밖에 없을 것이므로 국가 입장을 대변하는 나와 모든 사안을 100% 공유할 수 없을 것이라는 생각이 들었다.

또한 강 상무는 동원호 피랍 이후 100일 가까이 케냐 나이로비에서의 초기 협상부터 참여했으므로 전체 상황과 모든 정보를 가장 정확하고 많이 숙지하고 있는 한편, 해적의 변덕스러운 행태와 헷갈리는 제안 등으로 협상이 진전되지 않으면서 당연히 심신이 상당히 지쳐 있을 것으로 짐작하였다.

강 상무의 브리핑

그러나 이러한 나의 건전한 의심은 7월 12일 강 상무를 처음 만나 인사를 나눈 후 바로 협상 대책을 협의해 나가면서 조금씩 사라지게 되었다.

강 상무가 그간 협상 과정을 설명하는 과정과 이후 협의에서 주관이 뚜렷하고, 매우 성실하고, 매사 빈틈없이 일을 처리하고 감정의 기복 없이 평정심을 항상 유지하는 베테랑이라는 인상을 받았기 때문이다.

협상 경위

- 협상 초기에는 소말리아 과도정부의 주선으로 소말리아 중부에 거주하는 '시아드[Siad, 납치 행동대장 '가라드(Garaad)'의 삼촌으로 알려짐]' 및 나이로비에 거주하고 있는 해적과 같은 씨족의 원로 인사 '쿠탈(Cutale)'을 중개인으로 한 2개 채널을 통한 협상을 나이로비에서 진행하였으나 해적의 황당한 제의 등으로 신뢰에 의심이 가서 결국 합의에 이르지 못하였음.
- 또한 초반에는 해적의 소위 '물주(식자재, 유류를 비롯하여 사실상 자금을 지원하는 대리인)'가 나이로비에 와서 강 상무가 하라데레 현지에 들어가는 방안을 협의한 바 있으나 결국 양측 모두 현지에서의 협상 방안은 위험하다는 결론에 도달해 무산되었음. [9]

---

9   해적조차도 소말리아 국내가 내전 상황이므로 현지에서의 협상 시, 선주 대리인의 안전을 보

- 동원수산은 처음부터 선원 안전이 최우선이므로 안전한 조기 석방을 위해 최대한 노력해 왔으며 최 선장과의 연락 시 항상 선원 안전을 점검하여 왔음.[10]
- 초기에 최 선장이 전하기를, 선원들이 말라리아 증상이 있다고 하여 자신이 직접 나이로비 여러 약국을 찾아다니면서 약을 구입했으며, 용법을 상세히 기재한 후, 4월 21일 해적과 친척 관계에 있는 케냐에 거주하는 소말리아인을 통해 말라리아 약을 선원들에게 전달하기도 하였음.[11]

석방금 수준

- 해적과 석방금을 과도한 금액으로 타결할 경우 국제적으로 나쁜 선례가 되는 점도 감안하여 해적이 합리적인 금액을 제시한다면 적정선에서 합의한다는 입장임.
- 해적은 사실 처음부터 양자 간 직접 협상을 주장하였으며 5월 말부

장할 수 없을 뿐만 아니라 만약 협상 소문이 퍼지면 자신들의 안전도 위협받을 수 있다고 판단하였음을 알 수 있다.

10 김진국 항해사에 의하면 "해적들은 자주 선원들을 브리지 등에 묶어 놓고 죽인다고 협박을 하곤 했으나 선장은 육지에 나가 있고 배에 계속 있지 않았기 때문에 늘 벌어지는 해적들의 폭력행위를 잘 알지 못했다"라고 한다(『바다에서 길을 잃어버린 사람들』, 김영미 김홍길, 북하우스, 113쪽).

11 해적 두목 모하메드 집에 한국 약들이 많았다고 한다. 김영미 기자가 "약이 왜 이렇게 많은 거냐고 묻자 (모하메드는) 동원호 선장이 말라리아 기운이 있어서 두 달 전부터 몸이 아파서 가져다 놓았으며 다른 선원은 괜찮다"라고 말했다고 한다(위의 책, 125쪽). 강 상무에 의하면 해적이 말라리아 약을 수령한 후에 한글로 된 설명서는 모두 찢어 버리고 약 일부만 동원호에 전달하고 나머지는 해적이 보관하고 있었던 것이라고 하였다.

터 동원수산은 하라데레의 해적과 직접 협상하기 시작함. 이어 해적은 자신들의 편의상 두바이에서 전화와 팩스로 협상을 주장함에 따라 6월 15일부터 두바이에서 교섭하게 되었음.

- 초기부터 지금까지 해적 요구액은 500만 불에서 300만 불, 150만 불, 그리고 90만 불로 내려왔으며, 동원수산은 15만 불에서 시작하여 4월 중순부터 30만 불을 계속 고수하다가 6월 13일부터 60만 불을 제의한 후 조금씩 상향 조정해 대응했음. 최종적으로 80만 불 전달 용의를 시사하고 있음.

협상 시의 어려움

- 해적들은 케냐에서 수입해 오는 마약성 풀(Khat)을 계속 씹고 있기 때문에 시간을 대부분 몽롱한 상태로 보내는 것으로 관찰됨. 협상 상대자로 영어가 가능한 압디 역시 오전 늦게 일어나 오후에는 상시 몽롱한 상태로 전화를 걸어와 대화하게 되므로 해적의 진짜 입장을 정확히 파악하기 어려움.[12]

- 그들의 횡설수설, 농담, 변덕 등이 협상 기술의 한 부분이라고 판단되어 계속 인내심이 필요함. 한번은 지난 월드컵 경기 중 압디는 한국과 이탈리아 경기전을 TV 중계로 보면서 이탈리아를 응원했다고 하면서 강 상무를 놀리는 내용으로 횡설수설하다가 전화를 끊

---

12 강 상무는 돌이켜보면 이러한 마약 풀에 취한 해적 압디와의 통화협상이 가장 큰 어려움이었다고 한다.

은 적도 있음.

- 소말리아 현지의 통신 사정이 좋지 않음. 기상 상황 등으로 수시로 전화가 불통이 되어 협상이 중단되기도 함.

피터의 브리핑

피터 또한 처음부터 매우 성실하다는 느낌을 주었다. 중동 해운 업무에 오래 종사하면서 자신만의 신뢰할 수 있는 네트워크를 갖고 있었다. 또한, 2005년 세계식량기구(World Food Program: WFP) 선박 피랍 시 자신이 참여했던 해적과의 교섭 경험을 비롯한 그간 역량을 살려서 이번 협상에 적극적으로 협력해 왔으며 다양한 조언을 제공하고 있었다. 우리 외교부는 그와 계약하고 6월 14일부터 협상팀에 합류시켰다.

첫날 브리핑 및 연이은 며칠 간의 대화에서 피터는 상대인 '소말리아 머린'은 여타 해적보다 다루기 어려운 편이며, 특히 해적 내부의 의견 충돌로 인해 합의 후에도 협상이 결렬되는 경우가 가끔 발생한다고 강조했다. 협상에서는 1) "서두름도 천천히(make haste slowly)" 하자면서 우선 서두르지 않는 것이 매우 중요하며 2) 요구한 금액을 너무 쉽게 수용해서는 안 되며 3) 무력 위협에 너무 민감하게 반응해서는 안 된다고 설명하였다.

선원 안전이 최우선

나는 무엇보다도 선원의 안전이 최우선 사안이라고 지적하고 해적이 협상 과정에서 자신들의 입장 관철을 위해 선원을 해치거나 안전을 위협할 가능성에 관해 물었다. 피터는 해적의 목적은 오로지 돈이므로 끝까지 인질을 보호해야만 소위 '비즈니스'를 계속할 수 있다는 것을 잘 알고 있으며, 자신이 알기로는 지금까지 납치된 선박의 선원들에게 심각한 안전 문제가 발생했다는 사례는 듣지 못했다고 대답하였다.[13] 일단 안심이 되는 얘기였다.

나는 우리가 상대하는 해적의 활동을 실질적으로 지원하는 소말리아 국내의 정치적 지원 세력이 있느냐고 물었다. 피터는 과도정부가 개입한 해적과의 2005년 중 협상이 대부분 실패로 끝난 것을 보면 내전 상황에서 과도정부가 행사하는 영향력에는 한계가 있다고 봐야 할 것 같다고 하였다. 따라서 해적 자신들이 특별히 정치적 목적이 있는지는 불분명하다면서, 그간 해적의 행태를 보면 정치적 동기보다는 생계 수단으로 돈을 노리는 범죄라고 보는 것이 타당할 것 같다고 대답하였다.

특히 2004년 12월, 소말리아 해안을 강타한 쓰나미의 영향으로 어선이 상당수 파손되어 현지 어민들의 생계가 어렵게 되었다고 설명하

---

13 돌이켜 보면 당시 선상에서 벌어지고 있던 해적들의 선원들에 대한 신변 위협 및 폭력 행태(약탈, 공포탄을 쏘거나, 총부리를 겨누거나, 묶어 두거나, 구타하는 등 학대 행위)에 대해서는 두바이에서 구체적으로 파악할 수 없었다. 선원들은 당시 특히 오발 가능성 등 총에 대한 공포에 심하게 시달렸다고 한다. 선원들의 증언은 앞서 인용했던 『바다에서 길을 잃어버린 사람들』을 참고하기 바란다.

였다. 그 영향으로 소말리아 해역은 2005년 전에는 상대적으로 해적 출몰이 적었던 지역[14]이었으나, 2005년 국제 화물선에 대한 해적의 납치 시도 사례가 신고된 것만 35건이었으며 그중 15척이 실제 납치되었다고 하였다.

처음에는 석방 협상이 주로 과도정부 인사나 유력 경제인, 씨족이나 부족 원로 등을 통해 진행되었다. 하지만 아무 성과를 거두지 못하였고, 결국 가장 빠르고 효과적인 방안은 해적 그룹과 직접 협상하는 것이었다고 설명하였다.

그간 협상 과정 평가

아울러 피터는 자신이 협상팀에 합류하기 전 상황과 관련, 자신이 파악한 협상 결과를 평가했다. 동원수산이 4월 사건 발생 이후 6월 13일까지 30만 불을 계속 견지해 온 것은 해적에게 동원수산이 지불할 수 있는 최대치임을 인식시킨다는 의미에서 좋은 전략이었다고 하면서, 2005년 대만 어선이 당초 제시한 금액을 끝까지 고수하여 이를 지불하고 석방된 바 있다고 설명하였다[15].

다만 동원수산이 어떤 경위인지 모르겠으나 6월 13일 갑자기 그간 견지해 온 30만 불의 두 배인 60만 불을 제의함으로써 해적의 기대를 크게 높였을 것으로 보았다. 따라서 현재 양측이 거론하고 있는 80만

---

14 국제해사국(International Maritime Bureau: IMB)에 의하면 2004년만 하더라도 동 해역에서 신고된 해적 공격 사건은 2건에 불과하였다.

15 2005년 8월 대만 선박은 30만~40만 불을 해적에게 전달한 후 석방된 것으로 알려졌다.

불도 자신이 알기로는 전례가 없는 최대 금액이라고 설명하였다.

피터는 그러한 갑작스러운 제의가 동원수산 입장에선 조기 해결의 의지를 보여 줄 것으로 기대한 것 같은데 그간 해적의 행태를 보면 매우 위험한 발상이라고 지적했다. 해적은 인질을 더 잡고 있으면 더 받을 수 있다는 강경파의 주장이 우세하기 때문에 협상은 더 길어지기 마련이라고 설명하였다.

피터는 동원수산 본사의 정책 결정 과정이나 해적과 협상을 실제로 담당하고 있는 강 상무와 본사 간의 소통에 문제가 있을 수 있으며, 본사가 강 상무에게 전권을 위임하고 있지 않은 것 같다는 자신의 관찰을 나에게 우회적으로 설명해 주었던 것이었다.

서울에서의 언론 브리핑의 파급효과

또한, 지난 6월 22일 소말리아 뉴스 서비스(www.shabellenews.com)가 동원호와 관련하여 한국 정부 관리가 한국 언론에 한국 정부가 해적과의 협상에 간여하고 있으며, 협상이 90% 이루어졌으며 정부가 영국인 브로커를 고용했다고 설명하였다고 보도했다. 따라서 해적이 이 뉴스를 듣고 매우 고무됐을 것으로 본다고 설명하였다.

해적은 상대가 정부라는 사실을 아는 순간, 정부의 지갑은 사실상 무한대이므로 요구 금액을 최대한 부를 수 있다고 판단하기 때문에 협상이 어려워질 수밖에 없다고 설명하였다.

그 방송의 영향인지는 불분명하나 당시 두바이 협상 현장에서는 해적과 80만~90만 불 선에서 협상을 진행하고 있었는데, 그 뉴스가 보도된 다음 날인 6월 23일 해적의 태도가 갑자기 변했다. 동원수산 본사에 자신들이 "그간 500만 불에서 300만 불, 다시 200만 불로 낮추어 주었으며, 이제 다시 150만 불을 요구한다"라는 팩스를 보낸 것이다.

이에 대해 동원수산은 6월 26일, 해적의 제의를 무시하고 육지에 체류 중인 최 선장의 선박 복귀 및 선원과 선박의 완전한 안전을 확인한 후에 계속 협상해 나가자고 제의하였다. 이에 따라 7월 2일부터 강 상무와 해적 협상 창구인 압디(Abdi)와의 협상이 재개된 상황이었다.

해적이 최 선장을 선박과 분리해 육지에 계속 체류시키는 이유는 만약 구조대가 선박을 급습할 경우에도 여전히 선장을 협상 카드로 쓸 수 있고, 협상 통로로 계속 이용할 수 있다는 계산 때문이었다. 더욱이 동원호와 비슷한 시기에 납치된 아랍에미리트 유조선의 경우 5월 20일경 현지 군벌을 동원하여 해적을 위협한 바 있어 해적은 더욱더 경계할 수밖에 없었다.

피터에게 구체적 임무 부여

나는 피터의 브리핑을 들은 후 먼저 그간 피터의 활동과 조언을 한국 정부가 높이 평가하고 있다고 전하였다.

이어서 나는 1) 피터의 네트워크를 최대한 가동해 줄 것을 요청하고 2) 협상에 도움이 되는 소말리아 정세를 매일 보고해 줄 것과 특히 소말리아 과도정부에 대항하는 이슬람 법정연합(Islam Court Union) 동향[16] 및 활용 방안을 강구해 보자고 했으며, 3) 바레인 미국 해군과의

---

16   2004년 10월 출범한 소말리아 과도정부의 실효적인 지배가 제한적인 가운데, 무장 군벌 할

연락 업무를 지속 수행하고 4) 동원호와 비슷한 시기에 납치된 아랍에미리트 유조선 석방 동향 등 도움이 될 정보 수집에 힘써 줄 것을 지시하였다.

아울러 해적 협상과의 교섭을 전화로 진행하고 있으나 협상의 막바지 단계에 이른 만큼 팩스를 통한 정확한 의사소통이 매우 중요하므로 계기별 우리 측 문서 초안을 미리 작성하여 협의해 나가자고 제의하였다. 피터는 협상이 바로 그런 단계에 왔다고 동의하였다.

또한 한국 정부로서는 사실상 처음으로 해적과의 교섭에 참여하게 되어 해적 협상전문가인 피터를 처음으로 고용한 만큼 피터의 활동보고서가 앞으로 크게 도움이 될 것으로 보이므로 미리 준비해 두라고 하였다. 그리고 나와는 24시간 대화한다는 자세로 임할 것을 당부하였다.

나는 피터와 협의 후 피터를 적절한 시기에 해적과의 직접 협상에 투입함이 바람직하다고 판단하였다.

내가 현지에 도착하여 상기와 같이 협상 현황을 파악한 후, 이미 협상이 막바지에 이르러 나에게 주어진 자원을 협상에 집중시키고 최대한 보안을 유지하는 것이 바람직하다고 판단하였다. 처음 생각했던 통화 녹음장치 마련 등, 몇 가지 아이디어는 접어 두어 행정 부담을 줄이기로 하였다.

결국 숙소 내에서 3인 간의 대화를 지속적으로 나누는 것이 최선이

거로 무정부 상태가 지속되고 있는 상황에서 이슬람 법정연합 세력이 2006년 6월 초 소말리아 남부지역과 모가디슈 지역을 거의 장악하였고 해적행위에 반대하고 있어 동 세력 확장을 주목하고 있었다.

라고 생각했다. 각자 개인 휴식 시간을 제외하고는 대화를 계속 나누었다. 식사는 숙소 내 식당이거나 숙소 근처의 현지 동포가 경영하는 민박집에서 가능한 한 같이 식사하였다. 특히 초기에는 매일 아침 식사 전후에 만나 모든 상황에 대한 정보를 공유하고 당일 대책을 수립하여 시행하였다.

외교관 생활을 하면서 누군가와 같이 하는 식사의 효과를 의심해 본 적이 없다. 두바이 체류 중 강 상무와 피터와 최소한 30회 이상은 같이 식사를 한 것 같다. 피터는 민박집에서 한국 음식을 같이 맛있게 먹은 덕분에 한국인을 더욱 이해하게 되었다고 농담을 건네기도 하였다.

최종 단계에서는 대외 보안 때문에 각자 식사를 하였다. 우리 3인은 체류 중 보통 사이가 아닌 특별한 관계로 발전되었고, 그 토대하에 해적과의 협상을 타결하고 동원호 선원과 선박이 안전하게 석방될 수 있었다.

7월 12일부터 30일까지 있었던 해적과의 협상 경위를 편의상 다음 3단계로 구분하여 설명해 나가고자 한다.

- ◆ *1단계: 석방금 합의 전前 안전 확보 및 협상 경위(7월 12일~7월 19일)*
- ◆ *2단계: 석방금 합의 후後 전달 방안 협상 경위(7월 20일~7월 25일)*
- ◆ *3단계: 석방금 전달 후後 안전 석방 경위(7월 25일~7월 30일)*

석방금 합의 전前 안전 확보 및
협상 경위(7월 12일~7월 19일)

◈ 7월 12일(수)

7월 11일까지의 해적과의 협상 상황을 살펴보면, 우리 측은 80만 불을 염두에 두고 70만 불 선을 고수하고 있었다. 해적은 실제로는 80만~90만 불을 염두에 두고 그간 선상 행동대원들이 100만 불 이상을 요구한다는 등의 여러 요구액을 제시하다가, 강 상무의 협상 상대인 압디가 7월 9일(일) 오후에 강 상무에게 85만 불을 제의한 상태였다.

협상팀은 협상이 막바지에 이른 만큼, 강 상무, 압디 간의 협상 창구 일원화가 매우 중요했다. 따라서 협상팀은 해적의 이중 플레이를 막고자 해적이 동원수산 본사에 보내는 팩스에는 일절 대응하지 말 것을 건의하였다.

7월 12일(수) 오전 손세주 대사와의 업무 인수인계와 협상팀 내부 협의를 진행하던 중, 압디가 동원호 선상에서 강 상무에게 전화를 걸어왔다. 선원과 선박이 안전하다고 알리면서 최 선장을 바꾸어 주었다. 강 상무는 최 선장과 통화해 선원과 선박의 안전을 다시 확인하였다.

이때 최 선장은 통화를 통해 동원호와 비슷한 시기에 납치된 아랍에미리트 유조선(LIN 1호)가 다음 날 석방되거나 다른 데로 옮겨질 것

이라는 소식을 들었다고 전했다.[17]

김영미 기자 출현, 첫 번째 통화

이어 최 선장이 김영미 기자[18]를 바꿔 주었다. 김 기자는 강 상무와 처음으로 통화하였다.

김 기자는 동원호 선상에 선원과 같이 지낼 1박을 허가받았으므로 협상을 지원하고 싶다고 말하였다.[19] 강 상무는 김 기자의 납치 현장 출현과 협상 개입은 진행 중인 협상을 더욱 어렵게 만드니 일체 협상에 간여하지 말아 달라고 요청하였다.

통화 후 나는 강 상무가 적절히 대응하였다고 말했다. 이후 김 기자가 또 전화하면 1) 협상에 절대 개입하지 말라 2) 교섭이 막바지에 이르렀으니 우리 선원의 안전을 고려하여 석방 전에는 취재 내용을 보도하지 말아 달라 3) 혹시 협상에 도움이 된다는 정보가 있다면 전해 달라는 선에서 대응할 것을 조언하였다.

아울러 앞으로 최 선장과 통화 시에도 기자는 누구든 보도를 목적으로 취재하는 만큼, 협상과 선원 안전에 부정적 영향이 미치지 않도록 선원들이 김 기자와의 대화에 있어 조심하도록 지시해 달라고 요

---

17 아랍에미리트 유조선은 7월 15일에 석방된다.

18 김영미 씨는 초기부터 '기자'로 알려졌기 때문에, 협상 기간 중 '기자'로, 그 이후에는 '기자' 또는 '피디(PD)'로 혼용해서 기술하였다.

19 김 기자는 "선장이 두바이에 있는 회사의 임원에게 전화를 걸어 주어 자신이 회사 임원에게 직접 허가를 받아 정식으로 동원호의 취재가 시작되었다"라고 한다(김영미, 앞의 책, 133쪽).

청하였다.

이어 점심 식사 후 오후 협상팀은 해적과 85만 불 타결 가능성, 석방금 전달 방안, 미국 해군과의 협조 문제 등을 협의하였다.

저녁 7시 강 상무와 같이 식사를 하던 중 최 선장이 강 상무에게 다시 전화를 하였다. 해적들이 김 기자에게 동원호 문제를 해결하고 가라고 하고 있으며, 선상 해적들이 해적 두목과 자신들의 요구 금액이 차이가 있다고 계속 주장하고 있다고 전해왔다.

아울러 김 기자는 최 선장에게 자신이 모가디슈로 돌아갈 때까지 한국 외교부에 자신의 동원호 방문 사실을 알리지 말아 말라고 부탁했다고 전해왔다. 강 상무는 김 기자에게 동원수산은 외교부와 함께 협상하고 있다고 알려 주고 취재 내용은 안전 석방 전에는 절대로 보도하지 말기를 요청하고, 최 선장과 선원들도 말을 조심하라고 지시하였다.

먼저 나는 김 기자가 또 다른 인질이 될 가능성을 우려하였다. 아울러 김 기자의 출현으로 해적이 한국 정부뿐 아니라 한국 언론의 높은 관심을 확인함으로써 그간 100일 가까운 협상으로 겨우 합의 금액을 상호 탐색하던 시점에 해적이 몸값을 더 받을 수 있다는 계산으로 금액을 다시 올려 요구할 가능성이 있을 것 같은 불안감을 느꼈다.

협상팀이 협상의 본질에만 집중해도 여력이 부족한 상황인데 전혀 예상할 수 없었던 기자의 현장 출현으로 해적과의 협상에 끼칠 영향 및 국내 보도에 따른 여론의 압력을 고려해야 할 상황이 되었다.

12일 저녁 11시, 압디가 강 상무에게 전화해서 다시 85만 불을 요구하였다. 강 상무는 80만 불을 제의하고 이에 합의하면 바로 합의서를 만들어 본사에 보고하겠다고 제의하였다. 압디는 자신이 현금을 직접 전달받기 위해 갈지도 모른다면서 해적 두목인 '모하메드 아프웨니 (Mohammed Afweyne, 이하 '모하메드'로 호칭)'[20] 와 협의한 후 13일 새벽 3시까지 연락을 주겠다고 하였다. 압디의 적극적인 반응에 기대를 걸었다. 밤새 기다렸으나 이후 연락이 없었다.

◈ **7월 13일(목)**

현지 휴일인 목요일 아침, 협상팀은 조찬을 같이 하였다. 압디의 연락을 기다리는 수밖에 없으니 기다리자고 하고, 상황이 급격히 진전될 경우를 대비하여 합의금 전달 방안 등 여타 대응 방안을 협의하였다.

강 상무는 주아랍에미리트 한국대사관의 은행 계좌에 동원수산 본사가 송금한 80만 불 입금을 확인하였다고 말하였다.[21] 나는 해적과의 협상 과정에서 현지 목요일, 금요일이 휴일이라는 사실을 염두에 두어야 함을 새삼 인식하였다.

조찬 후 오전 9시, 나는 이준규 재외동포영사국장에게 현지 상황을 보고하고 대책을 협의하였다. 나는 먼저 80만~85만 불 합의를 목표로

---

20 해적 두목의 본명은 '모하메드 압디 하산(Mohamed Abdi Hassan)'이며 보통 '아프웨니(Afweyne)'로 불렸다. 2005년 호뵤-하라데레(Hobyo-Harardheere) 지역을 기반으로 해적 네트워크를 결성한 후 지속적으로 해적 행위를 지휘하였다. 2013년 10월 벨기에 공항에서 체포되어 2016년 3월 벨기에 법정에서 선박 납치(2009년 벨기에 선박 폼페이) 죄목으로 20년 징역형을 받고 복역 중이다.

21 당시 외교부는 선원의 '조기' 안전 석방을 위해 극히 예외적인 조치로 동원수산의 석방금 전달을 위해 공관의 은행 계좌 이용을 허용하였다.

하고, 합의 시 현금을 전달하고 현금 전달과 동시에 동원호 석방 조건을 명시하여 팩스로 전달하겠다고 하고 오늘 중 해적이 연락할 것으로 예상된다고 보고하였다.

또한, 김영미 기자의 출현을 알리고 본부에서 언론에 대해 비공개(off-the-record) 전제 브리핑을 하고 관련 보도가 나지 않도록 조치해 줄 것을 건의하였다. 이 국장은 외교부 본부에서 바로 필요한 조치를 취할 테니 현지에서도 협상에 부정적인 영향이 미치지 않도록 강 상무가 계속 최 선장에게 선원들의 언행에 주의해 줄 것을 전하라고 지시하였다.

아울러 나는 조만간 예상되는 석방금 합의 후 현금 전달 시행과 관련해 구체적이며 세심한 준비와 유사시 대응을 위해 전문인력 지원을 요청하였다. 이에 이 국장은 긍정적으로 검토하여 알려 주겠다고 하였다.

나는 이 국장과 통화 후에 강 상무에게 김 기자의 출현에 대한 이 국장의 우려를 전했다. 또한 앞으로 최 선장과 통화 시에 김 기자의 동원호 체류 취재가 진행 중인 협상과 선원들의 안전에 부정적인 영향이 미치지 않도록 최대한 주의할 것을 당부해 달라고 요청하였다.

현금 전달 계획 수립

나는 오전 11시부터 다시 강 상무와 피터와 대책을 협의하였다. '제의 금액,' '합의금은 현금으로 전달,' '현금 전달과 동시에 동원호 석방 원칙' 등 우리가 고수해야 할 최소한의 기본 입장(bottom line)을 문서로 정리하고, 팩스로 보낼 준비를 하였다.

아울러 오후 내내 현금 전달 점검사항(check list)을 작성하고, 현금 전달 장소, 현금인수 대리인의 신원 확인 절차, 현금 전달 시 참여자, 현금 전달과 동시에 동원호 석방 절차, 은행에서 현금 인출 후 전달까지의 안전 확보 문제 등을 협의하고 우리 안을 잠정적으로 수립하였다.

우리 3인은 먼저 현금 전달 계획을 우리가 주도적으로 끌고 나가, 해적 측의 요구 조건을 사전에 봉쇄함으로써 우리 전달자와 현금의 안전성을 완전히 확보해야 한다고 생각하였다. 특히 전달 장소는 가장 중요한 조건으로, 두바이를 끝까지 고수하기로 하였다. 우리 3인은 각각 상상해 볼 수 있는 모든 아이디어를 짜내 열띤 토론을 통해 협상안을 만들었다.

특히 아랍에미리트 유조선의 석방금이 분실되었다는 소문도 들려오고, 최악의 경우 현금 수령 후 해적 내분 등 예상할 수 없는 상황으로 현금만 탈취당하고 선원 석방은 이루어지지 못하여 결국 협상은 다시 원점으로 돌아갈 가능성도 상정할 수밖에 없었다.[22] 다행히도 나중에 우리가 수립한 기본 계획에 따라 7월 29일 해적 대리인에게 현금을 전달하게 된다.

---

22   나중의 일이지만 2011년 4월 소말리아 해적에 의한 제미니호 납치 사건의 경우, 협상을 통해 같은 해 11월 석방금을 전달했음에도 불구하고 선박과 타국 선원 21명은 석방하였으나 해적 내 강경 그룹에 의해 한국인 선원 4명이 다시 납치되었다. 다시 1년에 걸친 교섭 끝에 재차 석방금을 전달하고 2012년 12월 선원 4명이 석방되었다.

해적, 80만 불은 "좋은 제안"

저녁 8시경 압디가 강 상무에게 전화를 했다. 강 상무가 제시한 80만 불은 "좋은 제안(good position)"이라고 하면서 강 상무를 "나의 친구(my friend)"로 호칭하는 등 친근감을 표시하면서 두목인 모하메드와 협의해 다시 알려 주겠다고 언급하였다. 강 상무는 통화 후 해적 사정이 다급해진 느낌을 받았다고 말하였다.

전날 압디가 요구한 85만 불에 대해 강 상무가 80만 불을 제의한지 하루 만에 압디가 80만 불을 좋은 제안이라고 한 것은 당연히 두목 모하메드와 협의한 결과였을 것으로 추정하였다.

김영미 기자와 2번째 통화, 보도 자제 요청

그날 저녁 9시부터 협상팀이 계속 대책을 협의하던 중 최 선장이 강 상무에게 전화하였다.

최 선장은 김영미 기자가 애당초 저녁에 하선하여 해변으로 돌아갈 예정이었으나 김 기자 통역의 조언에 따라 하라데레 현지 사정이 불안하여 동원호에서 하루 더 체류할 예정이라고 보고하였다. 강 상무는 최 선장에게 협상에 지장이 없도록 김 기자 체류 시 선원들의 말조심을 당부하였다. 이어서 김 기자와 통화하여 선원이 안전하게 석방될 때까지 절대로 언론에 보도하지 말아 달라고 요청하였다.

최 선장은 동원호 납치를 주도한 행동대장 '가라드(Garaad)'가 어제부터 다시 승선하여 150만 불을 자신에게 직접 달라고 요구하는 등 분위기가 심상치 않다고 전해왔다.

이어 해적들의 경비가 허술해졌다고 하면서 탈출을 시도할 수 있을 것 같다고 말하였다.[23] 그러나 강 상무는 알다시피 현재 해적 대표 압디와 협상이 계속 진행 중이니 조금만 더 참고 기다리라고 하고, 행여 선원들의 안전에 불상사가 생겨서는 안 되므로 섣부른 행동을 절대로 하지 말라고 말렸으며, 해적들의 언동에 동요하지 말고 수시로 전화하라고 지시하였다.

또한 최 선장은 아랍에미리트 유조선의 석방금이 분실되었다고 해적들이 수군거리는 얘기를 들었으며 10마일 떨어진 유조선 주변에서 해적들 간에 총격전이 있었다고도 알렸다.

이에 따라 통화 후 나는 피터에게 유조선 관련 동향을 파악해 보라고 지시하였으며 피터는 유조선 협상 대리인인 조너선 엘리슨 (Jonathan Ellison)에게 연락하여 관련 동향을 파악하였다. 피터는 해적이 유조선을 처음 계류된 장소에서 10마일 정도 옮겼으나 아직 유조선이 석방되지 않고 있는 것은 사실이며 해적들 간의 내분으로 상황이 유동적인 것 같다[24]고 보고하였다. 나는 우리 대응에 중요한 참고

---

23 김영미 기자에 의하면 실제로 7월 13일 저녁 최 선장이 해적들을 공격하여 탈출할 계획을 세웠으나 선원들 간 난상토론 끝에 실행하지 못했다고 한다. 이어 최 선장이 김 기자에게 "(80만 불)돈 현찰을 (하라데레까지) 들고 오실 수 있습니까"라고 물었고, 자신이 고민 끝에 선원들에게 돈을 가지고 올 테니 싸움을 포기하라고 하고 회사가 돈을 주면 운반해 오겠다고 말했다고 한다(김영미, 161~170쪽). 당시 최 선장이 강 상무와 통화한 시점이 소말리아 시간으로 저녁 8시 경인데, 강 상무의 만류에도 불구하고 최 선장이 실제로 탈출 계획을 감행하려고 했는지 여부는 궁금한 대목이다. 아울러 당시 강 상무와 압디와의 협상 과정을 파악하고 있었고 "두목 집에서 3개월 있으면서 소말리아 현지 사정을 쭉 지켜봤던" 최 선장이 김 기자에게 현금 운반 '부탁'을 했다는 것은 도저히 이해하기 어려운 대목이다.

24 피터가 이후에도 유조선 사례를 지속적으로 파악하였으며 탐문 결과, 7월 5일 해적 측이 석

가 되는 동향이었기에 피터에게 관련 정보를 가능한 한 계속 파악해 나가자고 하였다.

아울러 해적 행동대장이 지난 몇 주간 육지에서 지내다가 다시 동원호로 돌아와 부하들을 통솔하기 시작한 것이 어떤 의미가 있는 것인지, 그간 양측 협상 경위를 모르면서 150만 불을 운운하는 것인지, 아니면 또 요구 수준을 올리려는 전조인지 등에 관해 강 상무와 피터와 늦게까지 토론하였다. 김영미 기자의 출현이 해적들을 고무시켰을 가능성이 거론되었다.

우리가 내린 결론은 해적과 합의가 이루어지면 우리가 그간 상대한 해적 관계자 모두에게 동시에 얼마에 합의했는지를 알릴 필요가 있다는 것이었다. 우리는 그 대상자를 미리 선정하기로 하였다. 실제 납치를 주도한 행동대장 가라드[25]와 선상 행동대원들이 먼저 떠올랐다.

나는 그간 재미로 봤던 인질 사건을 주제로 한 여러 영화의 장면이 떠올랐다. 납치범들이 몸값을 받은 후 한쪽에서 몸값을 더 먹겠다는 내분으로 서로 싸우고 죽이고 결국 인질도 죽이는 모습들이었다. 이러한 상황이 절대로 일어나서는 안 된다고 생각하였다.

방금 전달 방안을 제의하고 이후 10일간 석방금 전달 방안에 대한 구체적 협상이 진행되어 합의 후에 석방금이 실제 전달된 시점은 7월 15일이며 전달 후 10시간 후에 풀려나왔다.

25 가라드는 해적의 초기 협상 대리인 시아드(Siad)와 친척 관계임을 감안하여 협상팀은 석방금 합의 후 시아드와의 통화 과정에서 합의 금액을 알려 줌으로써 자연스럽게 합의 금액이 얼마인지 행동대원들에게도 바로 전달되도록 하였다.

❖ 7월 14일(금)

역시 현지 휴일인 7월 14일(금) 오전 8시 40분 최 선장이 강 상무에게 전화하였다.

김영미 기자가 아침에 동원호를 떠날 예정이며 해적이 자신에게 김 기자와 같이 육지로 돌아오라고 한다면서 육지로 돌아 가면 다시 연락하겠다고 보고하였다. 김 기자가 동원호에서 취재한 내용의 보도가 앞으로의 협상에 어떠한 영향을 미칠지 가늠하기 어려웠다.

아침 9시 30분 협상팀은 전날 협상 상황에 밤새 별다른 진전이 없음을 확인하였다. 압디는 어제 80만 불을 "좋은 제안"이라고 했고, 최 선장과 김 기자는 동원호를 떠났고 행동대장은 선상에 계속 체류하고 있었다.

협상팀은 아랍에미리트 유조선의 석방금 전달 여부 등 관련 동향을 계속 파악하기로 하고, 한국 국내 언론에서 보도된 이슬람 법정연합이 소말리아 내 세력을 확장하고 있다는 소식을 좀 더 파악해 보기로 하였다.

이슬람 법정연합 동향

정오부터 오후 1시까지 피터는 나에게 이슬람 법정연합 측과의 오전 중 접촉한 결과를 보고하였다.

우선 이슬람 법정연합 세력이 동원호를 납치한 해적 본거지인 하라데레에서 약 120킬로미터 떨어진 '엘 부르(영어: El Burr, 소말리아어: Ceel

Burr)'까지 접근하여 현재 250명의 민병대가 현지 군벌의 무장 해제 업무를 수행하고 있다고 하였다. 그 이후 법정연합의 작전 계획은 미정이라고 하면서 그간 모가디슈에서 북부로 진격하면서 케냐 국경까지의 해적 본거지를 모두 소탕하였다고 보고하였다.

나는 피터에게 이슬람 법정연합 세력이 북부 진격 시 억류된 우리 선원의 안전 문제가 불가피하게 대두될 수 있으니 계속 연합의 접촉선을 유지하여 관련 동향과 얻을 수 있는 조언을 파악하라고 지시하였다.

나는 이슬람 법정연합이 하라데레를 점령할 경우, 우선 점령과정에 인명피해 등의 가능성이 있으며 해적이 퇴각 중에 동원호에 승선하여 인질과 함께 탈출할 가능성도 있을 수 있다고 생각하였다.

이에 대비하여 강 상무에게 앞으로 최 선장과 통화 시에는 최 선장에게 만약의 상황에 대비하여 이제는 최 선장이 반드시 승선해 체류하고 있는 것이 중요하니 무슨 핑계를 대서라도 동원호로 돌아가 대기하라고 지시하도록 요청하였다. 피터와 강 상무에게는 이슬람 법정연합에 대한 구체적인 협조 요청 문제는 2~3일 진전상황을 보자고 하였다.

해적 두목 모하메드, 90만 불 요구

오후 6시 30분 최 선장이 해적 두목 모하메드 집에서 강 상무에게 전화를 하였다. 그는

모하메드가 최소한 90만 불을 원한다고 전하라고 하였다고 보고하

였다.[26]

강 상무는 최 선장에게 금액에 대해 일절 언급하지 말고, 금액 문제는 압디와 자신이 얘기할 문제라고 강조했다. 압디에게 선박 서류를 달라고 하여 가능한 한 빨리 선박으로 복귀하고, 압디에게 선장이 동원호로 돌아가지 않으면 협상을 계속할 수 없다는 입장을 확실히 전하라고 지시하였다.

김영미 기자, 세 번째 통화

이어 최 선장은 김영미 기자를 바꾸어 주었다. 김 기자는 오늘(7월 14일) 아침 최 선장과 같이 하선하여 모하메드 집에 머무르고 있다면서 강 상무에게 다음과 같은 요지로 말했다.

"내일 출발하여 일요일 오후 모가디슈에 도착하면 강 상무에게 연락하여 이 쪽의 상세한 정보를 알려주겠음. 현재로서는 자세한 이야기를 할 수 있는 분위기가 아니라 장기간 통화가 어려움. 해적들이 나에게 여러 가지 협조를 요청하고 의사를 타진하였고 이에 대해 협의가 있었음.

해적들은 두바이, 모가디슈 등 다른 곳에서 합의금을 인수하는 방

---

26   나는 동원호 석방 이후 협상 과정을 복기하는 과정에서, 두목 모하메드가 90만 불은 최소한 받을 수 있다고 확신한 시점이 바로 이 시점으로 여겨졌다. 바로 김영미 기자와 협의한 후였을 것이며 김 기자의 협상 개입은 모하메드를 더욱 고무시켰을 것으로 추정되었다. 전날까지 압디는 강 상무에게 80만 불이 "좋은 제안(good position)"이라고 표명하였지만, 나중에 80만 불은 자신만의 생각이었다고 변명하였다.

법이 없다고 함. 그래서 내가 모가디슈에서 돈을 받아 임대 비행기 편으로 하라데레에 와서 해적들과 만나서 우리 선박이 출항하는 것을 선장과 전화로 확인한 후 해적들에게 합의금을 전달할 수 있을 것이라고 제안하였음."[27]

이에 대해 강 상무는 차분히 김 기자에게 다음과 같이 협상에 절대로 개입하지 말라고 요청하였다.

"지금 협상이 마무리 단계에 있는데 여차하면 모든 일이 잘못될 수 있으니 김 기자도 이런 점을 이해하여 말 한마디라도 조심하기를 요청함. 더욱이 알다시피 내전 상태인 소말리아 내에서 현금을 갖고 이동하는 것이 위험천만 아니냐, 김 기자가 협상에 관해 일체 언급하지 말아 달라.
도와주겠다면 선장이 선박 서류를 챙겨 귀선하는 것이 협상 진전에 도움이 될 것이라는 얘기를 해적 측에 전달해 주면 좋겠다. 해적이 협상에 대해 또 의견을 물어 오면 회사와 직접 얘기하라고 전해주면 고맙겠음."

김 기자와 통화 후, 강 상무는 아무래도 김 기자가 해적들의 여러 가지 협조에 응하려는 느낌을 받았으며, 예상치 못한 기자의 등장으

---

27 김 기자에 의하면, 해적 마을에 돌아온 후 해적 두목과 최 선장의 협상 과정에 자신은 협상에 간여할 수 있는 사람이 아니라고 못 박고 단순히 통역만 할 것이라고 선장과 해적 두목에게 말하고 통역을 시작했으며 주 내용은 돈에 관한 것이었다고 한다(김영미, 180쪽).

로 인해 협상 타결을 목전에 두고 다시 새로운 국면이 전개되지 않을까 염려된다고 말하였다. 김 기자가 선원들을 돕겠다고 아무리 선의로 해석한다 해도 해적에게 분명히 기대치를 높여 주었기 때문에 심히 걱정이 앞선다고 토로하였다.

나와 피터도 같은 생각이었다. 김 기자의 등장으로 앞으로 복잡한 상황이 전개될 수 있다는 우려가 앞섰다. 나는 처음에 강 상무로부터 김 기자가 동원수산으로부터 합의금을 받아 하라데레에서 해적에게 전달하겠다[28]는 얘기를 듣고 내 귀를 의심하였다. 황당하다는 얘기가 바로 이런 때 하는 얘기구나 싶었다.

협상 대책 협의

통화 후 우리 3인은 다시 협의한 결과, 김 기자의 등장으로 상황 전개가 복잡해질 수 있으나 우선 지금까지의 협상의 모멘텀을 계속 살려 해적과 최종 합의하는 것이 우선임을 확인하였다.

아울러 압디가 강 상무에게 그간 금액 합의만 되면 합의금 전달은 간단하다고 반복해 얘기했으나 실제로는 구체적 방안을 찾지 못하고 있는 것으로 보였다. 이러한 상황 때문에 종합적으로 80만 불 선에서

---

28 김영미 기자에 의하면 동원호 체류 시 "무장 강도 떼가 수시로 출몰하는 소말리아에서 현찰 80만 불을 들고 다닌다는 것은 죽기로 작정한 것과 다름없는 일이며 한마디로 죽기를 작정하지 않으면 불가능한 일"이라고 생각했으나 선원들에게 "해적과의 싸움을 포기하라"라고 하면서 "쌀이 떨어지는 20일 안에 돈을 갖고 돌아오겠다"라고 약속했다고 한다. 김진국 항해사는 "만약 정부와 회사가 계속 미온적인 태도를 보인다면, 우리 사정을 널리 알려서 국민의 모금이라도 해서라도 우리를 살려 달라고 김영미 PD에게 부탁했다"라고 한다(김영미, 167~171쪽).

의 최종 결정을 내리지 못할 가능성이 클 것으로 추정하였다.

나는 밤늦게 피터와 다시 대책을 상의하였다. 그의 경험과 판단을 좀 더 듣고 내가 생각하지 못하는 미진한 부분이 있는지 살펴보고 싶었다.

피터는 지금까지 협상이 조금씩 진전되어 왔다고 일단 평가하고, 현 단계에서는 1) 선원 안전이 제일 중요한데 다행히 100여 일간 심각한 인적 사고 없이 잘 넘겨 왔으며 2) 해적도 우리의 입장을 충분히 알았으니 그들의 제의를 듣고 대응할 수밖에 없으니 압디의 연락을 기다리자고 말하였다. 3) 또한 소말리아 국내 사정으로 보아 미화 천 불에 목숨을 거는 사람이 부지기수인데 거금을 갖고 들어간다는 것은 무리이며 만약 그런 경우가 생긴다면 전문 집단의 도움을 받아야 할 것이라고 말했다.

나는 어떤 경우에도 '현금을 전달할 때 동시에 석방한다'는 우리의 최저 요구선(bottom line)은 꼭 지켜지도록 최대한 노력하자고 강조하고, 이슬람 법정연합과의 연락 체계를 지속 유지하여 혹시 시간을 놓쳐 필요한 대응을 하지 못하는 상황이 발생하지 않도록 유념해 달라고 하였다. 피터는 내 의견에 전적으로 동의하면서 나와 이렇게 100% 완전히 소통하는 파트너십에 만족한다고 언급하였다.

한편 나는 이러한 정상인과의 대화가 아닌 납치범과의 협상이 앞으로 어떻게 될지 모른다는 불안감을 완전히 떨쳐내지 못했다. 앞으로 2~3일 펼쳐질 동향이 협상의 분수령이 될 것으로 예상하면서 잠자리에 들기 전에 메모장에 지금 할 일은 "기다린다", 선원 안전을 점검한다", "정보를 수집한다"라고 썼다.

오전 협의 및 본부 보고

아침 8시 협의에서 우선 밤새 상황에 별다른 진전이 없음을 서로 확인하였다.

피터는 이슬람 법정연합과의 협조가 실질적으로 필요하다면, 자신이 모가디슈에 있는 동 연합 본부나 북부 점령지역 현장 방문도 마다하지 않겠다면서 나름대로 적극적인 역할을 수행하고 싶다고 말하였다. 나는 피터의 자세를 높이 평가하지만, 현재는 그럴 단계는 아닌 것으로 판단되며 이슬람 법정연합과의 기존 네트워크를 최대한 활용해 나가자고 하였다.

강 상무는 이제 협상의 막바지 단계에 이르렀으니 본사에서 자신에게 전권을 주었으면 좋겠다는 솔직한 생각을 토로하였다. 나와 공유하기 어려운 회사의 내부 사정이 있는 것 같았다. 항상 협상장에 나선 대표가 겪는 똑같은 어려움이었다. 대부분의 협상에서 상대방을 설득하는 것보다 내부 상사나 지도부를 설득하는 것이 더 어려운 법이다. 내부적으로 시달리다 보면 실제 협상에서 상대방에게 쉽게 양보하는 경우도 보았다.

나는 그간 외교관으로서 경험을 소개하고 내부 문제를 극복하는 것도 협상자 업무의 일부인 것 같다고 언급하였다. 그래서 강 상무의 생각이 우리 협상팀 모두의 공통 입장이니 앞으로는 동원수산 본사에 조희용, 피터 이름을 함께 넣어서 보고하라고 조언하였다. 강 상무는 환하게 웃었다.

강 상무는 9시 15분 압디에게 전화하였다. 압디 부인이 전화를 받아 압디가 집에 없다고 하여 압디로 하여금 강 상무에게 전화해 달라고 부탁하였다.

한편 나는 9시 30분 이준규 국장에게 전화하여 7월 14일까지 현황보고를 하였다. 이 국장은 김영미 기자의 개입을 도저히 이해할 수 없으며 돈 전달 제안은 황당하다고 말했다. 합의금은 어떠한 경우에도 가장 안전한 방법으로 전달되어야 하며 선원의 안전한 석방에 절대로 차질이 있어서는 안 될 것이라고 언급하였다.

나는 김 기자의 협상 개입은 매우 중대한 사안인 만큼 이영호 재외국민보호과장에게도 바로 전화하여 이 국장과의 통화 내용을 알리고 김 기자의 취재 내용이 국내에 보도되지 않도록 조치해 달라고 요청하였다.

오후 협의

점심 후 1시 40분부터 협상팀은 진행 상황을 점검하였다. 우선 압디나 최 선장으로부터 연락을 기다리는 수밖에 없었다.

두바이에서의 현금 전달 입장 고수

만약에 해적이 김 기자의 하라데레에서의 현금 전달 제안을 수용하여 우리에게 현금을 소말리아 현지로 갖고 오라면 어떻게 대응할지에 대해 협의하였다. 우리 3인은 '돈을 갖고 소말리아로 들어간다면 기름을 갖고 불속에 들어가는 것과 같을 것'이라는 데 의견을 같이하고, 계획대로 두바이에서 현금을 전달한다는 입장을 고수하기로 하였다.

이어 나는 아부다비에 있는 주아랍에미리트 한국대사관의 김종근 참사관에게 연락하여 동원호 사건과 관련된 외교부 본부 전보를 확인하고 참고 동향을 탐문하였다.

아랍에미리트 유조선 석방 소식

피터가 오후 5시경 나에게 아랍에미리트 유조선이 성공적으로 안전하게 석방되었다는 협상 대리인 조녀선의 이메일을 받았다고 보고하였다.

나는 동병상련同病相憐의 심정으로 유조선이 석방금 전달 후 어찌 됐든 일단 석방되었다는 소식에 안도하였다. 피터는 석방금이 분실된 것이 아니라 해적 두목 모하메드에 대한 해적 일부의 불신 때문에 그런 소문이 난 것 같다고 전해주었다.

나는 석방금을 둘러싼 해적 내분 가능성에도 대비해야 함을 절실하게 느꼈다. 피터에게 우리가 그간 협의한 대로 해적과 석방 금액에 합의하면 우리가 그간 상대해 온 해적 관계자 모두에게 금액 액수를 통보하는 것이 매우 중요함을 강조하였다.

김영미 기자 동원호 체류 이후 해적 입장

저녁 7시 5분 최 선장이 해적 두목 모하메드의 집에서 강 상무에게 전화를 하였다.

최 선장은 모하메드와 지금 단둘이 있는데 앞으로는 압디의 집에서 전화하는 것을 금지했다고 하면서 도청 등 안전 문제를 고려한 것 같다고 하였다.

김영미 기자는 오늘 모가디슈로 떠났으며, 내일 저녁 시간쯤 모가디슈에 도착해 강 상무에게 전화하기로 하였다고 하고 해적들이 내부적으로 협의하고 있는데 80만 불은 받아들이지 않을 것 같고, 그 이상을 요구할 것 같다고 전해왔다. 강 상무는 압디를 빨리 찾아서 자신에게 전화하도록 하라고 지시하였다.

한편 강 상무가 "아랍에미리트 유조선이 오늘 풀려 난 것을 아느냐?"라고 물으니 최 선장은 "알고 있으며 합의금 수령을 최종적으로 확인하고 출항시켰다고 들었다"라고 대답하였다.

오후 8시 35분 최 선장이 강 상무에게 전화하여 압디를 바꾸어 주었다.

압디는 방금 모하메드의 집에 도착하였으며, 모하메드, 선장, 그리고 자신 3명이 함께 있으며, 요구액은 80만 불은 아니며 오늘 밤 내부 협의를 거쳐 금액을 확정하여 내일 제의서를 동원수산 본사로 보내겠다고 말하였다. 강 상무는 오늘 내에 보내 줄 수 없겠느냐고 물었지만, 압디는 최종금액을 확정하지 못했으며 오늘 밤에 확정할 것이라고 대답하였다.

요구할 액수가 그간 압디 자신이 "좋은 제안"이라고 한 80만 불보다 더 많다는 의미였다. 나는 해적으로서는 김영미 기자와 협의하기 전까지는 80만 불이 자신들에게 "좋은 제안"이었으나 이제는 아닌 것이 되었다는 뜻으로 해석하였다.

강 상무는 이어 '두바이에서의 현금 전달' 입장을 전달하였고 압디는 두바이로 대리인을 보내서 현금을 수령하겠다고 하였다. 강 상무는 '두바이에서의 현금 전달' 입장을 다시 한번 강조하고, 현금 전달과 동시에 동원호가 석방되어야 한다고 강조하였다. 최종금액을 보낼 때 두바이에서의 구체적인 전달 방안과 선박의 안전한 석방 절차에 관해서 모두 함께 적어서 보내 달라고 요청하였다.

두바이에서의 현금 전달 원칙 합의

통화 후 두바이에서의 현금 전달 원칙에 관해 일단 합의한 만큼, 모두 크게 안도하였다. 해적의 입에서 행여 김 기자의 제안대로 하라데레까지 현금을 갖고 오라는 소리가 나올까 봐 걱정했으나 순식간에 사라졌다. 우리의 현금 전달 계획에 따라 첫 단계를 넘어선 것이었다.

이어 나 나름대로 현금 전달과 관련해서 신중한 검토가 필요한 사항을 적어 보았다. 대사관 계좌에서 현금을 출금하여 안전하게 숙소로 운반하는 방안(전문경호원 필요 여부 등), 아랍에미리트 정부에 통보 및 협조 요청 필요 여부(본부와 대사관과의 협의가 필요한 사항), 정상 거래가 아닌 이러한 비정상적 거래에 있어서 우리 공관의 공개적 협조 제공의 한계 등에 관해 검토했으며, 현금 전달 시점 전후의 유사시에 대비하여 경호와 안전을 확보하기 위한 지원 인력과 필요시 교민 협조 요청 문제도 생각해 보았다.

저녁 9시 30분경 강 상무가 그간 동원수산과 긴밀한 협력 관계를 유지해 온 소말리아 기업인(두바이 거주)이 강 상무에게 전화를 해서 앞으로 2~3일 후면 이슬람 법정연합 세력이 하라데레를 점령할 테니, 그렇게 되면 해적에게 돈을 줄 필요가 없다고 말했다고 알려 주었다. 나는 피터에게 이슬람 법정연합의 북부 지역에서의 세력 확장 동향을 상세히 파악하라고 지시하였다.

저녁 10시 40분 강 상무는 최 선장에게 전화하여 해적의 내부 협의 동향을 탐문하였다. 최 선장은 "해적이 90만 불 이상을 요구할 것 같다"라고 알렸으며 강 상무는 "85만 불 정도가 되도록 자연스럽게 분위기를 잡아 보라"라고 지시하였다.

김영미 기자, 4번째 통화

저녁 11시 20분 김영미 기자는 강 상무에게 전화를 하였다.

김 기자는 "하라데레를 벗어나기 전에 모하메드 수하의 행동대원들에게 납치되었다가 이제 풀려났으며 하라데레에서 130킬로미터 떨어진 이슬람 법정연합 세력이 있는 지역(엘 부르, El Burr로 추정)에서 전화를 하고 있으며 잘못되었으면 전화도 못할 뻔하였다"라고 말했다. 또한, "자신을 납치한 사유는 모하메드가 석방금을 받아도 제대로 분배하지 않는다고 하였고, 그래서 나를 납치하여 (동원호)분배금을 제대로 받기 위한 것이었다"라고 말하였다. 마지막으로 "지금은 전화를 오래할 수 없으니 내일 오전에 모가디슈에 도착하면 다시 연락하겠다"라

고 하고 전화를 끊었다.[29]

김 기자는 당시 동원호 체류를 통해 선원들의 인질 현장을 직접 목격하고 실상을 취재하고 이렇게 자신이 납치되었으며 자칫하면 죽을 뻔한 생사 고비의 상황을 실제로 겪어보면서 해적의 실체와 소말리아의 현지 사정을 체험하였다. 그러나 귀국한 후에 그간 동원수산과 해적 간의 협상 진행 상황과 정부의 노력을 충분히 파악하지 못한 상황에서 "나 혼자 찾아가서도 협상할 수 있을 정도의 해적이었다. 정부는 한마디로 답답하다 못해 한심하기까지 했다. 정부 당국은 현지에 한 명의 협상가도 파견하지 않고 사태 해결에 영향력이 없는 소말리아 과도정부에만 매달리고 있다", "해적들이 요구하는 것이 무슨 엄청난 거액도 아니고 10억 원 내외다"[30] 라는 등 정부에 대한 비판을 이어갔다. 상세 내용은 뒤에서 다룬다.

피터가 바로 이슬람 법정연합에 탐문한 바에 의하면, 연합은 그간 우리 측의 우려도 고려하여 일단 동원호 선원의 안전을 감안하여 하라데레까지 진격하지 않고 있다고 했다. 한편 김 기자는 하라데레에서 출발하여 돌아오는 길에 일부 해적들에게 납치되어 소지품을 강탈당한 것 같다고 보고하였다.

---

29 김영미 기자는 자신의 저서에서 당시 납치되어 생사고비를 겪은 상황을 상세히 기록하였다 (김영미, 183-190쪽).

30 "피납 100일 소말리아 동원호, 조국은 왜 우리를 내버려두는가?" MBC 〈PD〉 수첩, 2006년 7월 25일, "동원호 납치했던 해적들의 정체", 『시사저널』 2006년 7월 31일, "소말리아 해적에 피납된 동원호 선원 단독 취재한 김영미 PD", 『여성 동아』 2006년 9월호.

해적, 90만 불 고수 입장 전달

저녁 11시 35분 최 선장이 강 상무에게 전화하였다.

해적들이 계속하여 협의 중이며 두목 모하메드가 90만 불을 고집하고 있고 앞으로 더 올릴 것이라고 공갈을 치고 있어 아무래도 시간이 더 걸려야 될 것으로 보인다고 말하였다. 이에 대해 강 상무는 그간 협상에서 해적 측 요구 액수를 고려하여 우리가 조금 올려 주면 다시 해적이 또 올리는 과정이 계속되고 있으므로 당분간은 협상이 되지 않을 테니 선장도 조금 더 참고 기다리라고 말하였다.

우리로서는 해적이 요구 금액을 더 올리면 앞으로 협상은 없다는 메시지를 선장을 통해 해적에게 전하고자 했던 것이다.

통화 후 우리 3인은 모하메드와 선상 행동대원 간 요구 금액에 대해 합의가 이루어지지 못한 상황으로 판단했다. 그간 해적이 90~100만 불을 구두로 계속 요구하면서 곧 문서를 보낸다고 하면서도 아직 구체적 금액을 문서로 보내지 않고 있으므로, 해적의 팩스 제의를 받아보고 구체적으로 대응하는 것이 바람직하다는 결론을 내렸다. 강 상무는 동원수산 본사에 85만 불을 최종금액으로 염두에 두고 대응하는 방안을 건의하겠다고 하였다.

◈ 7월 16일(일)

아침 기상 이후 두바이에서의 안전한 현금 전달 방법에 관해 여러 가지 궁리를 계속하였다.

9시 20분 이준규 국장에게 현재 상황을 보고하였다.

해적이 90만 불 또는 그 이상을 요구할 것으로 예상되며, 현재 해적 제의를 기다리고 있고 우리 요구대로 현금 전달은 두바이에서 한다는 데 잠정적으로 합의하였으며 김영미 기자는 다행히도 인질로 잡히지 않고 하라데레에서 빠져나왔다고 보고하였다.

아울러 동원수산 본사가 현지 협상팀의 판단과 건의를 최대한 존중해 주도록 강력히 요청할 것과 현금 전달과 관련해 주아랍에미리트 한국대사관이 협상팀에 최대한 협조를 제공하도록 지시해 줄 것을 건의하였다. 이 국장은 건의 사항을 바로 조치하겠다고 하고, 조 대사가 현지에 있으니 안심된다는 격려와 함께 막바지 단계이니 최선을 다해 달라고 하였다.

나는 이 국장과 통화 후 이준재 주아랍에미리트 대사에게 전화해서 협상 현황을 설명하고 현금 전달 방안에 관해 내 구상을 전달하고 가능한 협조를 요청하였다. 이 대사는 급하냐고 물었고, 나는 조만간 일어날 상황이니 지금부터 준비해야 한다고 대답하였다.

9시 50분 최 선장이 강 상무에게 전화를 하였다. 해적들이 새벽까지 토론했으나 두목 모하메드가 90만 불 이하는 안 된다는 입장을 견지하고 있다고 전하였다.

오전 내내 해적의 서면 제의를 기다렸으나 오지 않았다.

문서 교환으로 협상 단계별 진전 확보

나는 우리가 협상을 선도할 단계에 이르렀으며 통화보다는 팩스 교환으로 진행하여 협상 단계별로 확실하게 다지면서 이미 합의된 사항은 뒤집지 못하도록 진행해야 한다고 판단하였다.

강 상무와 피터와 협의한 후 우리 측이 먼저 문서를 보내기로 하였다. 동원수산 본사로부터 문서에 포함될 내용도 받았다.

협상팀은 12시 30분경 강 상무 명의로 다음 요지의 팩스를 압디에게 보냈다.

- 80만 불을 언제라도 지불할 용의가 있음.
- 현금 전달 방안을 알려 주기 바람. 은행이 이런 거래를 취급하지 않기 때문에 여기 두바이에서 현금 80만 불을 확보하고 전달하는 일은 결코 쉬운 일이 아님.
- 현재 최종 합의조차 없으니 돈 전달은 더욱 늦어질 수밖에 없을 것임.
- 동원호는 조만간 기름이 떨어질 것이며 이에 따라 앵커 시스템(anchor system)이 작동이 안 되어 배가 움직일 수 없게 되면 협상은 결국 무산될 것임,
- 최 선장이 다음 사항을 나(강 상무)에게 전화로 최종적으로 확인하기 전에는 동원수산 본사 회장(chairman)은 절대로 현금 전달을 허용하지 않을 것임을 명심해 주기 바람.
  1) 선장, 선원 모두 안전하고 모든 선박 서류가 선상에 제대로 있어야 함.

2) 선박과 화물은 좋은 상태여야 함.

3) 선박 체류 중인 당신 동료 모두(your men)가 하선하고 배는 안전하게 해안에서 벗어나 항해해야 함.

4) 배는 소말리아 해변에서 적어도 4시간 또는 40마일 떨어져 있고 모두 안전해야 함.

우리 측은 해적이 받아들여야 하는 기본적 조건으로 두바이에서의 현금 전달과 함께 "현금 전달과 동시에 석방"을 염두에 두었다. 하지만 이번 문서로는 먼저 현금 전달 전에 선원과 선박의 안전한 석방을 조건으로 걸었다.

김영미 기자, 5번째 통화

오후 2시 50분 김영미 기자가 모다디슈에서 강 상무에게 전화를 하였다.[31]

김 기자는 "하라데레와 동원호에 체류해 보니 현지 사정이 몹시 좋지 않으며, 두목과 행동대원들 간에 대화가 되지 않으며 서로 믿음이 없는 상태에서 반목이 심했다. 그리고 보고 들은 사실과 사진은 다큐멘터리로 엮어서 연합뉴스에 게재할 것이며, '내가 전세기편으로 석방금을 가지고 가야만' 한다"라고 말하였다. 이에 대해 강 상무는 차분

---

31 김 기자는 모가디슈에 도착한 이후 최 선장과도 통화하면서 자신이 해적에게 납치된 상황을 알렸다고 한다(김영미, 213쪽).

하게 "현재 협상이 잘 진행되고 있고 막바지에 접어들고 있으며, 일절 협상에 간여하지 말라고 다시 한번 부탁한다. 우리 배가 안전하게 출항하기 전에는 어떠한 보도라도 협상에 방해가 될 뿐이니 제발 보도되어서는 안 되니 협조해 달라"고 요청하였다.

그러나 김 기자는 화를 내면서 "지금 이렇게 심각한 상황인데 어찌하여 회사가 그렇게 말할 수 있느냐"라면서 언성을 높이고는 "지금 정부가 하는 일이 무엇이 있느냐?"라고 물었다. 강 상무는 "당신은 잘 모르겠지만, 외교통상부에서 지난 3개월이 넘는 기간 동안 대사급 한 분이 출장을 와서 나와 함께 체류하면서 협상을 진행'하고 있다"고 설명하였다.

김 기자는 "내가 '생명의 위협을 느끼면서' 이렇게 어렵게 취재를 한 이유가 무엇이었겠느냐? 내가 보도를 하지 않으려면 무엇 때문에 이런 고생을 하겠느냐?"라면서 전화를 끊었다. 김 기자의 말투로 보아 김 기자는 선원들의 안전 석방을 위해 동원수산 본사와 외교부는 아무 일도 하고 있지 않다는 판단을 굳힌 것 같았다.

나는 김 기자의 언행으로 보아 동원호 피랍 현지 상황이 국내에 보도되는 것은 물론, 협상 진행 상황이 왜곡되어 보도될 가능성 또한 높다고 판단하였다. 바로 외교부 이준규 국장에게 전화로 상기 통화 내용을 보고하고 본부에서 적절하게 조치할 것을 건의하였다.

해적과의 팩스 교환을 통한 협상

오후 4시 강 상무가 압디에게 전화하여 우리가 보낸 팩스를 받았는지 확인한 후에 팩스 내용을 모하메드에게 차근차근 잘 설명하도록 요청하였다. 이후 20분 후에 강 상무는 압디에게 다시 전화를 걸었다.

압디는 팩스 내용을 모하메드에게 잘 설명하였다고 하면서 모하메드는 현금 90만 불이 되어야만 합의할 수 있다는 입장이며 합의금은 두바이에서 현금으로 전달하면 된다고 전했다. 이에 동의한다면 자신들을 대신하여 두바이에서 현금을 수령할 대리인의 전화번호를 알려 주겠다고 하였다. 아울러 선박 출항 시에는 선상 행동대원이 모두 내리고 문제를 일으키지 않도록 하기 위해 모하메드가 직접 승선하여 지휘할 것이며 안전 출항을 위해 영해 밖 외해까지 인도하겠다고 말하였다.

이에 대해 강 상무는 소말리아 영해 밖에서는 미군 군함의 호위를 받으면서 안전하게 출항할 것이니 조금도 염려하지 말라고 언급하였다. 우리가 미군 해군과 함께 대응하고 있으며 동원호 석방 시에 미국 해군이 지원할 것이라는 사실을 미리 알려 줌으로써 행여 허튼수작을 하지 말라는 경고를 전한 것이었다.

두바이에서의 현금 전달을 확인하고 동원호의 안전한 출항 후에 현금을 전달한다는 우리의 조건에 대해서는 직접적 언급을 피하면서 안전한 출항은 보장하겠다는 뜻을 밝힌 것이었다. 현금을 전달하면 배는 풀린다고 설득하고 싶었던 것 같았다.

저녁 8시 40분 최 선장이 강 상무에게 전화를 걸어왔다.

두목 모하메드와 압디가 협의 중인데 90만 불에는 변동이 없는 것 같지만, 선박을 직접 납치한 행동대원들은 최소한 120만 불~150만 불을 주장하고 있고 모하메드는 그들에게 100만 불 이상이 될 것이라고 둘러대는 상황이라고 전했다. 그래서 두목 모하메드가 출항 시에 행동대원을 제어하기 위해 선박에서 지휘하겠다고 하는 것 같다고 알려왔다.

협상팀은 해적이 최소한 90만 불을 받기 위해 최 선장으로 하여금 해적 내 분위기를 전하라고 한 것처럼 느꼈다.

이어 17일(월) 새벽 2시경 압디가 강 상무에게 전화를 하였다.

지금 은밀한 장소에서 문서를 만들고 있는데 상세 내역을 기술해야 하고 소말리아어를 영어로 번역해야 하는 관계로 시간이 오래 걸려서 17일 중에 자신들의 제의를 동원수산 본사로 팩스로 보내겠다고 말하였다.

그간 양측간 전화를 통한 구두 협상에서 벗어나 우리 측이 협상을 구체화하기 위해 팩스 형식의 문서를 전달함에 따라 해적도 이에 응해 문서로 응답하겠다는 것이다. 이제 긴 터널의 끝자락이 가시권에 들어왔다.

아랍에미리트 유조선 석방 경위

그런 가운데 저녁 협의 시에는 피터가 그간 아랍에미리트 유조선의 협상 대리인 '마노이(Manoj)'와 조너선과의 접촉을 통해 탐문한 유조선 석방 경위를 설명해 주었다.

- 선주 측은 작일 7월 15일 아침 6시에 제3의 장소(두바이는 아니고, 인

도 가능성[32])에서 합의금을 해적 대리인에게 직접 전달하였으며, 10시간 후 유조선이 석방되었음. 출항이 10시간 지연된 이유는 해적 보트의 엔진 고장, 합의금 수령 후 선상 행동대원들의 추가 현금 요구로 다툼이 있었음. 선주 측이 요구를 단호히 거절하는 과정에서 시간이 지연되었음.

- 석방금 합의는 6월 중순경에 이루어졌으나 해적이 7월 5일에서야 처음으로 현금 전달 방안을 제의하였으며 여러 사정 및 상호 오해로 10일간 협의를 통해 7월 15일 전달 방안의 세부 내용에 합의하였음. 해적 측은 현금을 수령한 해적 대리인이 공항까지 갈 때까지 선주 측 동행을 요구하였으나 선주 측은 거부하기도 하였음.

- 피터가 유조선 대리인에게 이슬람 법정연합의 활용 가능성에 대한 검토 여부를 문의하였더니, 선주 측이 이슬람 법정연합이 언제 어떻게 행동할지 불투명한 상황에서, 우선적으로 선박의 조기 석방을 원하였다 함.

- 현금 전달이 석방을 위한 가장 좋은 방안이며 현금 전달 후에는 일단 석방 과정을 끌고 갈 수 있다는 판단이었다고 하면서, 결국 현금 전달 후 목적을 달성하게 되었다고 함.

강 상무와 나는 우리 협상에 바로 지금 좋은 참고가 되는 적절한 정보라고 평가하고 현금 전달 방안에 관해서는 처음 계획대로 우리가

---

32 유조선 대리인은 대외 보안 때문인지 처음에는 구체적인 장소를 밝히기를 꺼렸으나, 나중에 케냐 나이로비 선주 호텔에서 현금을 전달했다고 알려 주었다.

선도해 나가자고 하였다. 두목 모하메드도 유조선 석방에 현금을 받은 경험을 갖게 되었으니 우리와의 협상에서 보다 유연하게 나올 것을 기대하였다.

그러면서도 해적 측의 현금 전달 방안 제의 후 구체적 합의를 위한 협상에 다시 10일이 걸렸으며, 현금 전달 후에도 바로 석방되지 못하고 추가 돈을 요구하는 등의 사정으로 10시간 뒤에나 풀려나왔다는 사실이 계속 마음 한구석에 걸렸다.

이슬람 법정연합 활용 방안 협의

피터가 밤늦게 내 방을 찾아왔다. 여러 상황 전개에 대해 나와 생각을 맞추기 위한 것이었다. 우선 이슬람 법정연합과의 접촉 결과를 설명하였다.

현재 연합은 하라데레로 진격할 의도는 없다고 하며, 만약 우리 측이 그들의 협력이 필요하다면 동원수산 또는 자신(피터) 명의의 정식 서한을 모가디슈에 있는 연합 본부나 피터의 접촉선 '압둘 카디르(Abdul Kadir)'에게 보내면 연합 지도부에 보고하겠다고 하였다.

나는 이슬람 법정연합에 대한 협력 요청 여부는 외교부 본부와 상의할 문제라고 전제했다. 우선 한국 정부는 실제 성과는 결과적으로 미미하지만, 소말리아 과도정부의 협력을 지속적으로 요청했으며, 연합은 과도정부에 대항하는 내전의 당사자이며, 사실 우리가 연합의 실체와 정확한 의도를 완전히 파악하지 못하고 있고 그들의 행동을 실질적으로 제어할 수도 없는 상황인 만큼, 현 단계에서 연합에 정식 협조를 요청하는 것은 시기상조인 것 같다고 밝혔다.

더욱이 현재 100여 일의 협상 끝에 해적과 최종 금액에 관해 협의하고 있는 만큼 이에 집중하는 것이 바람직할 것이므로 앞으로의 상황 전개를 지켜보자고 말하였다.

피터는 이에 대해 충분한 이해를 표명하고, 계속 연합과 접촉하면서 관련 동향을 파악해 나가겠다고 하였다.

나는 당시 이슬람 법정연합의 활용 문제에 관해서는 결국 현지의 종합적 판단이 가장 중요하다고 생각했다. 협상팀으로서 그 단계에서는 연합의 동향은 해적과의 협상에 참고하되, 그들을 또 다른 협상 상대로 만들어 협상팀의 협상 전선(front)을 확대하는 것은 바람직하지 않다고 판단하였다.

◈ 7월 17일(월)

아침 식사 중에 강 상무가 상기와 같이 지난 새벽 2시경에 압디가 전화해 와서 오늘 해적의 입장을 동원수산 본사에 팩스로 보내겠다고 전해왔다고 알려 주었다.

나는 오전에 이준재 주아랍에미리트 대사에게 전화해서 협상 진행 상황을 설명하고 동원수산이 대사관 계좌로 보낸 현금 인출 문제에 대해 협의하였으며, 대사관은 최대한 협력하기로 하였다.

나는 이어 11시경 이준규 국장에게 전화로 보고하였다.

현재 해적 측의 팩스를 기다리는 중이며, 해적 측이 90만 불 이상을 요구할 것으로 예상되며 협상팀의 현금 전달과 관련 외교부 본부에서 현지 대사관이 협상팀을 최대한 지원해 줄 것을 지시해 줄 것을 건의하였다.

아울러 나는 지금 협상의 분기점에 왔으니 모멘텀을 놓쳐서는 안된다고 보며, 순서대로 근거를 들었다. 1) 아랍에미리트 유조선이 현금 전달 후 풀려났으며, 2) 이슬람 법정연합 세력이 해적 본거지로부터 100킬로미터 지점까지 진격했고, 3) 동원호의 기름이 떨어져 가고 있다는 사실이었다. 본부에서 동원수산 지도부가 현지 협상팀의 판단을 최대한 존중해 주도록 촉구해 줄 것을 건의하였다. 이 국장은 내 판단에 동의하고 해적이 보낸 팩스를 받아 보고 다음 대책을 협의하자고 하였다.

현금 전달 계획 협의

협상팀은 점심 식사 때부터 현금 전달 계획에 대해 집중적으로 협의하였다.

대사관 계좌에서 현금 인출은 대사관 소재 아부다비가 아닌 두바이 은행에서 동원수산 관계자가 하고, 우리 숙소까지 운송할 때는 대사관 지원을 받는 방안을 잠정적으로 수립하였다.

현금 전달 장소와 관련하여 우리 숙소 이외의 별도 호텔 사용 문제도 검토해 보았으나 나는 우리 숙소가 안전 등 모든 면에서 합당하다고 판단하여 그대로 고수해 나가자고 하였다. 동원수산과 사업 교류 관계가 있는 현지 동포 기업인이 현금 수송을 도와주겠다고 하며 필요하다면 현금 일부도 대출할 수 있다는 뜻을 전해와서, 대안으로 검토해 보자고 하였다.

　이후 나는 대사관 김종근 참사관에게 연락하여 우리가 수립한 계획에 관해 협의하였다. 대화 중 목요일, 금요일이 현지 휴일이라서 은행도 영업하지 않는다는 사실을 충분히 고려하여 진행하기로 하였다.

김영미 기자, 해적과 통화

　저녁 7시 30분경 최 선장이 강 상무에게 전화를 하였다.

　해적이 요구 문서를 작성 중이며 90만 불 이상이 될 것으로 보인다고 했다. 또한 선상 행동대원들이 우리 배를 끌고 나가 모선母船으로 삼아 해적 행위를 하겠다는 움직임이 있으며 "모가디슈에 있는 김영미 기자가 해적과 통화한 것 같다"라고 알려 왔다. 우선 강 상무는 최 선장에게 먼저 선원의 안전을 확인하였고, 해적이 만약에 우리 배를 끌고 나가면 "모든 협상은 끝장"이니 강력히 대항하라고 지시하였다.

　나는 김 기자가 해적뿐 아니라 최 선장과도 통화했을 수도 있겠다고 추정하였다. 김 기자가 궁금한 것은 협상 진행 상황이라고 생각했다.[33]

해적의 헷갈리는 신호들

　협상팀은 다시 모여 대책을 논의하였다. 우선 해적이 우리에게 여

33　김영미 기자는 모가디슈에서 7월 16일 밤에 MBC 〈PD 수첩〉으로부터 방송 제의를 받았으며 7월 17일 방송날짜가 7월 25일에 잡혔다는 연락을 받았다고 썼다(김영미, 198~199쪽). 또한 모가디슈에서 최 선장에게 자신의 납치 상황을 알렸다고 한다(같은 책, 213쪽).

러 복합적인 신호(mixed signals)("요구문서 작성 중", "행동대원은 100~150만 불 요구", "행동대원이 우리 배를 해적 행위에 이용하려는 동향")를 보내고 있는 의도에 대해 의견 교환을 하였다.

우리는 조심스럽게 선장이 해적과 100여 일 이상 같이 지내다 보니 소위 '스톡홀름 신드롬(Stockholm syndrome)'[34]에 빠진 것 아닌지 우려된다는 얘기를 나누었다. 앞으로 선장과 통화 시에는 어려운 상황에서 고생한다는 위로와 함께 선원 안전 문제, 해적 동향을 포함하여 현지 상황을 냉철하게 판단하도록 계속 환기시키는 것이 중요하다는 데에 의견을 모았다.

나는 만약 해적이 우리 배를 끌고 나가 모선으로 삼아 또 다른 해적 행위에 나선다면 지금까지의 전제와 상황이 완전히 달라지는 것이라고 설명했다. 그렇게 된다면 현지 협상팀의 해적과의 모든 협상을 중단할 수밖에 없으며, 해적과의 관계에서 완전히 새로운 국면을 맞이하게 되는 것이므로 본국 정부의 지침에 따라 대응해야 할 것이라고 언급하였다.

다만 모든 가능성에 대비해야 하므로 바레인 주재 미국 해군에 연락하여 협조를 확보해 두기로 하였다. 피터가 미국 해군 연락사무소에 바로 연락하여 관련 동향을 통보하고 유사시에 최대한 협조를 요청하였다.

강 상무가 저녁 10시 넘어 내 방으로 전화해 우리 배를 이용한 해적

---

34 인질로 잡힌 사람이 인질범에게 심리적으로 동조하는 증세나 현상. 1973년 스웨덴 스톡홀름에서 일어난 은행 강도 사건의 인질이 보인 심리상태에서 비롯되었다.

행위 가능성에 대해 깊은 우려를 다시 전했다. 나는 해적이 여러 신호를 보내고 있는데, 일단 해적이 최소한 90만 불 이상을 받기 위해 우리에게 심리적 압력을 가하려는 의도로 보이므로 우리가 헷갈리지 않고 냉정하게 판단하는 것이 중요한 시점이며, 최 선장에게 선원의 안전을 포함한 현장 분위기를 다시 확인해 보고, 해적과 계속 소통하면서 우리의 지혜를 모아 대응하자고 하였다.

피터 또한 밤늦게 내 방을 찾아왔다. '90만 불 이상 요구'할 것으로 예상되는 해적의 팩스에 대해 우리의 대응 문서에 포함되어야 할 요점(points)을 잡아 나와 함께 협의하였다.

협상 팀원 간에는 상황의 심각성을 공유하면서 상호 긴장을 늦추지 않고 공동 목표를 향해 간다는 동료 의식을 고취하는 것이 매우 효과적이며, 동등한 입장에서 협업하고 있다는 자세가 기본임을 새삼 깨우쳤다. 어느덧 나는 강 상무와 피터와 토론 중에 수시로 "내 판단이 틀렸다면 고쳐 달라(If I am wrong, please correct me)"라고 얘기하고 있었다.

◈ 7월 18일(화)

내가 서울을 떠나 두바이에 도착한지 7일 째가 되었다.

아침 기상 후 메모에 "해적 팩스를 기다린다, 85~90만 불이라면 수용 가능, 현금 전달의 안전 확보가 문제"라고 썼다. 현지 동포 기업인의 전언에 의하면 얼마 전 두바이에서 수송 현금 강탈 사건이 있었다고 한다.

동원호를 이용한 또 다른 해적 행위 대비

아침에 강 상무가 협상 막바지에 동원수산 본사의 무리한 요구에 지쳤다고 하면서 자신한테 전권을 주지 않는 데 대해 좌절감과 실망 감을 표명하였다. 나는 본사와 협의 시에는 강 상무의 모든 의견이 조희용과 피터와 충분히 협의한 결과임을 강조하여 전달하면 좋을 것 같다고 조언하였다.

이어서 나는 최 선장과의 통화를 권유했다. 최 선장에게 동원호를 이용한 다른 해적 행위를 할 가능성 및 관련, 행동대원의 동향을 상세히 보고하고, 만약 그러한 동향이 보이면 1) 완강히 거부하고 2) 선원 전원의 육지 상륙을 요구하고 3) 그간 협상은 종결되고 더 이상 협상은 없다는 입장을 강력히 전달할 것을 조언하였다. 강 상무는 오전에 최 선장과의 통화를 2번 이상 시도했으나 통화가 안 되었다.

피터와 이슬람 법정연합 활용 방안에 관해 다시 협의하였다. 우선 연합 활동에 대한 정보 수집에 집중하고, 해적과의 협상이 다시 결렬되어 교착상태에 빠질 경우 다시 검토해 보자고 잠정적인 결론을 냈다. 해적이 동원호를 이용한 다른 해적 행위 가능성에 대해서는 일단 가능성은 낮을 것으로 보이나 예방 차원에서 미 해군의 주의와 관심을 계속 환기시키는 것이 효과적이라는 의견을 모았다. 모든 가능성에 준비해서 나쁠 것은 없었다.

12시경 강 상무가 나에게 동원수산 본사 회장의 지시로 갑자기 소말리아어 통역을 구해 협상을 진행하라고 한다면서 난색을 표명했다. 이제 와서 무슨 뚱딴지같은 소리인가 싶었다.

나는 현재까지 영어를 통한 협상에 큰 문제가 없었다고 판단했다. 따라서 협상 막바지에 협상 언어를 바꿀 필요가 전혀 없으며 협상에 최대한 집중해야 할 시기인 지금 통역 수배 등으로 협상팀의 주의와 역량을 분산시키는 것은 바람직하지 않으므로 내가 반대한다고 보고 하라고 하였다.

나의 외교관 경험으로도, 협상을 하다 보면 가끔 막바지에 기발한 아이디어를 내는 리더와 그 주변 사람들이 있다. 하지만 이런 아이디어들은 오히려 현지 협상팀에 새로운 부담을 주어서 결과적으로 협상 전선이 흐트러져서 총력을 기울일 수 없는 경우를 종종 목격하였다.

해적, 110만 불 요구

12시 20분경 압디가 강 상무에게 전화를 하였다. 자신이 "강 상무에게 80만 불을 제시하였던 것은 그 정도면 합의할 수 있다는 개인적 생각"이었으며 "모하메드가 80만 불에 동의하지 않는다"라고 말했다. 팩스를 방금 전 동원수산 본사로 보냈다고 하면서 최 선장을 바꾸어 주었다.

최 선장은 "압디의 말에 의하면 모하메드가 90만 불에 합의하기 위하여 100만 불을 팩스에 적어 보내라고 하였으니 본사에서는 90만 불로 회신하면 될 것"이라고 전했다. 이에 대해 강 상무는 모두 다 해적들의 작전이니 선장은 아무 말 말고 해적에게 강 상무와 협의하라는 말만 하라고 지시하였다.

압디는 자신의 80만 불 제의를 개인 생각으로 변명하고 있으며, 최 선장은 두목인 모하메드가 최소한 90만 불은 받겠다는 입장을 전한 것이다.

나는 바로 이준규 국장에게 해적이 동원수산 본사로 팩스를 송부한 사실을 보고하였다.

오후 1시 10분경 강 상무가 해적이 보낸 7월 18일 자 팩스를 동원수산 본사로부터 받았다.

해적은 자신들이 불법 단체가 아니라 공식기관인 양 "중앙 소말리아 해양 해안경비대(central somali marine coast guard³⁵)"라는 명의의 팩스로 7월 16일 동원수산(강 상무 명의)이 제시한 금액(80만 불을 의미)을 거부하고 마지막 결정으로 미화 110만 불을 요구하니 24시간 내로 회신할 것을 요청하였다.

나는 해적이 그간 강 상무에게 80만~90만 불을 요구하다가 80만 불이 "좋은 제안"이라고 하더니, 갑자기 110만 불을 요구한 것은 김영미 기자의 방문과 협상 개입 등으로 최소한 90만 불은 받을 수 있다는 계산이 있었으리라 예상했다. 또한 해적 두목 모하메드로서는 100만 불 이상을 주장하는 선상 행동대원의 요구도 일단 반영하면서 우리 측이 이를 수용하지 않을 가능성을 짐작하고 90만 불로 낮추어 주겠다는 다음 제의까지 염두에 두었기 때문이라고 판단하였다.

오후 1시 20분 외교부 이준규 국장이 서울에서 바로 나에게 전화하였다. 이 국장은 일단 해적 요구대로 24시간 내 회신할 필요는 없을 것 같다면서 해적이 연락하면 현지 협상자(강 상무)는 협상 실패 책임을

---

35   해적은 영어 표기에 대문자, 소문자의 개념 없이 모든 표기를 소문자로 써서 보내왔다.

지고 해고되어 서울로 돌아간다는 식으로 통보하고, 더 이상 타협할 생각이 없다는 입장을 전달해 해적을 압박할 필요가 있다고 언급하였다. 나는 강 상무와 피터와 협의 후 대응 방안을 보고하겠다고 하였다.

강 상무 명의로 80만 불 회신, 강 상무 퇴출 경고

협상팀 3자 협의에 들어갔다.

나는 먼저 협상이 지연될 경우 선원 안전 보장 문제를 거론했다. 피터는 자신의 경험과 그간 협상 경위로 보아 선원은 99% 안전할 것으로 본다고 대답하였다.

선원이 안전하다고 한다면 기존 입장을 고수하면서 2~3일 여유를 갖고 강 상무가 개인적인 호소로 해적의 양보를 유도하기로 하였다. 강 상무를 희생양으로 삼는 심리전을 펴서 90만 불 이하로 하향 조정하도록 시도해 보기로 한 것이다. 그간 두 사람 간의 협상으로 압디도 강 상무와 지속적인 접촉으로 일정한 신뢰 관계를 갖게 되었다고 판단하여 협상 결렬 시 강 상무는 퇴출되고 새로운 대표와 협상을 다시 시작해야 한다는 심리적 부담감을 주기로 하였다.

아울러 협상이 막바지에 이르렀다는 판단으로 강 상무와 압디 간에 그동안 구두로 협의해 온 모든 조건을 다시 확인하는 차원에서 빠짐없이 기술하기로 하였다. 특히 현금 전달 장소는 두바이임을 다시 못 박아 해적이 장소 변경 시도를 못 하도록 하여 석방금 합의 후 장소에 관한 새로운 협상으로 석방이 지연될 가능성을 사전에 차단할 필요가 있다고 판단하였다.

그간 준비해 둔 초안을 기초로 다음과 같은 회신안을 작성하였다.

- 당신이 오늘 아침 보낸 팩스에 대해 (동원수산)회장이 다음과 같이 알리라고 하였음.
- 우리의 마지막 제안은 80만 불임.
  1) 선장, 선원과 모든 서류가 선상에 안전하고 제대로 있어야 하며
  2) 선박과 화물은 좋은 상태여야 하며
  3) 당신들은 모두 배에서 떠나고 배는 해변으로부터 출항해야 하며
  4) 배는 소말리아 해변에서 4시간 또는 40마일 떨어져 있다는 조건으로만 돈을 당신 또는 당신 대리인에게 전달할 수 있을 것임.
- 이 제안은 24시간 유효함. 이를 수락하면 두바이에서 전달할 수 있으며, 수락하지 않으면 현금은 다시 서울로 회수되며 강 상무는 서울로 돌아올 것임.
- 압디 씨, 나는 지금 두바이를 떠날 준비를 하고 있으며, 당신은 나를 매우 큰 곤경에 빠트렸음. 사실 당신이 80만 불을 제의했을 때 내가 본사 회장을 겨우 설득하여 80만 불로 결정을 내리려 하였으나 거부당했음. 나는 당신을 신뢰했으나 입장 번복으로 인해 나의 회사는 지금 나를 바보나 거짓말쟁이로 생각하고 있음. 나는 회사에서 해고를 당할 수도 있는 상황임.

오후 2시 30분 나는 이준규 국장에게 협상팀 협의 결과와 상기 회신안을 보고하였다. 이 국장이 그대로 진행하라고 지시하였다.

오후 3시 30분 강 상무 명의의 팩스를 압디에게 보냈다. 팩스 송부

직전에 압디에게 전화해서 80만 불을 제의하는 팩스를 곧 보낸다고 하고 자신은 두바이를 곧 떠난다고 알려 주었다. 압디는 당황하여 "왜 그만두느냐, 미스터 강, 미스터 강, 90만 불, 90만 불"이라고 외쳤다. 협상팀은 우리의 의도가 제대로 먹혔으면 좋겠다고 생각하였다.

협상 대책 협의

이후 오후 내내 협상팀은 두바이에서의 현금 전달 방안을 좀 더 세부적으로 협의하였다. 강 상무는 현지 동포 기업인의 적극적인 지원 의사를 다시 확인하기로 하고, 피터에게는 아랍에미리트 유조선의 현금 전달 방식을 좀 더 상세히 알아보자고 하였다.

아울러 해적이 두바이에서 현금 전달에 관한 합의를 번복하거나, 예를 들어 하라데레로 현금을 갖고 오라고 요구할 경우의 대응 방안에 관해서도 협의하였다. 협상팀으로서는 더 많은 정보 수집과 가용 자원 확보가 점점 절실하게 되었다.

한편, 강 상무가 최 선장의 보고에 의하면 김영미 기자가 이슬람 법정연합에 해적에 대해 압력을 가하는 방안을 거론한 적이 있다고 하였다. 이에 피터는 이슬람 법정연합에 대한 협조 요청 문제를 다시 거론하였다.

나와 강 상무는 해적과의 협상 단계로 보아 한국 정부가 연합 측과 공식 대화를 시작할 상황은 아니라고 판단했다. 따라서 한국 내에서 선원의 조기 석방 압력 때문에 정부나 동원수산이 다른 행동을 취할 여력이 없다고 설명하고 연합의 활동 자체는 계속 참고해 나가자고 하였다. 특히 어느 경우든 연합의 무력 행동이 오히려 우리 선원의 안전에 위협이 될 가능성을 간과할 수 없었다.

압디의 사과

저녁 10시 10분경 압디가 강 상무에게 전화를 하였다. 팩스를 받았으며, 강 상무에게 개인적으로 매우 미안하다고 사과했지만 그래도 90만 불은 되어야 한다면서 내일 다시 팩스를 보내겠다고 하였다. 강 상무는 이제는 상관없고, 본사 회장 지시로 귀국할 예정이며 해고될 것 같다고 대답하였다. 압디는 내일 팩스를 보고 다시 협의하자고 하였다.

협상팀은 일단 분위기는 나쁘지 않다고 판단하고 90만 불로 제의가 올 것으로 예상하였다.

◈ 7월 19일(수)

협상팀은 아침 식사 중 대책을 계속 협의하였다.

우리 측(강 상무)이 먼저 전화하지 말고 해적 반응을 기다리기로 하였다. 예상되는 해적의 회신에 대해 협상자인 강 상무 명의와 동원수산 회장 명의로 답장안을 2개 준비하기로 하였다. 나는 다시 피터에게 아랍에미리트 유조선의 현금 전달 상황을 가능한 한 상세히 탐문할 것을 요청하였다.

정오경에 나에게 협상 업무를 인계하고 귀국한 손세주 대사가 나에게 전화를 주었다. 협상 진전 상황에 깊이 관심을 보이고 협상이 조기에 타결되기를 바란다면서 격려해 주었다.

나와 강 상무는 오후 1시 15분부터 2시까지 숙소에서 이준재 대사와 함께 대사관 계좌에 입금된 동원수산의 현금 인출 방안에 대해 협의하였다. 현지 동포 기업인의 적극적인 협조 의사 표명에 따라 대사관 계좌에서 기업인 명의 계좌로 이체한 후 현금을 인출하는 방안을 함께 검토하였다.

협상팀이 협의한 바에 따라 혹시라도 해적이 '두바이에서의 현금 전달 합의'를 번복할 경우를 대비했다. 전세기 사용 방안과 관련하여 피터는 오전 중 전세기 임대 회사와 접촉한 결과를 보고하였다.

현금 전달을 위해 우리 팀이 하라데레에 가야 할 경우, 케냐 나이로비에서 하라데레까지의 왕복 전세기 비용이 8천 불 정도 소요될 것이라고 하였다. 물론 안전 확보를 위해 경호원 고용 등 추가 예산도 들 것으로 판단하였다.

해적, 최 선장과 김 기자의 제의를 수락하여 90만 불 요구

오후 6시경 동원수산 본사로부터 해적이 보낸 팩스 사본을 받았다.

해적은 여전히 공식기관인 양 "중앙 소말리아 해양 해안경비대의 해안경비대장(Coast guard chairman)" 명의로 아래 내용의 팩스를 동원수산 본사로 보내 90만 불을 요구하였다.

- 우리는 그간 최 선장과 김(영미) 한국 저널리스트, 그리고 해안경비

대 이사회와 협의해 왔으며 이번에 금액을 다시 삭감해 주기로 하였음.

- 미스터 최와 미스 김은 우리에게 미화 90만 불을 받으라고 제시(suggest)했으며, 우리는 더 토론한 후 동 제의(suggestion)를 받아들이기로 결정하였음.
- 우리 제의를 받아들인다면 배는 48시간 내에 출항할 것임.

김 기자가 7월 15일 하라데레를 떠난 지 4일이 지난 시점이었다. 해적은 최 선장과 김영미 기자와 협의 결과 그들이 제시한 90만 불을 제의한다고 했다. 해적 나름대로 요구 금액의 정당성을 전한 것이었다.

7시경 이준규 국장이 나에게 전화를 하였다.

해적 요구액이 우선 110만 불에서 90만 불로 낮아져서 다행이며 지난 100여 일간 협상에서 '우리 측 입장이 처음으로 관철된 것'이라고 평가했다. 조 대사가 현장에 있어서 든든하다고 격려하면서, 동원수산 입장에 따라 마지막까지 최선을 다해 달라고 당부하였다.

협상 대책 협의

여기서 해적 요구를 그대로 받으면 합의에 이르겠지만 정부로서는 동원수산에 90만 불 제의를 그대로 수용하라고 할 수 없다는 사실이 새로운 현실로 다가왔다. 나는 해적과 함께 동원수산 본사를 설득해야 하는 단계에 이르렀음을 절감하기 시작했다.

나는 나름대로 협상 현황을 점검하고 협상 마무리 방안을 구상하였다.

- 목표 금액: 85만 불 전후.
- 유리한 점: 다음과 같은 배경으로 해적의 움직임이 일단 초조한 상
  황으로 관찰됨.

  1) 해적들도 납치 이후 100여 일이 지나 피로감이 쌓임. 우리 선원과
     같이 선상에 있는 15명 전후 행동대원들이 선장에게 돈을 과도하게
     요구하면서도 한편으로는 빨리 해결되었으면 좋겠다고 토로하고
     있음.

  2) 아랍에미리트 유조선의 석방금도 무사히 받았음.

  3) 그간 협상 상대자인 강 상무가 협상 실패로 서울로 돌아간다고 함.

  4) 이슬람 법정연합 세력이 해적 본거지인 하라데레 인근 110~120킬
     로미터 지역까지 접근하여 해적들도 자신의 안전을 걱정하는 상황
     으로 추측됨.

  5) 동원호 기름이 점점 떨어져 가는 상황에서 동원호가 움직일 수 없
     게 되면 새로운 국면에서 협상 자체가 불투명해질 가능성을 염려해
     야 하기 때문임.

  6) 해적의 목적은 결국 돈이므로 우리가 협상 과정에 문서로 계속 요
     구한 바에 따라 마지막까지 선원 안전을 보장할 것으로 기대할 수
     있음.

- 불리한 점:

  1) 해적이 팩스에 김영미 기자를 언급한 것으로 보아 김 기자가 해적
     과 계속 접촉하고 있는 것으로 추정됨.

도저히 이해가 안 되는 행동이나 지금 현실(reality)로 받아들여야 함. 김 기자는 해적이 90만 불, 동원수산이 80만 불을 고수하고 있는 상황을 인지하고 있을 것으로 추정되며, 이를 한국 언론에 공개할 가능성이 있다고 판단됨.

김 기자는 협상 조기 타결이나 선원의 안전보다는 자신이 "생명의 위협을 느끼면서 어렵게 취재"한 내용을 "보도하지 않으려면 무엇 때문에 이런 고생을 하겠느냐"라는 개인적 관점에 따라 끝까지 보도하려 할 것이라고 상정해야 함.

2) 선박의 기름 소진 상황은 우리에게도 불리한 요소이므로 가능한 한 조속히 협상이 타결되어야 함.

나는 이러한 입장에 따라 밤늦게까지 강 상무와 피터와 협의하면서 해적 팩스를 분석하고 대책을 강구하였다.

우선 강 상무에게 동원수산 본사의 입장을 확인하니 80만 불을 계속 고수하고 있다고 하였다. 우리는 토의 끝에 1) 80만 불을 고수하는 회장 명의 서한안과 2) 80만 불에 더해 강 상무가 개인적으로 돈을 추가해서 줄 수 있다는 강 상무 명의 서한안을 작성하여 동원수산 본사에 보내서 최종 지침을 받기로 하였다.

강 상무는 저녁 11시 30분 협상팀 협의 결과를 다음과 같이 동원수산 본사에 보고하고 서한안을 2개 건의하였다.

1) 조희용 대사와 피터의 분석에 의하면 해적이 팩스에서 최 선장과 김영미 기자와 협의하였으며 그들이 90만 불을 제의하였다고 언

급한 것은 90만 불이 합리적인 수준으로, 이를 정당화하기 위한 것으로 보인다 함.

2) 본사가 80만 불을 고수하고, 해적이 90만 불을 계속 고수한다면 다시 대립 상태가 유지될 것이며 이 경우 예상되는 문제점은 다음과 같음.

- 앞으로 일정한 시일이 소요될 것으로 예상되며, 늦어지는 동안 선원들의 안전 문제가 100% 확보될 수 있을지 염려스러움.

- 또한 앞으로 시간이 지나면서 선박의 식량, 유류 등이 충분하지 않은 상태에서 선박과 어획물이 완전히 보존될 수 있을지도 염두에 두어야 함.

- 조 대사 판단으로는 김영미 기자가 현지에 도착하여 모하메드의 집에 머무르면서 통역을 통해 해적들과 몸값 등 모든 얘기를 다 한 것으로 보이며, 기자의 특성상 방송국, 신문사 등 모든 언론에 무작위로 기고할 것은 불을 보듯 뻔하다고 봄. 이 경우 해적은 90만 불을 제시하였으나 회사와 정부가 석방금을 낮추려고 하기 때문에 시간이 많이 걸린다는 좋지 않은 내용이 보도된다면, 회사나 정부가 곤란을 겪을 가능성도 있을 것으로 보고 있음.

- 따라서 앞으로 충분한 시간을 갖고 교섭한다면 금액을 어느 정도는 낮출 수 있을 것으로 보이나 이런 민감한 문제와 늦어지는 기간 간의 손익을 따져보는 것도 간과할 수 없는 부분임.

3) 교섭 전략으로 다음 방안을 건의하니 검토 후 회신 바람.

제1안: 본사에서 80만~90만 불 사이에서 절충안을 최종안으로 제시,

제2안: 본사에서는 회장 명의의 80만 불을 고수한다는 팩스를 보내고,

동시에 강 상무가 개인적 차원에서 약간의 금액을 추가하여 주는 방안
을 인간적인 측면에서 호소하는 팩스를 전달함으로써 80만~90만 불
사이에서 타결을 모색해 나감.

❖ 7월 12일~7월 19일 협상 요약

나는 7월 12일 두바이에 도착하여 협상팀에 합류하면서 매일 협상
상황을 상기와 같이 기록했다. 시간이 지나면 다시 기간별로 요약하
여 전체 상황을 상기하고 협상을 이끌어 나갔다. 외교관 생활을 하면
서 나도 내 기억을 완전히 믿을 수 없는 경우에 계속 부딪히면서 기록
의 중요성을 계속 절감했기 때문이다.

내가 당시 7월 12일(목)~7월 19(수)간 해적과의 협상 내용과 우리 측
대응을 항목별로 내 의도와 분석을 요약한 내용은 다음과 같다.

1. 석방금 액수

내가 7월 12일 도착 이후, 해적은 80만~90만 불을 염두에 두고 있었
다. 하지만 압디는 80만 불, 두목 모하메드는 90만 불, 선상의 행동대
원은 선장을 통해 여전히 100~150만 불 요구하고 있다는 입장을 복합
적인 시그널(mixed signals)로 우리 측에 보내왔다. 도착한 당일인 7월
12일 김영미 기자의 출현으로 해적의 기대가 높아졌을 것으로 예상하
고 우려하였다.

협상팀은 냉정하게 80만 불을 고수했으며 해적이 85~90만 불을 요
구할 것으로 예상하였다. 그러나 해적은 최 선장과 김 기자와 계속

협의한 후 90만 불을 염두에 두고 7월 18일 동원수산 본사 앞 팩스로 110만 불을 요구하였다.

이에 대해 바로 당일 강 상무 명의로 1) 80만 불 제의 2) 석방금 전달 시 선원과 선박의 동시 석방 3) 두바이에서 현금 전달 4) 우리 측 제의 거부 시, 강 상무는 협상 실패로 귀국한다는 요지의 팩스를 보냈다. 이 팩스가 협상을 급진전시키는 결정적 계기가 되었다. 결과적으로 압디가 강 상무에게 미안하다고 사과하고 결국 우리의 의도가 먹혀 해적은 다음 날 7월 19일 90만 불을 요구하였다. 협상팀은 80만 ~90만 불 사이의 절충안을 동원수산 본사에 건의하였다.[36]

2. 현금 전달과 동시 석방 조건 제기

석방금 타결 전망이 조금씩 밝아지면서 나는 강 상무에게 압디와 통화할 때마다 금액 협의와 함께 반드시 현금 전달과 동시에 선원과 선박을 출항시켜야 한다는 조건을 수시로 전달하도록 조언하였다.

협상팀은 몸값 전달 방식과 관련하여 계좌 송금보다 현금 전달이 안전이나 행정적 측면에서 다소 부담되더라도 동시 석방을 요구하고 실행하는 데 유리하다고 판단하였다. 계좌 송금 시에는 해적이 제대로 수령하였는지 확인하기 어려우며 해적이 여러 핑계를 내세워 석방에 시간을 끌거나 새로운 요구를 할 수도 있기 때문이었다.

---

36 나는 7월 30일 동원호 석방사건 직후에 협상 과정을 복기할 때는 이 대목의 모멘텀을 살리지 못했던 것이 가장 아쉬웠다. 여기서 85~90만 불 사이에서 바로 협상이 진행되었다면 최소한 5일 정도는 해결을 앞당길 수 있었을 것이며, 김영미 기자의 취재 내용 보도로 인한 일부 국내 언론의 비판에 더 적극적으로 대응할 수 있었을 것으로 생각하였다. 뒤에서 다루기로 한다.

해적(압디)은 협상 과정에서 '현금 전달과 동시 석방'에 일단 문제가 없는 것처럼 대응했다. 이는 해적으로서는 최우선 과제인 금액 타결에 집중하고 석방은 그다음 절차인 만큼 협상의 모든 과정을 인질을 잡고 있는 자신들이 주도할 수 있다고 생각하고 있으리라 짐작하였다. 그러나 해적과의 협상 자체가 우리가 상대적으로 불리하다고 하더라도 '현금 전달과 동시 석방' 원칙을 조건으로 지속적으로 주장하고, 이 조건이 양측 합의에 있어서 타협할 수 없는 필수 사항(integral part)임을 계속 강조해 두는 것이 필요하다고 판단하였다.

이에 따라 강 상무는 최 선장과의 통화 시에도 우리 입장이 '현금 전달과 동시 석방'이라는 패키지 딜(package deal)임을 명심하여 현장에서 해적에게 계속 주지시키라고 수시로 지시하였다.

아울러 우리가 양보할 수 없는 조건(bottom line)이 '현금 전달과 동시에 선박 출항'임을 몇 번이고 확실히 함으로써 합의 시에는 이에 따라 상호 행동해야 할 것임을 수시로 강조했다. 이를 위해 해적의 통신 체제에 문제가 없도록 준비할 것을 요구하였다.[37] 특히 이 문제가 중요한 것은 그간 협상 중에 날씨 관계로 통화가 두절된 경우가 적지 않은데다가 해적의 위성 전화 충전 상태가 좋지 않아 통화가 중단된 사례가 있었으며 동원호의 위성 전화는 수신 고장으로 발신만 되는 상황이었기 때문이다.

---

37 돌이켜 보면 우리 측이 처음부터 이 조건을 주장했음에도 불구하고 결국 '현금 전달과 동시에 선원 석방'이 이루어지지는 못했다. 그러나 우리 측이 현금 전달 후 석방하는 과정에서 이러한 합의 사항을 계속 거론함으로써 해적의 심리적 부담으로 작용해 중단 없이 해적과의 대화를 계속할 수 있었다는 데 일정한 효과가 있었다고 생각한다.

3. 김영미 기자의 출현

내가 두바이에 도착한 7월 12일 오후 김영미 기자가 동원호 선상에서 해적과 같이 있다고 하면서 강 상무에게 처음으로 전화를 하였다.

김 기자의 출현은 김 기자의 진정한 의도와 무관하게 해적과의 협상에 전혀 도움이 되지 않을 뿐 아니라 오히려 협상 진전을 더 어렵게 만들 것이라는 직감이 들었다.

김 기자는 7월 12일~7월 14일 동원호 및 하라데레에 체류하면서 최 선장을 통해 강 상무와 3번(12일, 13일, 14일) 통화하였으며 하라데레를 떠난 후 강 상무에게 엘 부르 부근(15일), 모가디슈(16일)에서 전화를 하였다. 최 선장에 의하면 7월 17일 해적과도 통화하였다.

김 기자는 동원수산이나 정부의 어떠한 위임도 받지 않은 채, 해적과의 협상 과정에 개입하고 내전 상황에 있는 무법천지에서 자신도 해적에게 인질이 될 뻔하고 살해 위협을 받는 위험한 상황을 겪었다. 그런데도 자신이 정상적인 거래가 아닌 현금을 운반하겠다는 제의를 해적과 협상팀에 하였다. 더욱이 해적은 7월 19일 자 팩스에서 김 기자와 석방금 액수에 관해 협의했다고 하였다.

김 기자의 의도와는 상관없이 해적은 한국 기자가 납치 현장까지 오는 등 한국의 언론이 동원호 납치사건에 높은 관심이 있다는 것을 직접 알게 되었고, 이에 따라 자신들의 입지가 강화되었다고 생각해 고무되었을 것이다. 이에 따라 몸값 요구 수준을 올려도 먹힐 것이므로 최소한 90만 불은 받을 수 있다고 확신하는 계기가 되었을 개연성이 있다고 판단하였다.[38]

---

38 돌이켜 보면 당시 내 판단이 맞았다고 생각한다. 당시 상황 전개로 보아 압디가 "좋은 제안"
이라고 했던 80만 불 선에서 타결될 가능성이 있었다고 생각한다.

협상팀으로서는 당시 김 기자가 협상에 어느 정도로 개입했는지의 여부는 크게 상관이 없었다. 오직 당장 해야 할 일은 1) 강 상무는 김 기자의 전화가 오면 협상에 제발 개입하지 말 것과 석방 전에 제발 보도하지 말 것을 간곡히 요청하는 일이었으며, 2) 협상에 있어 잠재적인 부정적 영향을 차단하기 위해 외교부 본부와 동원수산 본사에 김 기자의 취재 내용이 국내에 보도되지 않도록 조치해 달라고 지속적으로 건의하는 일 이외에는 없었다.

4. 두바이에서의 현금 전달 합의 및 현금 전달과정 준비

나는 두바이 현지에 도착한 7월 12일부터 김 기자는 동원호와 하라데레에 체류하면서 협상에 개입하였으며 "자신이 몸값을 하라데레에 갖고 와서 해적에게 전달하겠다"라는 제안을 해적과 협상팀에 전달함에 따라, '현금 전달 방안'이 '석방 합의금 수준'과 똑같은 비중으로 해적과의 협상의 중요한 부분임을 절감하였다. 협상팀 내부 토론을 통해 두바이에서의 현금 전달 원칙을 정하고 끝까지 고수하기로 하였다.

7월 16일부터 해적과의 통화 시는 물론 해적과의 팩스 교환 시에는 명시적으로 현금이 두바이 은행에 와 있으며 현금은 두바이에서 전달한다는 입장을 지속적으로 전하고 해적은 이에 대해 잠정적으로 동의하였다. 이렇게 해적과의 협상 과정에서 우리 측은 두바이에서 현금을 전달한다는 원칙을 꾸준히 못 박았다. 이때 협상팀이 '두바이'라 함은 '협상팀 체류 호텔'을 의미한다. 그럼에도 불구하고 대비책으로 해적이 합의를 뒤집고 끝까지 고집할 경우 하라데레로 가서 현금을 전달하는 방안(전세기 수배 등)도 검토하였다.

협상팀은 지속적으로 1) 동원수산 본사가 대사관 계좌로 송금한 80만 불 인출 방안 2) 은행에서 협상팀 숙소까지 운반 방안 3) 해적 대리인에게 안전한 현금 전달 방안을 중점으로 협의했다. 나와 강 상무는 대사관과 지속적으로 협의하고 가능한 협조를 확보하였다. 강 상무는 동원수산과 교류가 있는 현지 동포 기업인과 가능한 협력 방안을 협의하였다.

당시 나는 미국에서의 9·11 테러 발생 이후 중동 내 은행 거래가 철저히 감시되고 있으며, 특히 현지에서 다량의 현금 인출은 아랍에미리트 당국도 알게 될 것으로 예상하였다. 따라서 최대한 보안을 유지하고 행동에 주의할 필요성을 강하게 느꼈다.

현금 운반 및 해적 대리인에게 현금 전달 시 안전 확보를 위해 만약에 대비하여 영국 경호업체와 접촉하고 협의하였다. 필요시 경호원 고용 문제 및 전세기 경호 등에 관한 소요 경비의 견적도 받아 두었다. 그러나 협의 과정에서 경호원 채용 문제는 오히려 주위의 시선을 끌 수 있으며 유사시 우리 측과의 의사소통에 문제가 있다고 판단하여 검토를 중단하였다. 대신에 외교부에 전문인력 보강을 요청하기로 하였다.

기본적으로 현금 관련 업무는 동원수산 관계자가 하는 것으로 상호 양해하였으나 강 상무는 워낙 민감한 업무라고 인식하여 대사관과 외교부가 최대한 지원해 줄 것을 기대하는 눈치였다. 동원수산 본사에도 직원 보강을 건의하겠다고 하였다.

나는 이준규 국장에게 현금 전달 준비 계획과 함께 현지 상황을 보고했다. 또한 유사시 상황에 대비하여 관련 부처의 유사 업무 경험 직원 파견을 건의하였다. 이 국장은 해적과 석방 금액이 합의되는 대로 외교부에 파견 나와 근무 중인 경찰청 직원을 파견하겠다고 하고, 동원수산 본사에서도 직원을 추가 파견하도록 조언하겠다고 하였다.

동원호보다 일주일 전에 납치되어 7월 15일 석방된 아랍에미리트 유조선의 석방금 전달 과정에 관한 정보가 크게 도움이 되었다. 또한 몸값을 전달하고 무사히 석방되었다는 소식에 고무되었다. 현금 전달 과정에 관한 협상이 10일이 걸렸다는 사실을 알고 우리는 현금 전달 과정에 관해 세심히 챙겨서 선제적으로 협상을 끌고 갈 필요성을 느꼈다.

5. 미국 해군과의 협조 체계 유지

내가 두바이 도착 후 손세주 대사와의 업무 인수인계 과정에서 손 대사가 강조한 사항 중의 하나가 미군 해군의 협력 확보 문제였다.

나는 피터의 주요 업무로 바레인 소재 미 해군 사령부의 연락사무소(U.S. Maritime Liaison Office: MARLO)와의 협조 업무를 맡겼다. 피터가 그들과 지속적으로 접촉하여 협상 상황을 통보하고 해적 동향에 대한 정보를 우리에게 지속적으로 알려 줄 것을 요청하라고 지시하였다. 물론 우리 배가 출항할 경우, 안전 해역까지의 호위도 요청해 두었다.

미 해군은 최대한 협조해 주겠다고 약속하면서 가능하면 동원호 출항 전 24시간 전에 알려 줄 것을 요망하였다. 어떤 때는 미 해군에서 먼저 협상팀으로 연락이 와서 미 해군 상부의 주요 관심 사항이라고 하면서 협상 상황을 문의하고 석방 예상 시기 등을 문의했다. 특히 동원호 선상의 행동대원이 동원호를 끌고 나가 모선母船으로 삼아 또 다른 해적 행위를 하겠다는 동향이 있어 이를 바로 미 해군 측에 통보하였으며 미 해군은 대비하겠다고 하였다.[39]

6. 소말리아 이슬람 법정연합(Islamic Courts Union) 활용 문제

우리 정부와 동원수산은 동원호 피랍 사건 발생 이후, 소말리아 과도정부에 협조를 지속적으로 요청했다. 이에 과도정부 인사가 개입하여 해적과 협상을 시도하였으나 결과적으로 협상이 실패하여 그들의 해적에 대한 영향력은 거의 없음을 알게 되었다.

두바이에서 6월 중순 해적과 직접 협상에 들어가는 시점에 무장 군벌 중 하나인 이슬람 법정연합이 점차 과도정부를 제압하고 세력을 북부로 확대하면서 해적 본거지인 하라데레 인근 100~120킬로미터까지 접근하였다.

따라서 내가 7월 12일 두바이에 도착한 이후 해적과의 협상이 조금씩 진전되고 있었으나, 협상이 결렬되어 장기화할 상황에 대비하여 이슬람 법정연합과 연락 체제를 구축할 필요성이 있었다. 더욱이 동원수산과 교류가 있는 두바이 주재 소말리아 기업인이 이슬람 법정연합이 조만간 해적 본거지를 점령할 것으로 보이니 해적에게 돈을 줄 필요 없이 조금만 기다리라고도 조언했다.

---

39 이렇듯 사건 초기부터 미 해군과 긴밀하게 협조하고 있었다. 이에 따라 7월 30일 동원호가 석방되어 공해로 나오면서부터 소말리아 영해 밖에서 대기 중인 미 해군 군함의 호위 하에 케냐 몸바사항으로 안전하게 운항하게 된다. 한반도 밖에서 한미 동맹의 끈끈한 유대와 위력을 유감없이 발휘함으로써 우리에게 한미 동맹이 왜 지속적으로 필요한지를 보여 주는 좋은 사례가 되었다.

한편 김영미 기자가 이슬람 법정연합의 도움으로 그들의 점령지를 통과하여 하라데레까지 들어가서 해적과 접촉했다는 소식을 듣고, 연합이 실제로 해적에 영향력이 있다고 판단하였다. 협상팀은 더욱 연합과의 접촉과 연락 체제 구축 필요성을 느꼈다.

이에 따라 피터의 접촉선을 활용하여 이슬람 법정연합의 동향과 앞으로의 해적 소탕 계획 유무 등을 탐문하였다. 피터가 개인 자격으로 동원호 문제 해결을 지원하고 있다고 전제하고 연합이 도와줄 수 있는 일이 있는지 알아보기로 하였다.

피터는 연합과 지속적으로 접촉하면서 그들의 활용 문제를 적극적으로 검토해 볼 것을 나에게 여러 차례 권유하였다.

상술한 바와 같이 나는 이 단계에서 연합에 구체적인 협조를 요청하는 것은 그간 한국 정부와 과도정부와의 협력 관계에 비추어 정치적으로 이용될 가능성이 있다고 보았다. 또한, 그들이 해적 소탕을 빌미로 무력 충돌이 생길 경우 오히려 선원의 안전 문제가 발생할 우려 등도 있으니 당분간 해적과의 협상에 집중하자고 하였다. 강 상무 역시 선원 안전에 대한 우려를 표명하였다.

다만 협상팀으로서는 연합과의 연락 체제는 계속 유지하고 이후 해적과의 협상 추이를 보며 그들의 활용방안을 하나의 옵션으로 남겨 두자고 하였다.

7. 동원수산 내부 문제

내가 두바이에 도착한 이래 관찰한 바에 따르면, 강 상무는 협상 책임자로 100일 가까이 해적과 협상하면서 동원수산 본사로부터 매일 업무 지시를 받고 이에 따라 협상에 임하였다. 다만 본사에서 어떤 때는 그간의 협상 경위를 충분히 고려하지 못한 듯한 새로운 지시 등이 내려왔기 때문에, 강 상무는 심리적인 압박으로 심한 스트레스를 겪고 있었다. 강 상무는 가끔 나에게 해적 설득보다 본사 설득이 더 어렵다고 고충을 토로하였다.

나는 외교관의 경험에 비추어 볼 때 본부와 협상 담당자 간 갈등에 따른 내부 설득 과정은 협상 담당자가 항상 감당해야 할 협상 업무의 일부인 것 같다고 위로하였다. 주 협상자인 강 상무가 업무 과중과 스트레스 축적으로 탈진하면 협상을 끌고 갈 수 없다고 판단하였다.

나는 강 상무의 동원수산 본사에 대한 보고서 작성에 조언을 아끼지 않았으며, 민감한 사안은 협상팀 3인의 완전히 일치된 의견이라고 강조해서 본사를 계속 설득하자고 하였다.

아울러 나는 이준규 국장과 통화 시 여러 차례 강 상무의 고충을 전하고 동원수산 본사에 강 상무에게 전권을 주고 현지 협상팀을 신뢰할 것을 요청해 달라고 건의하였다. 이 국장은 전적으로 동감하며 그렇게 하겠다고 답변하였다. 협상 과정에 우여곡절이 있었으나, 결과적으로는 동원수산 본사가 협상팀을 전폭적으로 신뢰하고 지지했다고 할 수 있다.

석방금 합의 후後 전달 방안 협상 경위
(7월 20일~7월 25일)

❖ 7월 20일(목)

동원수산 본사와 협의

아침에 강 상무가 전날 19일 협상팀 건의에 대해 동원수산 본사가 여러 아이디어를 진지하게 검토하고 있으며, 기본적으로는 협상팀이 현지에서 판단하여 대응하라는 방침이라고 알려 주었다. 나는 강 상무에게 본사 회장이 허용하는 석방금 수준을 알아 달라고 요청하였다.

11시 30분 송장식 동원수산 사장이 강 상무에게 전화해 외교부와 협의하였으며 회장 명의 서한을 보내겠다고 전해왔다.

11시 45분 이준규 국장이 나에게 전화를 하였다. 동원수산 본사와 협의했으며, 일단 회장 명의의 한글본 서한안을 보낼 테니 현지 협상팀이 종합적으로 판단하여 영어 번역본을 준비하여 최종적으로 동원수산 본사 확인 후에 해적에게 보내라고 지시하였다.

또한 동원수산 내부적으로는 90만 불까지 타결하면 될 것 같다는 분위기인 것 같으니 조 대사가 참고하여 대응하라고 했다. 회사 내부 사정이 있는 것 같으나 기본적으로 협상팀의 그간 활동을 높이 평가하고 있으며 협상팀의 판단 및 건의에 따라야 한다는 데는 이의가 없음을 확인하였다고 했다.

나는 강 상무가 녹초 상태이며 그간 있었던 고충을 전하고 협상 막바지인 만큼 동원수산 본사가 현지에서 최선을 다하고 있는 협상팀의 판단을 최대한 존중해 주기를 바란다고 하였다. 이 국장은 강 상무를 위로해 주라고 하고, 한국 기업의 생리 상 어쩔 수 없는 측면이 있는 것 같다고 하면서 본사 지도부에 대해 정면으로 반박하지는 말라고 조언하였다.

이어 동원수산 본사 이호남 이사가 강 상무 앞으로 80만 불을 고수하는 회장 명의 서한안을 보내왔다.

협상팀은 점심도 못 먹은 채 바로 서한 내용을 살펴본 후 주요 요점(points)을 명료하게 살려 영어 번역본을 동원수산 본사에 보냈다.

협상팀은 협상이 마무리 단계에 있다고 판단했으므로 새삼스럽게 우리 입장을 길게 설명하기보다는 요점으로 전달하여 해적을 설득하는 게 효과적이며, 해적이 그간 팩스에서 사용한 문법이나 단어 수준으로 보아 영어 수준이 매우 낮으므로 오해가 생기지 않도록 쉬운 영어 단어로 표현하는 것이 중요하다고 판단하였다. 또한 현금이 두바이에 있음을 강조하여 현금 전달 장소를 두바이로 못 박고, 현지 휴일(목요일, 금요일)을 감안하여 다음 주 수요일인 26일까지는 두바이에서 현금을 전달할 수 있음을 알렸다.

80만 불 고수 입장 전달

동원수산 본사는 협상팀의 건의안을 그대로 승인하였으며 오후 4

시 15분 회장 명의의 다음 요지 서한을 해적에게 곧 보낼 예정이라고 알려왔다.

- -7월 19일 당신의 제의(90만 불)를 받아들일 수 없으며 김 기자와 최 선장은 이 문제에 관해 아무런 권한이 없음.
- 다음 조건으로 80만 불을 전달하겠음.
  1) 선장, 선원이 모두 안전해야 하며 모든 선박 서류가 선상에 제대로 있어야 함.
  2) 우리 선박과 화물은 양호한 상태여야 함.
  3) 당신들은 배에서 떠나야 하며 배는 해안으로부터 떨어져 항해해 야 함.
  4) 우리 배는 소말리아 연안으로부터 4시간이나 40마일 떨어져 있어 야 하고 모두 안전해야 함.
- 돈은 현재 두바이에 있으며 나의 제의를 수용하지 않으면 7월 26일 전에 돈을 회수할 것임.
- 강 상무는 하루 더 두바이에 체류하라고 지시했음. 만약 합의한다 면 돈 전달을 준비할 것이며, 합의가 안 된다면 당신은 앞으로 우리 회사의 다른 사람과 접촉하여 처음부터 다시 협의를 시작해야 할 것임.
- 우리가 협의한 지 108일이 지났으며 이것이 나의 마지막 제의이므 로 돈을 받을 기회를 놓치지 말기 바람.

오후 5시경 압디가 강 상무에게 전화를 해서 상황을 물었다. 강 상 무는 본사 회장이 화가 많이 나 있으며 회장이 팩스를 곧 보낼 것이니 받아 보고 연락하자고 하고, 자신은 두바이를 떠날 준비를 하고 있다고 알려 주었다.

협상팀은 저녁 식사 후 그간 잠정적으로 수립한 현금 전달 방안에 대해 다양한 시각에서 토론을 진행하고 구체적인 행동 계획을 작성해 나갔다. 현금은 오전에 인출하여 정오경 우리 숙소에서 전달한다는 기본 시나리오를 마련하고 이러한 입장을 관철해 나가기로 하였다.

◈ 7월 21일(금)

아침에 협상팀은 협상의 고비를 맞이하였음을 함께 인식했다.

김영미 기자, 6번째 통화

아침 일찍 강 상무가 21일 자정에 김영미 기자가 강 상무에게 전화를 했다고 알려 주었다.

김 기자는 20일 저녁에 모가디슈에서 출발하여 두바이에 도착하였다면서 협상 진행 상황을 문의하였다.

강 상무는 "제발 협상과 관련하여 어떤 경우에도 해적과 연락하지 말아 달라"라고 부탁했다. "이제 막바지 협상 중으로 아주 중요한 시기이므로 자칫하면 해적에게 혼돈을 초래하게 하여 우리의 협상을 망치게 할 수도 있다. 김 기자가 현지에 가서 해적들이 어떤 망나니들인지 잘 보았을 터이니 조용히 있어 주는 것이 도와주는 것이다. 우리가 협상을 마무리 짓고 선박이 안전하게 출항할 때까지는 국내에 보도가 되지 않도록 다시 한번 더 부탁한다"라고 간곡히 요청하였다.

강 상무가 느끼기에는 김 기자가 협상 진행 상황을 다 알고 있는 눈치였다고 하였다. 김 기자는 강 상무에게 "언제 두바이를 떠나냐? 떠나면 어떡합니까?"라고 묻고 "해적이 110만 불을 요구하다니 미친놈들"이라고 하면서 자신의 기사를 SBS 및 YTN에 기고했으나 정부가 보도를 막고 있다고 불평했다. 그리고 최 선장에게 자신의 전화번호를 알려 줄 것을 부탁하였다.

나는 김 기자가 외부인이라면 도저히 알 수 없는 얘기를 거론하는 것으로 보아 김 기자가 해적과도 최 선장과도 계속 연락하고 있다고 추정하였다.[40] 그리고 문득 김 기자가 두바이에 계속 체류하면서 취재를 할 수도 있겠다는 생각이 들었다. 특히 김 기자가 자신이 몸값을 전달하는 역할을 하겠다고 해적과 강 상무에게 제의한 적이 있었기 때문에, 특종 취재를 위해 해적과 계속 연락하면서 현금 전달 과정에 직·간접적으로 관여할 가능성도 있을 수 있다고 판단하였다.

나는 조심스럽게 나의 생각을 강 상무에게 전하면서 김 기자와의 통화에 최대한 주의하는 것이 좋겠다고 조언하였다. 강 상무는 협상에 도움이 되면 어떤 상황이든 모든 연락을 받아야 하는데, 전화 오는 것을 어떻게 받지 말라고 하느냐면서 못마땅한 반응을 보였다. 나는 전화를 받되 적절히 대응할 필요가 있다고 조언하려 했던 것인데 제대로 내 뜻을 받아들이지 못한 듯한 느낌이었다. 나의 표현이 짧았던

---

40 김영미 기자에 의하면 동원호 석방 후 새벽 2시(서울 시간)가 조금 넘은 시간에 최 선장이 김
    기자에게 전화하여 "우리가 풀려나서 케냐 몸바사로 향하고 있다"라고 알렸다고 한다(김영미,
    221~222쪽). 동원호가 풀려난 지 3시간 30분 정도 지났을 시점이다.

것이다.

강 상무는 100여 일 넘게 협상 현장에서 별의별 일을 다 겪으면서 해적과 본사 양쪽에서 동시에 압력을 받아 무척 지쳐 있는 상태임에도 불구하고, 항상 평정심을 유지하고 냉정하게 상황을 판단했다. 내가 협상팀에 합류하여 10일 동안 지내면서 느낀 솔직한 인상이었다.

하지만 협상의 마지막 고비를 넘기면서 우리 협상팀 모두가 정신적으로나 육체적으로나 균형이 깨지면서 자신도 모르게 긴장하고 신경이 날카로워졌다.

나는 남은 기간 서로의 대화에 더 주의하고 배려하면서 마지막까지 인내하고 평정심을 유지하는 것이 매우 중요하다고 다짐하였다. 그 후 동원호 석방까지 협상팀 내에 그러한 어색한 분위기는 없었다.

강 상무, "잘 될 것 같다"

오전 9시 30분 압디가 강 상무에게 전화했다.

어젯밤에 동원수산 본사로부터 회장 명의 팩스를 받았으며 두목 모하메드와 행동대원들 간에 협의하여 회신할 것이라고 하면서 "강 상무는 언제 떠나냐?"라고 물었다. 강 상무는 짐을 다 챙기고 회장의 귀국 지시를 기다리고 있다고 대답하였다.

강 상무는 압디가 평상시에는 한참 잠들어 있을 이른 아침에 전례 없이 처음으로 전화를 했으며,[41] 긴장한 듯 차분한 목소리로 "협의가

---

41 앞서 서술한 것처럼 압디는 마약 풀에 취해서 보통 오전 늦게까지 자고, 오후에 주로 전화를 걸었다.

잘 될 수 있을 것으로 기대한다"라고 말했다고 했다. 강 상무는 "일단 분위기는 나쁘지 않은 것 같으며, 잘 될 것 같다"라고 말하였다. 강 상무의 "잘 될 것 같다"라는 말 한마디에 10일간의 긴장과 피로가 풀리는 것 같아 기분이 좋아졌다.

나는 바로 9시 45분 이준규 국장에게 압디와의 통화 내용을 보고하였다.

이 국장은 "해적 측의 격한 반응은 없었느냐?"라고 물었으며 그런 반응은 없었다고 보고하니 "좋은 신호"라고 하였다. 나는 강 상무와 김 기자와의 통화 내용을 보고하고, 아무래도 김 기자가 해적과 계속 연락하고 있는 것으로 보이니 협상 막바지에 국내 언론에 관련 보도가 나오지 않도록 조치를 건의하였다. 이 국장은 동감을 표시하며 앞으로 김 기자와 절대로 상대하지 말라고 지시하고 언론에 최대한 조치를 취하겠다고 하였다.

김영미 기자 취재 내용 보도 문제

그날 오후 강 상무가 한국 KBS가 곧 동원호 피랍 사건에 대해 보도할 가능성이 있어서 동원수산 본사가 KBS 측에 보도 자제를 요청하였다고 알려 주었다. 강 상무는 김영미 기자가 KBS 두바이 주재 용태영 특파원과 접촉한 것 같다고 하면서 용 특파원에게 연락하였다. 용 특파원은 자신은 지금 레바논 사태로 바쁘다면서 동원호 관련 기사는 서울 본사에서 작성할 것이라고 말하였다.

나는 오후 2시경 이준규 국장에게 상기 동향을 보고하였다.

이 국장은 이미 관련 동향을 파악하고 있으며 용태영 특파원이 김영미 기자로부터 납치 현장의 관련 그림만을 입수해서 서울 본사로 보냈다고 했다. KBS는 협상의 현 상황을 고려하여 사실 위주로 보도할 것으로 예상하고, 해적과 합의가 되면 언론에 비공개(off-the-record)를 전제로 브리핑 실시를 검토하고 있다고 하였다. 문제는 7월 25일 (목) 방영 예정인 MBC 〈PD 수첩〉의 관련 프로그램으로, 그 이전에 협상이 타결되기를 바란다고 말하였다.

오후 2시 20분경 MBC 〈PD 수첩〉이 "해적이 10억 원 요구", "조국이 버린 처참한 상황의 선원들", "(협상단이)소말리아 들어가 교섭하라" 등의 제목으로 방송을 예고하고 있음을 알게 되었다.

한편 김영미 PD는 7월 21일 두바이에서 연합뉴스와의 통화에서 "선원들이 빨리 좀 구해 달라고 했다. 해적 두목은 몸값을 주지 않으면 풀어 주지 않겠다는 입장이며 현지에서 100만 불(약 10억 원) 안팎을 요구한다는 얘기를 들었다. 해적은 정확한 몸값을 놓고 말을 자꾸 바꾸고 있다. 협상에서 몸값에 이견이 있는 듯 보였다. 우리가 정보에 어둡다. 정부가 협상 파트너를 제대로 골라 협상해야 이번 사태가 빨리 해결될 수 있을 것"이라고 말하였다.[42]

아랍에미리트 유조선 석방금 전달 과정

2시 30분경 피터는 나에게 아랍에미리트 유조선 석방을 위한 현금

---

42 "〈사람들〉 해적 피납 동원호 선원을 만난 김영미 PD", 연합뉴스, 2006년 7월 22일.

전달 상황을 협상 대리인 조녀선과 접촉하여 상세히 파악한 후 보고하였다.

현금 전달은 7월 15일 케냐 나이로비의 선주 소유의 호텔에서 이루어졌다. 해적 측이 처음에는 1대 1 만남을 주장하였으나 선주 측이 관계자 배석을 요구하였고, 결국 2대 2로 만나 3자 간 통화로 해적 대리인의 신분을 확인한 후 현금을 전달하였다고 하였다.

유조선 협상 대리인이 7월 15일 석방 직후에는 우리와의 정보 공유에 조심스러운 태도였다. 하지만 시간이 지나면서 피터에게 정보를 대부분 알려 주었다. 해적 대리인이 선주 소유 호텔에 와서 현금을 받아 갔다면 우리 숙소에도 못 올 리가 없다는 생각에 조금 안도하였다. 유조선 석방 관련 정보를 들을 때마다 유조선도 100일이 넘어 석방되었으니 동원호도 조만간 석방될 것이라는 기대가 점점 커졌다.

현금 준비와 전달 과정 협의

저녁 후 협상팀은 현금 전달 방안에 관해 계속 협의하고 대사관과 현지 동포 기업인에게 요청할 구체적 요청 사항을 정리해 보았다. 동포 기업인의 전언에 의하면 두바이에서도 은행 부근에서 날치기를 당하는 일이 가끔 벌어져 현금 운송인이 전문가가 아니면 위험할 수 있다고 하였다.

나는 대사관의 은행 계좌에 와 있는 동원수산의 현금 인출 문제는 강 상무가 대사관 관계 직원과 직접 협의하는 것이 좋겠다고 조언하였다. 나를 통한 삼각 소통보다는 양자 간 직접 소통으로 불필요한 오해를 예방하는 것이 바람직하다고 판단하였다. 강 상무는 두바이 현지 은행에 동원수산 명의 계좌 개설을 검토해 보겠다고 하였다. 돈에 관한 문제는 어떠한 상황이든 당사자 모두에게 항상 민감한 문제였다.

◈ 7월 22일(토)

아침 일찍 일어나 '빨리 해결되었으면 좋겠다'는 생각으로 마음을 잡았다.

아침 10시 이준규 국장이 나에게 전화하였다. KBS는 동원호 선원의 근황을 중심으로 보도하여 큰 문제는 없을 것 같으며, 현지 진전 사항이 있으면 보고해 달라고 하였다. 그래도 나는 해적이 자신들의 활동과 선원들의 상황이 한국 국내에 보도된 것을 알게 된다면 또 딴마음을 먹을지도 모른다는 불안감을 느꼈다.

오전 중 강 상무는 현지 은행에 동원수산 명의의 법인계좌 개설을 위해 대사관과 협의하였다. 대사관이 바로 거래 은행과 협의한 결과, 현지에서의 계좌 개설 조건과 절차가 간단치 않아 단기간에 계좌 개설은 어렵다고 알렸다.

동원수산 본사, 85만 불 타결 지시

12시경 강 상무는 압디에게 전화를 걸었으나 통화가 안 되었다. 동원수산 본사는 강 상무에게 해적 측에 연락해 보라고 계속 독촉하였다. 강 상무는 통화를 계속 시도하였으나 여전히 불통이었다. 기상 날씨 탓인지 아니면 해적의 의도된 계산 때문인지 불분명했다.

동원수산 본사 송장식 사장이 "7월 25일 전에 85만 불 선에서 해결해 보라"라고 강 상무에게 지시하였다. 동원호에 관한 국내 언론 보도가 확산되었고, 특히 7월 25일 저녁에 있을 MBC 〈PD 수첩〉 방영을 염두에 둔 것 같았다.

오후 강 상무는 김영미 기자가 두바이를 떠나 서울로 돌아갔음을 파악하였다. 나는 일단 김 기자가 두바이 협상 현장에서 떠났다는 사실에 크게 안도하였다.

피터의 역할

오후 2시 협의에서 피터는 앞으로 자신의 역할에 관해 물어왔다. 피터는 자문 역할 이상으로 해적과 직접 협상에 나서고 싶은 눈치였다.

나는 지금은 협상 타결이 최우선이니 그간 했던 방식으로 계속 도와주기 바라며 석방금 타결 후 현금 전달 과정에서는 실질적인 역할을 맡아 달라고 하였다. 나는 그의 경험과 역량으로 보아 현금 전달 과정에서 정확한 의사소통과 상대방의 의도 파악에 기여할 수 있을 것이며 특히 전달 과정에 예상치 못한 사태가 발생하면 초기 단계에서 효과적으로 대응해 줄 것을 기대한다고 하였다.

동원수산 본사에서 종일 강 상무에게 해적과 연락해 보라는 지시가 이어졌다. 강 상무는 계속 압디와의 통화를 시도했으나 불통이었다. 기다리는 수밖에 없었다.

◈ 7월 23일(일)

해적과 불통 지속

아침 협의에서 강 상무는 전날 밤늦게까지 압디와 통화를 시도했으나 여전히 통화가 안 되었다고 말하였다. 우리는 해적과의 불통이 그간 가끔 겪었던 기상 때문인지, 아니면 우리를 초조하게 만들기 위한 해적의 의도적 수신 거부인지에 관해 의견을 나누었다. 결론과 관계없이 일단 기다리는 수밖에 없었다.

나는 회장 서한에 "우리 측의 80만 불 제의를 수용하지 않으면 7월 26일 전에 돈을 회수한다"라고 통보함에 따라 해적은 '7월 26일'을 마지막 시한(dead line)으로 간주하고 그날까지 회신하면 된다고 판단했을지도 모른다는 생각이 들었다. 강 상무는 그간 압디와의 통화 경험에 비추어 기상 때문에 통화 도중에 끊긴 적도 적지 않으며, 압디가 통신 비용 때문에 먼저 전화하여 강 상무에게 전화해 달라고 하고 끊으면 강 상무가 다시 전화해 통화하기도 했다고 설명하였다.

피터는 전날 22일 에티오피아 군대가 소말리아 남부 와지드(Wajid) 지역에 진입하였으며, 에티오피아가 소말리아 정세에 어느 정도 개입할지 주목되고, 소말리아 과도정부와 이슬람 법정연합 간의 대립도 격해지고 있다고 보고하였다. 나는 그러한 소말리아 정세가 동원호 사건에 미칠 영향을 파악하라고 지시하였다.

동원수산 본사, 90만 불 동의 입장 하달

11시경 강 상무가 동원수산 본사에서는 동원호 관련 보도로 서울이 난리가 났다는 상황을 협상팀에 알리라는 얘기가 있다고 전했다. 무조건 빨리 타결하라는 압력이었다. 서울의 일부 사람들은 지금까지의 협상 경위와 상관없이 지금 해결이 안 되는 것은 협상팀의 탓으로 돌리고 있었다. 정말로 협상팀을 힘 빠지게 하는 동향이었다.

나는 협상의 기초를 모르거나 협상 과정을 제대로 이해하지도 못하면서 마지막 단계에서 힘 있는 사람들이 나서기 시작하면, 협상팀은 현장에서 제대로 힘을 쓸 수 없다는 사실을 인식하고 있었다.

강 상무는 본사로부터 "90만 불이라도 조속히 타결하라"라고 지시를 받았으며 협상 지원을 위해 영어가 가능한 임원이 합류할 예정이라고 하였다.

나는 동원수산 본사가 하루 이틀도 못 참고 결국 해적 요구대로 90만 불에 타결하라고 한 것을 듣고, 연이은 언론 보도 등으로 국내 여론의 압력이 점차 커지고 있음을 느낄 수 있었다.

그러나 동시에 나는 본사가 이렇게 쉽게 양보할 것이라면, 도대체 왜 90만 불 제의를 거부하였는지 이해하기 어려웠다. 이 대목에서 외교부 본부가 해적이 90만 불을 처음으로 문서로 제의했을 때 동원수산의 정확한 입장을 파악하고 필요시 회장을 설득할 수는 없었는지 아쉽다는 생각이 들었다. 이러한 부분이 민관 협상 체제의 딜레마라는 점을 절감하였다.

한편으로는 협상팀으로서는 해적의 최대 관심사인 요구 금액 90만 불에 합의할 수 있는 권한을 받았기 때문에, 금액 이외에 현금 전달과 선원 석방 과정 협상에 우리 입장을 더 강력히 제기할 수 있는 여지가 확보되었다.

미 해군의 협력 확보

나는 피터에게 미 해군 연락사무소에 연락하여 협상 타결 후 구체적 지원 방안을 협의하라고 지시하였다. 당시 이스라엘과 레바논 간의 충돌로 미 해군의 관심이 그쪽에 집중됨으로써 동원호 석방 후 안전 운항 문제가 미 해군의 우선순위에 밀릴 가능성에 대비한 것이었다.

피터는 바로 바레인 소재 미 해군 연락사무소와 접촉하여 동원호가 조만간 석방될 가능성을 통보했다. 또한 석방 시 소말리아 영해 밖에서의 안전한 항해를 위해 해군 군함 한 척을 배치하도록 요청하였다. 미 해군은 임무를 맡을 군함을 당장 지정할 수는 없으나 최소한 12시간 전에 알려 주면 최대한 지원하겠다고 하였다.

현금 전달은 강 상무 방에서

점심 협의 시에는 현금 전달은 '강 상무 방에서 강 상무와 피터가 담당'하기로 결정하고 만약의 사태를 대비하여 곧 합류하는 동원수산 임원의 방은 강 상무 방과 붙은 옆 방으로 잡기로 하였다.

강 상무는 현금 인출, 운반, 전달 과정의 안전 확보에서 전문가의 도움이 반드시 필요하다고 누차 강조하였다. 나는 이준규 국장과의 협의 결과에 따라 외교부에 파견 근무 중인 전문적인 경험이 있는 경찰청 직원이 합류할 것이라고 설명하였다.

김영미 기자, 7번째 통화

오후 3시(한국 시간 저녁 8시) 김영미 기자가 한국이라면서 강 상무에게 전화를 했다. 언론과의 접촉은 워낙 민감한 상황이라 강 상무는 통화하면서 꼼꼼히 메모하여 나에게 보여주었다. 다음과 같은 통화가 이루어졌다.

강 상무: 당신은 도대체 어떻게 된 사람이냐? 당신이 소말리아에서 취재한 내용을 보도하는 것은 마무리 단계에 있는 우리 협상에 아무런 도움이 되지 않는다. 그러니 보도를 자제하고 우리 배가 안전하게 출항한 후에 보도할 것을 그렇게 부탁하였는데 당신의 짧은 소견과 근시안으로 선상 생활을 마구잡이로 적어서 허위 내용으로 보도자료를 만들어 송고하는 이유가 무엇이냐?
만약 우리 선원들의 안전에 문제가 생기거나 협상에 지연된다면 당신은 책임을 면하지 못할 것이다. 현재 단계에서는 앞으로 우리 선박의 관련 내용을 보도하는 것을 허용할 수 없다. 보도하지 말라는 이야기가 아니지 않느냐? 당신은 한국 사람이 아니냐?

김 기자: 강 상무는 왜 내가 보도하는 것이 협상에 도움이 되지 않는다고만 생각하느냐? 나는 현장에서 직접 선원들을 만났고 선원들이 실제로 한 이야기를 취재하여 보도한 것이다. 선원들이 그

렇게 보도하여 달라고 요청하였다.

강 상무: 선원들이 물론 오랜 기간 선내에 머물다 보니 고생했지만, 선박에 승선하는 모든 선원은 본래 선내에서 생활할 수밖에 없다. 우리 배에는 주식, 부식이 충분하여 한 번도 식사를 하지 못한 적이 없다는 것을 당신도 잘 알고 있으면서 마치 며칠은 굶은 사람들같이 묘사한 것을 보면 당신을 기자나 정상적인 사람으로 봐 줄 수가 없다.

그리고 선원들이 "차라리 물에 빠져 죽고 싶다"라는 등 하지도 않은 표현을 송고한 당신을 좋게 생각할 수 없다.

김 기자: 선원들이 그렇게 말하였고, 또 그렇게 보도하여 달라고 요청하였다. 언제 배가 출항하느냐? 왜 출항이 안 되냐?

강 상무: 협상 막바지다. 이미 보도된 것은 어떻게 할 수 없지만 앞으로 우리 배가 출항할 때까지는 어떤 보도도 하지 않는 것이 우리 선원을 도와주는 것이다. 그래야만 우리 선원들과 선박이 안전하게 출항할 수 있다는 것을 명심해라.

김 기자가 동원호 출항 시간을 집중적으로 묻는 것은 선원의 안위가 궁금하기도 하겠지만 7월 25일 예정된 MBC 〈PD 수첩〉 동원호 관련 프로그램 방영 전에 동원호가 석방된다면 프로그램이 방영될 수 없을지도 모른다는 걱정 때문이 아닌가 싶었다.

김 기자가 프로그램을 위해 해적에게도 연락을 계속 시도하여 협상 진행 상황을 가능한 한 파악하려고 할 것으로 추정하였다.

언론 대응 건의

통화 후 나와 강 상무는 통화 내용을 다시 확인하면서 김 기자의 취재 보도가 협상에 부정적 영향을 미칠 것을 크게 우려하였다.

김 기자의 현지 취재 내용 보도에 따라 국내 언론의 관련 보도가 확산되고 있어 그러한 보도가 진행 중인 막바지 협상에 결코 좋은 영향을 줄 리 없을 것이며, 특히 김 기자의 그간 행적으로 보아 해적과 계속해서 접촉할 가능성을 배제할 수 없었다. 그 경우 해적이 자연스럽게 국내 언론 보도 동향을 접할 수 있을 것이며 이에 따라 그들의 입지가 강화되었다고 판단하여 요구 수준을 다시 올릴 가능성도 있을 것으로 판단하였다.

이에 따라 나와 강 상무는 동원수산 본사 명의의 다음 요지의 보도 자료를 외교부와 협의한 후 국내 언론에 긴급 배포해 줄 것을 건의하였다.

- 해적과의 협상이 막바지에 들어섰으므로, 본 건에 관한 상세하거나 과장된 내용, 특히 협상 내용에 관한 보도는 해결에 전혀 도움이 되지 않는다고 판단됨. 이러한 보도는 현재 진행 중인 그들과의 협상뿐만 아니라 선원의 안전에도 부정적인 영향을 미칠 가능성이 있으므로 보도를 자제하기를 요청함.
- 김영미 기자의 취재 내용을 현 단계에서 일일이 반박할 생각은 없으나 일부 내용은 잘못되었거나 과장되었다고 판단되므로, 특히 선원들의 안전과 건강 문제는 선장과의 수시 접촉을 통해 계속 점

검해 왔으며 현재까지 별다른 심각한 문제는 없는 것으로 파악하고 있음.

- 본사와 정부는 본 문제가 선원들의 생명과 안전에 관한 문제인 만큼, 조속하고 원만한 해결을 위해 최대한 노력하고 있으므로 조만간 좋은 결과를 얻을 수 있을 것으로 기대하고 있음.

김영미 기자의 취재 내용을 현재 일일이 반박하는 것은 김 기자의 반발을 초래할 듯했다. 다시 정확하지 않은 내용으로 보도를 추진할 가능성이 있을 것으로 보아 일단 전반적인 우려 표명 수준에서 대응함이 바람직할 것으로 판단하였다.

나는 김영미 기자가 자신의 취재 내용 보도를 정당화하기 위해 적어도 7월 25일 MBC 〈PD 수첩〉 방영 때까지 계속 취재할 것이며 해적과 최 선장과 연락할 가능성이 있을 것으로 생각했다.

오후 4시 나는 이준규 국장에게 진행 상황을 보고하였으며 외교부와 동원수산 본사 간의 협의 내용을 들었다.

이 국장은 김 기자의 취재 내용이 국내 언론에 무분별하게 확산되고 있음을 우려하면서 협상팀이 건의한 대로 동원수산 본사가 바로 보도자료를 배포하도록 조치하겠다고 하였다. 동원수산 본사가 90만 불까지 타결한다는 입장이니 현지 판단으로 조기 타결되기를 바라며 현금의 안전한 전달을 지원하기 위해 외교부에 근무 중인 경찰청 소속 직원을 곧 파견하겠다고 언급하였다.

해적에게 팩스 송부

협상팀은 해적과 통화가 계속 안 되고 해적으로부터 일체 연락이 없음을 감안하여 팩스로 접촉해 보기로 하였다.

오후 6시 30분 강 상무는 압디에게 팩스를 보냈다. 강 상무 자신은 아직 두바이에 있으며 회장의 지시를 기다리고 있으며, 회장 팩스에 대한 회신 여부를 물었다. 만일 안 했다면 언제 할 것인지 문의하고 자신에게 전화하라고 요청하였다.

현금 전달 과정 협의

협상팀은 저녁에는 현금 전달 과정에서의 업무 분장과 예상되는 문제점 등에 관해 좀 더 구체적으로 협의하였다.

우리는 보통 주어진 상황을 일상의 연장선 그대로 지속될 것으로 보며 또 자신에게 유리하고 편하게 생각하는 경향이 있다. 나는 해적과 대치하는 상황은 상식적인 일상이 아니므로 남들이 생각하기에 지나치다 싶을 정도로 앞으로 상황 변화의 여러 가능성을 제시하였다.

우리는 상상할 수 있는 시나리오와 이에 따른 문제점, 준비 계획을 점검하고 3인 각자가 갖고 있는 연락망과 해적과의 통신 체제 유지의 중요성은 다시 확인하였다. 해적과 정확한 영어 소통이 중요하며 유사시 3인 간의 즉시 협의를 통해 초기의 신속한 대응이 반드시 필요하다고 인식을 함께했다.

◈ 7월 24일(월)

아침까지 여전히 해적으로부터 소식이 없었다.

동원수산 본사가 7월 20일(목) 해적에게 회장 명의로 '80만 불을 제의'한다는 팩스를 전달하였고, 7월 21일(금) 아침 9시 40분 압디가 강 상무에게 팩스를 받았다고 확인해 준 이후, 3일이 지났다. 어제 23일(일) 저녁 강 상무가 압디에게 보낸 팩스에 대해서도 회신이 없었다.

협상 대책 협의

동원수산 본사의 이호남 이사가 새벽에 두바이에 도착하여 협상팀에 합류하였다.

협상팀 아침 협의에서 현 상황을 재점검하였다.

해적이 아직도 연락을 하지 않은 배경에는 다음과 같은 요인이 복합적으로 얽혀 있을 것으로 의견이 모였다.

1) 그간 강 상무가 압디와의 통화에서 자주 경험했던 것처럼 현지 기상 사정으로 통신이 어려움.
2) 해적 내부 토론이 진행되면서 아직 최종 결정을 내리지 못함. 김영미 기자의 연락을 받고 자신들의 입장을 다시 검토하는 중일 가능성이 있음.
3) 회장 명의 팩스에서 밝힌 두바이에 있는 현금을 '7월 26일' 전까지 회수하겠다는 우리 측 입장에 따라 해적이 '7월 26일'을 협상의 마

감 시한(dead line)으로 이해할 수 있음.

4) 일종의 협상 전술로 우리를 초조하게 만들어 90만 불 요구를 관철하고자 할 가능성이 있음.

5) 두바이에서의 대리인 수배 등 현금 수령 준비를 진행하고 있을 가능성이 있음.

6) 이슬람 법정연합이 북부 지역으로 세력을 확장하는 만큼 하라데레 정세가 불안정해졌을 가능성이 있음.[43]

협상팀은 해적과의 불통 상황임에도 불구하고, 현금 전달 과정을 계획대로 준비하기로 했다. 피터는 소말리아 현지 정세를 좀 더 파악하고 미 해군 연락사무소와 연락하여 출항 시 미 해군 소속 군함이 호위 임무를 제공한다는 약속을 다시 확인해 나가기로 하였다.

외교부 본부와 협의

10시 30분 이준규 국장이 나에게 전화하여 진행 상황을 문의하였다. 나는 협상팀의 상기 분석과 나의 판단을 보고하였다. 해적으로부터 연락이 아직 안 오는 배경으로는, 먼저 긍정적으로 보면 해적이 협상의 마지막 단계인 두바이에서의 현금 수령 계획을 준비 중일 가능성이 있다고 했다. 하지만 부정적으로 보면 김영미 기자가 계속 취재 중

---

43 동원호가 7월 30일 안전하게 석방된 이후, 8월 15일 이슬람 법정연합 세력이 하라데레에 진입하였다. 이후 2개월 동안 그 지역에서의 해적 행위는 잠시 사라졌다.

이므로 해적과 접촉했을 가능성이 있고, 접촉했을 경우 해적은 다시 요구 수준을 올릴 가능성이 있을 것으로 본다고 했다. 또한 소말리아 현지 정세의 영향으로 해적 자신들의 안전 문제와 관련되었을 수도 있다고 보고하였다.

이 국장은 김 기자의 취재 내용 보도를 최대한 막으려고 노력하고 있다고 하면서 협상 막바지에 부정적 영향을 미칠 것에 심히 우려하였다. 아울러 외교부에 파견 나와 근무 중인 경찰청 소속 베테랑 직원이 내일 두바이에 도착할 것이라고 알려 주었다.

11시 강 상무와 다시 현금 준비 상황을 협의하였으며 동원수산 본사 차원에서도 지도부 중심으로 차질이 없도록 준비하고 있다고 알려주었다. 외교부 본부뿐만 아니라 외교부를 퇴직한 모 대사도 본사 지도부와 긴밀히 소통하고 있다고 하였다. 나는 내일 경찰청 직원이 합류할 예정임을 알렸고 강 상무는 외교부의 전폭적인 협조 제공에 대해 감사하다고 하였다.

강 상무, 압디와 협상 재개

12시 20분 압디가 드디어 강 상무에게 전화를 걸어왔다.

강 상무가 "지난 21일 당신이 우리 회장의 팩스를 받았고, 이에 대해 회신하겠다고 했다. 그런데 왜 아직도 회장의 팩스에 대해 답장을 보내지 않았느냐? 언제 보낼 예정이냐?"라고 물었다.

압디는 90만 불을 계속 요구했다. "2시간 후에 동원수산 본사로 팩스를 보낼 것이며 본사에서 팩스 접수를 확인한 후 다시 통화하자. 강 상무와 계속 협상을 했으니 마무리도 강 상무와 할 수 있으면 좋겠다"
라고 말하였다.

압디도 강 상무가 퇴장할 경우 새로운 상대와 처음부터 다시 협상
하는 상황을 피하고 싶었던 것이었다. 나는 압디의 말을 듣고 나서 해
적도 협상이 마무리 단계에 들어왔다는 인식을 갖고 있으며, 이에 따
라 85만 불~90만 불 사이에서 타결의 여지가 있다는 느낌이 들었다.

김영미 기자, 8번째 통화

오후 1시 30분(서울 시간 오후 6시 30분) 협상팀이 함께 점심을 먹고 있
는데 김영미 기자가 강 상무에게 전화를 걸어왔다. 강 상무와 김 기자
의 8번째 통화였다.

김 기자는 "언제 돈을 전달하느냐?"는 등 협상 진행 상황을 문의하
였다. 강 상무는 김 기자에게 선원들은 모두 안전하며, 김 기자의 취
재 보도 내용을 반박했다. 그리고 협상에 일절 간섭하지 말고 동원호
가 안전하게 석방될 때까지 보도를 자제하도록 재차 요청하고 전화를
끊었다.

김 기자도 협상이 막바지에 온 것을 알고 있었던 것이며 하루 후로
다가온 MBC 〈PD 수첩〉 방영 전에 동원호가 석방될 가능성을 염두에
두고 계속 취재하는 것 같았다.

현금 준비 과정

이어서 동원수산 본사 송장식 사장이 강 상무에게 전화를 걸었다.

대사관 계좌에 보관 중인 현금 인출 방안을 외교부와 그간 협의한 결과, 그간 검토해 온 현지 동포 기업인의 계좌로 이체한 후 인출하는 방안 대신에, 동원수산 관계자가 대사관 명의 수표를 받은 후 수표를 갖고 은행에서 직접 인출하기로 결정했다고 알렸다.

이어 해양수산부가 직원을 두바이에 파견하여 협상팀을 지원할 예정이라고 알려 왔다.

관계부처 직원의 방문 자제 건의

오후 1시 45분 나는 바로 이준규 국장에게 전화하였다. 현 단계에서 해양수산부 직원들의 출장은 협상에 아무런 도움이 안 되고, 오히려 협상팀의 역량이 분산되니 출장을 막아 달라고 요청하였다. 아울러 우리 숙소에 갑자기 한국인이 늘어나는 것은 현금 전달 과정에 결코 좋은 영향은 없을 것으로 판단한다고도 보고하였다.

그간 6월 중순 이래 한 달 반 넘게 호텔 밖으로 나가지 않는 한국인들에 더해서 갑자기 한국인들이 몰리면 너무 눈에 띌 것이며, 해적의 두바이 조직이 이미 우리 숙소 로비 등에서 우리를 관찰하고 있을지도 모른다는 생각이 들었기 때문이었다.

숙소에 체류하면서 어느 순간부터 나도 모르게 숙소 내에서 현지인과 가끔 눈이 마주치면 혹시 해적의 끄나풀이나 아랍에미리트 정보당국 요원이 아닌가 의심하기 시작하였다. 강 상무도 똑같은 얘기를 하고 있었다. 그래서 공개된 장소에서 3인 회동은 피하고 방에서 주로 협의하였다.

이어 오후 2시경 대사관 손용호 영사가 나에게 전화하여 내일 외교부 본부로부터 김성섭 경정이 두바이에 도착할 예정이며, 대사관 행정원이 공항에서 영접하여 숙소로 안내할 예정임을 알렸다. 아울러 이규형 차관이 직접 대사관에 협상팀을 최대한 지원하라고 지시했다는 소식을 들었다.

오후 2시 50분 강 상무는 동원수산 본사 지침에 따라 대사관과 현금 인출 문제를 구체적으로 협의하였다. 이준재 대사가 강 상무에게 김종근 참사관과 긴밀히 협의해 나가라고 연락이 왔다고 전했다.

협상이 마지막 단계에 들어서면서 대사관과의 긴밀한 협조와 협업이 더 중요한 시기로 접어들었다. 우리 내부의 각 기관 직원이 일사불란一絲不亂하게 움직여야만 보이지 않는 적과의 싸움에서 이길 수 있다고 생각했다.

해적, 85~90만 불 요구

이어 3시 20분경 강 상무는 최 선장과 통화했다. 최 선장은 현지에서 팩스가 작동이 안 된다고 하면서 해적이 90만 불을 계속 고집할 것 같다고 알렸다.

오후 3시 45분 나는 이준규 국장에게 전화해서 소말리아 현지에서 팩스가 작동이 안 되며 해적은 여전히 90만 불을 고수하고 있는 것 같다고 보고하였다.

　오후 4시 10분 압디가 강 상무에게 전화를 걸어 다음과 같은 대화를 나누었다.

　　압디: 통신 상태가 좋지 않아 팩스를 보내지 못하고 있다. 계속 시도
　　　　하여 보겠다. 최근 며칠간 통신 상태가 아주 좋지 않다.
　강 상무: 우선 팩스 내용을 나에게 말해 줄 수 있느냐?
　　압디: 나와 젊은 사람(행동대원을 의미)들은 85만 불에 합의하기를 희망
　　　　한다. 그러나 모하메드는 여전히 90만 불을 요구하고 있다.
　강 상무: 85만 불이라고 이야기하였느냐?
　　압디: 꼭 85만 불이라고 말하는 것은 아니다. 85만 불에서 90만 불 사
　　　　이가 되지 않겠느냐?
　강 상무: 회장이 당신들 팩스를 받고 최종적으로 결정할 것이니 오늘 밤
　　　　중으로 팩스를 보내서 종결하는 것이 좋을 것이다. 왜냐하면
　　　　오늘이 월요일이고 목요일, 금요일이 휴일이니 돈을 준비하려
　　　　면 여유가 화요일, 수요일 이틀밖에 없다.
　　압디: 나도 그렇게 생각한다.
　강 상무: 두바이에서 돈 전달에 시간이 얼마나 필요하느냐?
　　압디: 한 번(One time). 하루면 충분하다.

　강 상무는 '현금 전달 장소가 두바이'임을 다시 확인시켰다.

　압디의 입에서 85만 불이라는 숫자가 나왔다는 것은 결국 해적이 85~90만 불을 요구하는 뜻이었다. 현금 전달이 하루면 된다는 것은

두바이에서의 현금 수령 대리인도 준비되었다고 해석할 수 있었다.

석방금 합의 후 현금 전달까지의 시간이 짧으면 짧을수록 석방은 빨라지는 것이니 우리 시나리오대로 차근차근 진행되고 있다는 느낌이었다.

김영미 기자, 해적과 지속적인 접촉

오후 4시 30분 강 상무는 이어 최 선장과 통화했다. 강 상무는 "협상이 마지막 단계에 왔으니 김영미 기자가 행여 선장에게 연락이 오더라도 상대하지 말라"라고 단단히 당부하였다. 최 선장은 "김 기자가 해적과 접촉 중인 것 같다"라고 대답했다.

최 선장의 보고에 나는 김 기자가 최 선장, 해적과 모두 연락하고 있다고 판단하였다. 김 기자는 〈PD 수첩〉 프로그램 방영 전에 협상 진행 상황을 최대한 취재하고 있는 것 같았다.

오후 5시경 나는 이준규 국장에게 강 상무의 두 통화 내용을 전하고 해적이 결국 85~90만 불을 요구하고 있으며 김 기자가 해적과 계속 접촉 중이라는 상황을 보고하였다. 이 국장은 기다려 보자면서 계속 연락하자고 하였다.

현금 준비 서둘러

저녁 6시경 나는 협상이 급진전될 가능성에 대비하여 우리 측 현금 마련을 서두르기로 하였다.

강 상무에게 대사관 김종근 참사관과 바로 협의하도록 요청하였다. 최단 시간에 대사관 은행 계좌에서 현금을 인출하는 방안(예를 들어 수요일에 은행에 통보하여 목요일에 인출할 수 있는지 여부 등) 및 계좌에 보관 중인 80만 불을 초과하는 현금 확보 문제 등에 관해 협의하였으며 대사관은 최대한 협조하기로 하였다.

협상에 피터 투입 건의

저녁 6시 10분경 나는 이준규 국장에게 다시 전화로 보고하였다.

해적이 팩스를 보내려고 하고 있으나 통신 상태 문제로 여전히 안되고 있으며, 현금 전달 과정에 안전한 전달과 유사시 대비를 위해 피터를 투입하겠다고 보고하고 동원수산 본사가 이에 동의하도록 설득해 달라고 건의하였다. 이 국장은 조 대사의 판단이 가장 중요하니 그렇게 하겠다고 하였다.

강 상무, 마지막까지 합의 노력

저녁 7시 20분 강 상무는 최 선장과 통화했다.

최 선장은 "젊은 해적들이 빨리 합의하고 싶어한다"라면서 압디는 85만 불, 모하메드는 90만 불을 고수하고 있다고 전했다. 강 상무는 최 선장에게 압디와 모하메드가 82~83만 불을 적어 보내도록 계속 설득하라고 지시하였다.

저녁 9시경 압디가 강 상무에게 전화하였다. 팩스를 보내려고 계속 시도하고 있다고 하면서 80만 불은 안 된다고 말했다. 이에 대해 강 상무는 80만~85만 불 사이로 빨리 팩스를 보내 달라고 요구하였다.

9시 30분 최 선장이 강 상무에게 전화하였다. 자신이 강 상무의 지시에 따라 83만 불을 보내라고 계속 설득하였으나 압디는 85만 불, 모하메드는 90만 불을 주장하다가 결국 팩스에 90만 불로 적어 넣었다고 보고하였다. 나는 85~90만 불 사이로 타결될 수 있을 것 같다고 느꼈다.

김영미 기자, 9번째 통화

그 와중에 저녁 8시(서울 시간 25일 새벽 1시) 조금 넘어 김영미 기자가 서울에서 강 상무에게 다시 전화를 했다.

강 상무는 "협상에 개입하지 말라고 내가 그렇게 간청했음에도 불구하고 당신은 협상에 개입했다. 해적은 우리에게 보낸 팩스에 김 기자가 90만 불을 제안하였다고 하였다. 더 이상 당신과 얘기하고 싶지 않다"라고 하였고 김 기자는 계속 얘기를 나누자고 하였으나 강 상무는 더 이상 할 말이 없다고 하고 전화를 끊었다.

김 기자는 해적과의 최종 합의가 임박했음을 눈치챈 듯했다. 바로 그날 있을 MBC 〈PD 수첩〉 동원호 관련 프로그램 방영에 앞서 동원호 석방 여부에 관해 탐문하고, 자신의 취재 보도 내용이 정당하다는 것을 증명하기 위해 끝까지 취재하려고 하는 것 같았다.

김 기자의 입장으로는 〈PD 수첩〉이 "피랍 100일 소말리아 동원호-조국은 왜 우리를 내버려 두는가?" 프로그램을 방영하기 전에 동원호가 석방되면 안 된다고 생각할 것 같았다.

해적의 90만불 요구 팩스 접수

저녁 9시 40분 압디는 강 상무에게 전화로 조금 전에 동원수산 본사로 팩스를 보냈으니 확인해 보라고 하였다. 9시 45분 동원수산 본사에 "90만 불이 마지막 제의(last offer)"라는 팩스가 접수되었음을 확인하였다.

최종 타결 과정

이후 저녁 10시경부터 다음 날 새벽까지 강 상무와 압디 간에 전화 협상이 다시 진행되었다.

저녁 10시경 압디가 강 상무에게 전화를 걸었다. 명분상 90만 불을 요구하고 88만 불을 받겠다는 계산이었다.

압디: 모하메드가 88만 불까지는 조정하였으나 그 이하는 안 된다고 한다. 오늘 중 합의가 이루어지도록 회장에게 잘 전해 달라.

강 상무: 금액을 더 낮추지 않으면 어려울 것이다. 회장께 보고는 하겠다.

저녁 11시 15분 강 상무가 압디에게 전화를 걸었다. 강 상무는 88만 불보다 좀 더 낮추기 위해 다시 한번 노력하였다.

강 상무: 회장의 출장 관계로 지금 합의하지 않으면 또 많은 시간이 걸려야 다시 협의할 수 있을 것이다. 당신은 85만 불, 모하메드는 90만 불을 고수하다가 모하메드가 다시 88만 불로 낮추었다고 하니 85만~88만 불 사이에서 당신들의 입장을 통일해라. 그리고 모하메드가 서명하여 회장에게 정중하게 보내면 바로 회신을 줄 것이다.

압디: 팩스를 보낸 후에 강 상무에게 연락하겠다.

❖ 7월 25일(화)

7월 25일 0시 15분 압디가 강 상무에게 전화를 걸었다.

압디: 팩스를 보내려고 여러 번 시도하였으나 기상이 좋지 않아 팩스가 연결되지 않는다. 아침에 다시 보내도록 하겠다.

강 상무: 오늘 회장이 출장을 떠나니 아침 일찍 보내 달라.

그 이후 강 상무는 동원수산 본사로부터 계속 압디에게 연락하여 팩스 송부를 독촉하라는 지시를 받았다. 강 상무는 밤새 압디에게 통화를 시도하였으나 압디는 전화를 받지 않았다.

88만 불 타결 보고

25일 새벽 1시(서울 시간 오전 6시) 이준규 국장이 나에게 전화했다.

그는 "88만 불로 타결되었느냐?"라고 물었다. 나는 강 상무와 압디 사이의 통화 내용을 보고하고 해적이 85~88만 불 사이로 제의할 가능성이 남아 있으나 일단 88만 불을 구두로 합의한 것으로 판단하며, 이에 따라 준비를 서두르겠다고 보고하였다.

아울러 이제부터 해적과 현금 수령 대리인 지정 문제 등 현금 전달의 구체적 과정을 협상해 보아야 할 것이라고 설명하였다. 하지만 내일 26일 수요일까지 현금을 찾는 것은 무리이며 현금 전달 협상이 순조롭더라도 27일 목요일, 28일 금요일이 현지 휴일인 관계로 은행도 휴업이니 현금 전달은 빨라야 29일 토요일, 30일 일요일이 될 것으로 예상된다고 보고하였다.

협상팀은 해적이 보내올 팩스에 대해 협상의 마지막 문서가 될 동원수산 회장 명의 영문 회신안을 작성하여 오전 4시 30분경 본사에 보고하였다. 밤을 꼬박 새웠다.

김성섭 경정 도착

먼동이 트기 시작한 오전 5시 45분 나는 외교부에서 파견한 김성섭 경정을 숙소 로비에서 맞이하였다. 든든한 원군이 도착하였다. 전문가가 왔으니 현금 전달 과정에 큰 힘을 보태리라 기대하였다.

아침 8시 김성섭 경정을 소개할 겸, 강 상무와 이호남 이사와 아침식사를 같이 하면서 그간 협상 과정과 내용을 설명하고 현금 전달 계획에 관해 협의하였다.

이제 총 5인이 된 협상팀 전원이 김영미 기자의 취재 내용 보도에 따른 잠재적인 부정적 영향을 감안하여 앞으로 언론 접촉은 일절 하지 않기로 하고 협상 내용이 절대로 누설되지 않도록 최대한 주의해 나가기로 하였다.

현금 준비 과정 착수

아침 9시 40분 이준규 국장이 나에게 전화를 했다. 먼저 내일 26일 수요일까지 현금 전달 실현 가능성을 다시 물었다.

나는 우리 측의 현금 인출에 일정한 시간이 걸리며 해적이 아직 현금 수령 대리인을 지정하지도 않은 불확실한 상황이라 불가능하다고 설명하였다. 대리인과 첫 번째 대화를 해 봐야 앞으로 어느 정도 시간이 걸릴지 감을 잡을 수 있을 것이라고 하고, 두바이 대리인과의 접촉 개시부터 동원호와 선원이 최종적으로 안전하게 풀려날 때까지 또 다른 협상이 시작되는 것이니 신중히 대응하겠다고 보고하였다. 미국 해군에 석방 시 동원호 호위를 위한 협조를 요청해 두었으며 새벽에 동원수산 본사에 최종 합의 서한안을 보냈다고 하였다.

이 국장은 동원수산 본사와 이미 협의하였다고 했다. 본사는 협상 팀이 건의한 서한 안에 이의 없으며 동원수산이 이미 송금한 80만 불 이상 필요한 현금은 오늘 중으로 송금할 것이라고 알려 주었다.

강 상무가 오전 9시경부터 대사관 김종근 참사관과 현금 인출 과정을 구체적으로 협의한 결과, 은행으로부터 다량의 현금을 인출하는 데 48시간이 걸린다는 사실을 확인하였다.

오전 10시경 나는 이준규 국장에게 바로 현금 인출에 48시간이 소요됨을 다시 보고하였다. 해적과의 협의가 순조롭게 진행된다면 현금 전달은 빨라야 29일 토요일, 30일 일요일이 될 수 있을 것이라고 설명하였다.

나는 이어서 오전 10시 30분부터 김성섭 경정과 따로 현금 전달 과정에 관해 협의를 진행하였다. 김 경정이 전문가 입장에서 1) 김 경정의 전 일정 동행을 전제로 은행에서 현금 인출, 은행에서 숙소까지 운반, 숙소 도착, 강 상무 방까지의 전달까지의 전 과정을 점검해 주고 2) 현금 전달이 우리 숙소 내부에서 이루어질 것이므로 유사시에 대비하여 동선에 따른 숙소 시설을 점검하여 숙지해 두고 3) 그간 협상팀이 작성한 현금 전달 시나리오를 검토하여 보완·수정하고 필요한 조치를 즉시 취하도록 지시하였다.

김 경정은 밤샌 비행으로 인한 피곤에도 불구하고 밝은 표정으로 바로 주어진 임무를 적극적으로 수행하기 시작하였다. 우선 현금을 담을 가방 2개부터 구입하였다. 김 경정은 가방 구입 후 숙소로 돌아와서 007 가방 한 개에 100불짜리 미화 크기를 대충 맞추어 보고 50만 불 정도 들어가는 것을 확인했다고 보고하였다. 처음부터 매사 세밀하게 챙겨 주어 마음이 든든했다.

11시 20분 강 상무가 협상팀이 새벽에 건의한 회장의 최종 답변안대로 본사에서 해적에게 회신할 예정이라고 알려 주었다.

강 상무는 대사관과 현금 인출 문제와 추가소요액 확보 문제에 관해 협의하였다. 김 참사관은 먼저 은행과 협의한 후 내일 7월 26일 오전까지 은행에 통보하면 29일 토요일 현금을 인출할 수 있다고 알렸다.

이후 강 상무는 12시 40분경 동원호와의 연락을 시도하였으나 불통이었다.

오후 2시 30분 강 상무는 해적이 여전히 팩스를 보내려고 노력하고 있다고 파악되었다고 전했다. 아울러 동원수산 본사가 추가소요액 송금을 보류하고 해적의 팩스를 받은 후 송금하겠다고 한다고 알려렸다. 나는 순간적으로 해적보다 동원수산 본사 설득이 더 힘들다고 느꼈다.

강 상무는 동원수산 송장식 사장에게 해적이 최종적으로 88만 불을 요구할 것이라고 보고하였으며 본사는 해적 팩스 접수 후에 바로 답신할 예정이라고 알렸다.

해적과 최종 문서 합의

오후 4시 강 상무는 동원수산 본사가 접수한 "중앙 소말리아 해양 연안경비대(central somali marine coast guard[44])의 경비 대장(head of security)"으로부터 2006년 7월 25일 자 왕 회장(Mr. Wang) 앞 다음 요지의 팩스를 전해 받았다.

- 당신이 알다시피 우리나라는 정부가 없음. 당신 배는 우리의 허가 없이 조업을 하였음. 우리는 국제 해양법[45]에 따라 바다를 보호할

---

44 해적의 팩스에는 영어의 대문자, 소문자 개념이 없었다.
45 국제해양법을 "INTERNATIONAL MARITIME LOW"로 표기했다. 'LAW'를 'LOW'로 표기할 정도의 영어 수준이었다.

권리가 있음.

- 따라서 나의 마지막 제의인 미화 88만 불을 받아들이면 당신의 배를 석방하고자 하니 회신해 주기 바람.

오후 4시 15분경(서울 시간 밤 9시 15분경) 동원수산 본사의 송장식 사장이 나에게 전화를 했다. 송 사장은 지금 회장 명의의 회신을 최종적으로 검토 중이라고 하면서, 회신에 해적의 동원호의 불법조업에 대한 문제 제기에 대한 반론을 포함시키는 방안에 대해 내 의견을 물었다.

나는 현 시점에서 불법 단체인 해적과 법리 논쟁을 전개하는 것은 바람직하지 않다고 전제했다. 해적이 이를 구실로 합의를 지연시킬 수 있으며 과거에도 핑계만 있으면 요구 금액을 다시 올린 사례도 있으므로 협상팀이 건의한 초안에 따라 해적에게 바로 회신하도록 요청하였다. 아울러 해적과 금액이 합의되면 이제부터는 돈을 안전하게 전달하고, 돈 전달과 선원의 안전 석방을 동시에 진행시킨다는 우리의 요구 조건을 관철하는 것이 더 중요한 시점임을 강조하였다. 송 사장은 충분한 이해를 표명했으며 잘 알겠다고 하였다.

바로 이어서 이준규 국장이 나에게 전화를 주었다.

"이제 최종 합의가 이루어지게 되어 정말 잘 되었다, 조 대사가 현장에 있어 안심"이라고 덕담을 건네면서 너무 스트레스를 받지 말라고 조언하였다. 그리고 곧 방영될 MBC 〈PD 수첩〉 보도(서울 시간 7월 25일 밤 11시 5분부터 12시경까지)에 너무 신경 쓰지 말라고 하면서 동 프로그램의 여파를 최대한 막고 있다고 언급하였다.

사실 이 국장의 격려에도 나는 심리적 압박감을 상당히 크게 느끼고 있었다. 석방금 합의의 큰 고비는 넘겼으나 이제부터는 현금 전달 과정에 점검하고 대응할 이슈가 너무 많다는 현실을 인식하고 있었기 때문이었다.

오후 4시 30분 압디가 강 상무에게 전화를 하였다. "우리들의 최종 제의(offer)를 서명하여 팩스로 보냈으니 확인하기 바란다. 회신을 빨리 보내 주기 바란다"라고 하였다.

이에 따라 바로 오후 5시(서울 시간 오후 10시[46])경 동원수산 본사는 다음과 같이 88만 불에 동의한다는 왕 회장 명의의 서한을 팩스로 해적에게 송부하였다.

- 나는 다음 사항을 이행한다는 조건으로 당신의 최종 제의인 88만 불에 동의함.
  1) 두바이에서 현금을 수령하여야 함(두바이 은행이 목요일, 금요일 휴업임을 명심할 것).
  2) 선장, 선원이 모두 안전해야 하며 모든 선박 서류가 선상에 제대로 있어야 함.
  3) 우리 선박과 화물은 양호한 상태여야 함.
  4) 당신들은 배에서 떠나야 하며 배는 해안으로부터 떨어져 항해해야 함.
  5) 우리 선박은 소말리아 연안으로부터 4시간이나 40마일 떨어져 있

---

46 7월 25일 MBC 〈PD 수첩〉이 동원호 관련 프로그램 "피랍 100일 소말리아 동원호, 조국은 왜 우리를 내버려 두는가?"를 방송하기 1시간 전이었다.

어야 하고 모두 안전해야 함.

- 나는 강 상무에게 당신을 즉시 접촉하라고 지시했으며 나의 영국 인 에이전트인 피터가 강 상무를 도와 당신과 두바이 대리인과 소통하기로 했음. 따라서 현금 전달이 안전하게 성공적으로 이루어 지도록 할 것임.

- 당신이 두바이 대리인의 상세 사항을 바로 강 상무에게 통보하고 이 거래가 48시간 안에 종료될 수 있도록 최선을 다할 것을 요청함.

- 이것이 마지막 거래이며 나도 약속을 지키겠으니 당신도 약속을 지킬 것으로 믿음.

오후 5시경 강 상무는 압디에게 전화를 걸었다. "본사에서 당신들의 최종 제의를 수락한다는 회장 명의 팩스를 송부하였으니 확인하라. 또한 두바이에 있는 현금 수령 대리인의 전화번호 등 연락처를 알려 달라"라고 요청하였다. 압디는 팩스 수령 확인 후 전화하겠다고 하였다.

이제부터는 현금 전달 과정이 우리의 계획대로 진행될 수 있도록 해적과 치밀하고 세심하게 협상해 나가는 것이 중요하다고 생각하였다.

나는 강 상무에게 앞으로 압디와 통화할 때에는 회장 서한에 밝힌 바와 같이 1) 현금 전달 장소는 두바이의 우리 숙소, 2) 현금 전달 시 우리 측은 강 상무와 피터 참여, 3) 조속한 동원호 출항 준비 완료, 4) 현금 전달과 동원호 동시 석방 등 우리가 양보할 수 없는 4개 조건을 항상 제기하고 환기시킬 것을 조언하였다.

현금 7월 29일(토) 전달 합의

오후 6시경 압디는 강 상무에게 전화하였다.

왕 회장의 회신을 잘 받았으며 문장이 수려하고 그 내용이 훌륭하다면서 왕 회장에게 감사하다고 말했다. 회신을 기반으로 모하메드를 비롯한 자신들의 회원들(members)이 모두 모인 위원회를 열어 협의했다면서 두바이에서 강 상무가 만날 현금 수령 대리인에 관한 상세한 정보는 내일 7월 26일 오후에 통보하겠다고 하였다.

강 상무는 동원호 출항 가능 시점을 물었고 압디는 합의금 준비 가능 시점을 물었다. 강 상무는 목요일, 금요일이 휴일이므로 토요일에 현금이 준비될 수 있으며, 토요일에 현금 전달과 동원호 석방이 동시에 이루어지도록 하자고 제의하였다. 압디는 제의에 동의한다고 하였다. 이에 따라 강 상무는 출항 준비를 할 수 있도록 선장과 선박 관련 서류를 바로 동원호로 돌려보낼 것을 요청하였으며 압디는 알겠다고 대답하였다.

협상팀은 일단 고무적인 상황으로 판단하고 다소 안도하였다. 해적의 반응이 우선 양측 합의에 매우 만족함을 표시했고, 내부 위원회를 열었다는 등 나름대로 절차를 밟았음을 강조하고 우리의 현금 전달 계획에 적극적으로 나오면서 바로 '7월 29일 현금 전달' 원칙에 합의했기 때문이었다.

MBC 〈PD 수첩〉 동원호 관련 프로그램 방영

오후 6시 30분경(서울 시간 밤 11시 30분) 서울에서 아내가 나에게 전화했다.

바로 전부터 방영되고 있는 MBC 〈PD 수첩〉 동원호 관련 프로그램을 보고 있으며 "조국은 왜 우리를 내버려 두는가?"라는 등 상당히 충격적이며 정부가 무책임하다는 내용이라고 말했다. 그리곤 웃으면서 "당신이 하는 일을 잘 모르고 있는 것 같다. 살아서 돌아오라"라고 하길래, "살아서 돌아갈 수 있을 것 같으니 걱정하지 말라"라고 대답하고 전화를 끊었다.

나는 프로그램 방영이 지금 막 석방금에 합의하고 마무리될 협상에 제발 부정적인 영향이 미치지 않기를 바랐다. 강 상무도 똑같은 심정이었다. 혹시 해적들이 〈PD 수첩〉 방영을 어떠한 경로를 통해서든 인지하고 난 후에 최종적으로 합의한 내용을 다시 뒤집는 상황이 스쳐갔다. 제발 그런 상황이 내 앞에 닥쳐오지 않기를 바랐다.[47]

---

47 나는 동원호 석방 후 7월 31일 귀국하여 프로그램의 전체 내용을 알게 되었다. 사실과 무지가 섞여 있었다. 김 기자의 동원수산과 외교부에 대한 불신이 무척 깊다고 느꼈다. 국민의 알 권리를 위해 선원들의 견디기 힘든 억류 상황 보도는 이해할 수 있었으나 자신이 보고 들은 것만이 진실이라고 생각하고 있는 것 같았다. 외교부와 동원수산이 함께 한 노력이나 해적과의 협상 과정을 충분히 모르면서 정부 관계자들을 비겁하고 무책임한 사람들로 매도하는 비판에는 동의할 수 없었다. 뒤에서 다루기로 한다.

현금 전달 과정, 우리 계획대로

저녁 8시 30분 강 상무가 압디에게 전화하였다. 현금 전달 과정과 관련해, 그간 우리가 해적에게 통보한 우리 계획에 따라 진행하기 위한 본격적인 협상을 시작하였다.

강 상무는 '7월 29일(토) 두바이 소재 우리 숙소 호텔에서 현금을 전달할 것이며, 회장의 지시로 영어 소통에 문제가 없도록 피터가 참여하여 자신과 함께 전달할 것이라고 다시 한번 강조하고 숙소 호텔 주소를 알려 주었다.

압디는 우리 숙소에서의 현금 전달에 문제가 없으며 내일 오후 1시경에 다시 협의하자고 하였다. 압디는 처음에는 해적 대리인이 강 상무 한 사람과 만나서 현금을 수령했으면 좋겠다고 하였으나 강 상무가 회장의 최종 팩스에 밝혔듯이 피터의 참여는 회장의 지시 사항이므로 이를 지키지 않으면 현금을 전달할 수 없다고 강하게 대응하였다. 이에 대해 압디는 더 이상 거론하지 않았다.

협상팀은 해적이 우리 계획에 대해 더 이상 특별한 이의를 제기하지 않았기 때문에 우리의 요구 사항을 하나씩 실현하기로 하고 끝까지 방심하지 말고 압디에게 계속 세부 사항을 확인받기로 하였다.

나는 김성섭 경정과 함께 밤늦게까지 현금 전달 과정의 안전 대책에 관해 꼼꼼히 점검하여 개인별 행동 시나리오를 작성하였다. 김 경정은 전문가로서 현장 경험을 바탕으로 실용적이며 현실적인 대안을 많이 제시하였다. 나는 무엇보다도 현금 전달 작전에 베테랑 경찰 동료가 동참한다는 데 우선 심리적으로 크게 안심이 되었다.

◈ 7월 20일(목)~7월 25일(화) 협상 요약

이렇게 7월 20일(목)부터 해적과의 협상이 급진전함에 따라 7월 25일(화) 협상의 가장 핵심적인 사안인 석방 합의 금액에 대해 최종적으로 팩스 교환을 통해 합의하였다.

그 기간 중 내가 정리한 주요 사안별 요약은 다음과 같다.

1. 석방 금액 88만 불 타결

7월 19일(수) 협상팀의 80만~90만 불 사이의 절충안 건의에 대해, 동원수산 본사는 80만 불을 계속 고수하였다.

7월 20일(목) 동원수산 본사는 회장 명의의 첫 번째 팩스로 "80만 불을 고수하며 합의가 안 되면 협상 담당인 강 상무는 협상 실패에 책임을 지고 귀국한다"라는 입장을 보냈다.

7월 21일(금) 오전 압디는 강 상무에게 강 상무 개인 거취를 문의하면서 내부 협의 후 입장을 알리겠다고 하였다.

이후 7월 24일(월) 정오경까지 3일 이상 해적과의 연락이 두절되었다. 협상팀은 나름대로 해적과의 연락 두절 상황을 분석하고 보고하였다.

해적의 연락을 기다리는 동안 동원수산 본사는 강 상무에게 85만 불, 이어 90만 불이라도 조속히 타결해 보라고 지시하였다. 나는 동원수산 본사가 하루 이틀을 못 참고 양보할 것이라면 왜 진작 협상팀의 80만~90만 불 절충안 건의를 수용하지 않았는지 이해하기 어려웠다.[48]

---

48 돌이켜 보면 이 대목에서 외교부 본부가 동원수산 본사를 좀 더 설득할 수 있었다면 바람직

7월 24일(월) 정오경 압디의 전화로 강 상무와 협상이 재개되었다.

강 상무는 가능한 한 85만 불 전후에 타결하고자 압디를 압박하였으며, 최 선장에게 82만~83만 불 선에서 합의될 수 있도록 모하메드와 압디를 설득하라고 지시하였다. 최 선장도 이에 따라 노력하였으나 해적은 저녁 늦게 동원수산 본사로 90만 불을 다시 요구하는 팩스를 보냈다. 85만~90만 불을 염두에 두었지만 명분 때문에 90만 불을 요구하는 것으로 보였다.

이어서 저녁 10시경부터 강 상무와 압디 간의 전화 협의가 있었다. 7월 25일(화)로 넘어가는 밤 12시경 88만 불에 구두로 합의하였다.

해적은 25일(화) 오후 4시경 최종적으로 88만 불을 요구한다는 팩스를 보냈다. 동원수산 본사는 오후 5시(서울 시간 7월 25일 밤 10시)에 '현금 전달 과정'과 '동원호 동시 석방'에 관한 우리 조건을 수락한다는 전제로 88만 불에 동의한다는 팩스를 송부해 최종 합의하였다.

2. 현금 전달 과정 협상 개시, 우리 계획에 따라

협상팀은 석방금 합의 전부터 석방금 합의 후에는 현금 전달 과정이 새로운 협상 과제가 됨을 충분히 인식하고 있었다.

따라서 우리 측의 석방금에 합의한다는 최종 문서에 우리 측이 그간 요구해 온 대로 1) 선원과 선박의 안전 보장, 2) 현금 전달과 동시 석방 조건은 당연히 포함시켰다. 거기에 3) 두바이에서 현금 전달 4)

했을 것으로 생각했다. 하지만 민관 합동 협상에서는 정부가 사기업에 미칠 수 있는 영향력에 한계가 있을 수밖에 없다. 이는 정부가 늘 마주치는 딜레마이자 결국 영사 조력의 한계라고 생각한다.

현금 전달 과정에 피터의 참여를 전제 조건으로 명시하였다. 이러한 조치는 결과적으로 현금의 안전한 전달 및 이후 동원호 석방 과정에 매우 주효하였다.

♦ 두바이에서 현금 전달

협상팀은 동원호와 비슷한 시기에 납치된 아랍에미리트 유조선 석방 과정의 현금 전달 방식과 과정을 계속 참고했다. 안전성 확보와 '현금 전달과 동시에 동원호 석방'을 실현하기 위해서는 현금 전달은 우리가 어느 정도 상황을 주도할 수 있는 두바이에서 반드시 이행되어야 한다고 판단했기 때문이다.

특히 김영미 기자가 '자신이 하라레레까지 현금을 운반하겠다'는 제의를 해적과 강 상무에게 한 이후에는 해적이 혹시 그러한 제의에 응할 수도 있다는 가능성을 염두에 두고 이를 반드시 차단해야 한다고 생각하였다.

7월 16일부터는 강 상무는 압디와 통화 시 기회가 될 때마다 '두바이(필요하다면 '우리 숙소'까지 언급)에서의 현금 전달'을 굳히기 위해 지속적으로 노력하였다. 그러면서도 해적이 언제라도 자신들의 사정상 잠정적인 합의를 뒤집을 수 있다고 판단하였다.

♦ 피터의 참여

나는 두바이에 도착하여 협상팀에 합류한 초기부터 해적과의 협상에 피터를 직접 참여시키는 것이 바람직하다고 판단하였다. 나는 강 상무와 피터의 의중을 계속 살펴보았으며 두 사람 모두 적극적으로 찬성하였다. 외교부 이준규 국장과 협의한 결과, 이 국장은 동원수산 본사가 반대하지 않으면 문제 없다는 입장임을 확인하였다.

나는 피터에게 해적이 그간 강 상무를 상대로 협상하다가 마지막 단계에 아시아인이 아닌 유럽인이 나타나면 경계심이 높아져 협상에 부정적인 영향이 있을지 솔직히 물었다. 피터와 토의 끝에 우리는 해적 측에 또 다른 핑곗거리를 주지 않도록 해적과 협상 과정에서 미리 시간을 두고 피터의 참여를 통보함으로써 이에 이의를 제기하지 않도록 하자고 의견을 모았다.[49]

나는 타이밍을 보다가 석방금 합의 이후 결정적인 실제 작전 (operation) 단계에 피터를 투입하는 방안이 가장 좋을 것으로 판단하였다. 그래서 석방금 합의에 관한 회장의 최종 팩스에 현금 전달 과정에 피터가 참여한다는 조건을 포함시켰다.

그 과정에서 강 상무는 나에게 동원수산 본사 지도부의 반대 가능성을 염려하고 현장에서 알아서 대응하자는 뜻을 표명하였으나, 나는 그럴 경우 만약 해적들이 실제로 피터와의 접촉을 거부하여 협상 과정에 부정적 영향을 미치게 되면, 협상팀과 본사 간의 신뢰 문제가 발생할 우려가 있으므로 협상팀의 입장을 본사와 해적 모두에게 공식화하여 대비함이 좋겠다고 설득하였다.

그렇게 절차를 밟아 동원수산 본사의 승인과 지지를 얻어 현금 전

---

49 석방금 합의 시 피터가 현금 전달 과정에 강 상무와 함께 참여한다고 해적과 합의하였음에도 불구하고, 두바이 현금 수령 대리인은 우리와의 첫 대면에서 강 상무 1인과만 만나겠다고 버텼다. 이때 강 상무가 양측 합의 이행을 이유로 강하게 설득하여 피터가 함께 참여하게 된다.

달 과정에서 피터 참여 조건을 포함시켜 해적 측에 통보하였다.[50]

3. 김영미 기자 취재 보도 문제

7월 12일 김영미 기자의 동원호 납치 현장에서의 출현 이후 김 기자의 행동과 취재 보도 문제는 협상팀을 계속 긴장시켰다. 협상팀은 동원수산 본사와 외교부에 김 기자 관련 동향과 언론 대응 요지를 계속 보고하였다.

김 기자는 앞서 기술한 대로 동원호와 하라데레에서 강 상무와 계속 통화(12일, 13일, 14일)한 데 이어, 해적의 일시적인 억류에서 벗어난 후에도 7월 15일(엘 부르 부근), 7월 16일(모가디슈) 강 상무에게 전화하여 자신이 현금 운반책 역할을 하겠다고 하였다. 해적은 7월 19일 자 팩스에서 석방금을 최 선장과 김 기자와 협의하였으며 최 선장과 김 기자가 제안(suggest)한 90만 불로 요구한다고 하였다.

해적과의 석방금을 둘러싸고 마지막 줄다리기를 하는 와중인 7월 20일(목) 밤 12시경 김 기자가 두바이에서 강 상무에게 다시 전화하여 취재한 내용을 보도하겠다고 하였다. 해적과의 협상에 전력을 집중해도 모자랄 판에 김 기자의 취재 보도가 결과적으로 협상 과정에 얼마나 부정적 영향을 미칠지 가늠하기가 어려웠다.

7월 23일(일) 김 기자는 서울에서 강 상무에게 다시 전화해 동원호 출항 시기를 묻고, 해적과 연락하겠다고 하였다. 강 상무가 왜 사실 관계를 왜곡하여 선원들이 못 먹고 있다고 거짓 보도를 했냐고 물으

---

50 돌이켜 보면 석방금 합의 이후 해적과의 협상과 상황 전개 과정에서 피터의 전체적 기여도로 볼 때 나는 이것이 매우 적절한 조치였다고 생각한다.

니 선원들이 그렇게 보도해 달라고 부탁했다고 변명하였다. 김 기자는 MBC 〈PD 수첩〉 방영 전날인 7월 24일(월)에는 강 상무에게 2번 전화하였고, 최 선장 보고에 의하면 그날 해적과도 통화하였다.

7월 25일(화) 해적과 석방금 합의 후 1시간 정도 지난 시점(서울 시간 밤 11시)에 〈PD 수첩〉이 동원호 선원들의 억류 근황과 함께 정부가 동원수산에 협상을 떠넘기는 등 안이한 대응으로 선원 석방을 소홀히 여기고 있다는 주장을 방영하였다.

협상팀은 방송 후에 행여 해적이 어떠한 경로로든 한국에서의 보도 내용을 알게 된다면 자신들의 입지가 더 커졌다고 오판하여 최종 합의를 뒤집을 가능성을 완전히 배제할 수 없다는 생각을 떨쳐내지 못하였다.

4. 현금 전달 과정 준비

협상팀은 동원수산 본사가 대사관 계좌로 이미 송금한 80만 불의 현금 인출부터 전달 과정까지 차질 없이 이행될 수 있도록 준비 사항을 계속 협의하였다. 이를 위해 동원수산 본사에서 이호남 이사가, 외교부 본부에서 김성섭 경정이 추가 파견되어 협상팀에 합류하였다. 우리 팀이 5명이 되었다.

대사관 계좌로부터 현금을 다량 인출한다면 현지에서 불필요한 오해를 초래할 가능성이 있었다. 따라서 현지 동포 기업인 계좌를 통하거나 현지 은행에 동원수산 법인 명의 계좌를 신설하여 인출하는 방안을 검토하였으나, 현지 사정 등으로 결국 2가지 방안 모두 실행이 어렵게 되었다.

이에 따라 동원수산 본사와 외교부 협의 결과, 대사관이 대사관 명의의 수표를 협상팀에 합류한 동원수산 이호남 이사에게 전달하고 이 이사가 대사관 수표를 갖고 은행에서 현금을 찾기로 하였다.

대사관에서 은행과 협의한 결과, 은행은 다량의 현금 인출인 만큼 48시간 전 통보를 요청하였다. 이에 따라 7월 25일(화) 오전 대사관을 통해 은행에 통보하였으며 목요일, 금요일이 휴일인 관계로 7월 29일(토) 오전 현금을 찾기로 하였다.

동원수산 본사는 7월 25일 해적과 최종 합의 후에 추가액을 대사관 계좌로 송금하였다. 나는 두바이 도착 후 협상 추이로 보아 추가금이 소요될 것으로 예상하여 강 상무에게 추가 소요 예상액을 미리 송금하도록 본사에 건의하여 확보해 두자고 조언하였다. 강 상무는 그대로 건의하였으나, 동원수산 본사가 해적과 최종 합의하여 총액이 정해진 후에 송금하겠다고 하여 결국 해적과 최종 합의 후에 비로소 추가금을 송금하였다.[51]

5. 미 해군과의 협조 체제 유지

협상팀은 처음부터 미 해군과의 협조 관계를 매우 중시하여 정기적

---

51 현지에서 시간 관계상 추가 송금액은 7월 29일(토)까지 물리적으로 찾을 수 없는 상황이 되었고, 외교부 본부 지시로 대사관에서 추가액을 이체해서 강 상무에게 전달하게 된다. 현장에 나가 있는 협상팀의 건의를 본부가 가볍게 받아들이면 결국 마지막 단계에 협상팀의 부담만 늘게 되는 경우가 생겨 최종적 해결에 예상치 못한 부정적 영향을 미칠 수 있다. 왜냐하면 협상을 둘러싼 다양한 요소와 예측하기 어려운 변수는 현장에 나가 있는 협상자가 가장 많이 접하게 되어 인지하고 있기 마련이며 협상자는 그렇게 상상할 수 있는 모든 불확실성을 가능한 한 줄이려고 노력하기 때문이다. 협상을 성공적으로 타결하기 위해서는 지도부 내의 정치적 문제보다는 협상 과정에서 실질적 내용의 성실한 준비와 이행이 더 중요한 법이다.

으로 연락을 취했으며, 정세 파악에 필요한 정보도 계속 확보하였다.

피터가 바레인 소재 미 해군 연락사무소(U.S. Maritime Liaison Office: MARLO)와 긴밀히 연락하고 협의하여 7월 25일 협상이 타결될 당시 다음과 같은 미 해군의 협력을 확보해 두었다.

- 미 해군으로서는 이스라엘과 레바논 간의 군사 충돌에도 불구하고 소말리아 해역의 순찰 항해를 계속하고 있음. 따라서 동원호를 위해 특정 군함을 미리 지정할 수는 없으나 동원호가 항해를 시작하면 바로 라디오나 레이더로 잡을 수 있으므로 이에 따라 조치하겠음.
- 한국 측이 가능한 한 빨리 석방 소식을 알려 주기 바라며 늦어도 12~24시간 전에 통보해 주면 소말리아 영해 밖 안전 수역까지 호위하는 등 최대한 협력을 제공할 것이며 기름 등 필요 물자도 제공할 수 있음.
- 해적들이 납치한 선박 석방 과정에서 현금 전달이 안전하고 효과적으로 이루어지는 것이 중요함. 이에 대해 몇 가지 방안에 대해 조언해 줄 수 있으며 필요하면 지원할 수 있음.

든든한 동맹이 바로 옆에서 최대한 도와주겠다고 하니 동원호가 일단 석방되어 소말리아 영해만 벗어나면 또 다른 해적에게 납치되는 불상사不祥事는 확실하게 피할 수 있으리라 생각하였다. 피터는 나에게 미군이 물자를 제공한다 해도 비용을 청구하지는 않을 것이라고 보고하였다.

주케냐 한국대사관(소말리아 관할)과도 수시로 연락하여 협상 진행 상황을 통보하고, 동원호 석방 시에는 케냐로 항해할 예정이므로 대사관에도 동시에 미 해군과의 기존 연락 체제와 협조 관계 유지 등 필요한 대비를 요청해 두었다.

6. 협상의 보안 유지와 본국인 출장 자제

김영미 기자의 취재가 국내에 보도되기 시작하면서 국내 언론사는 물론 그동안 조용했던 정부 관계부처까지 동원호 납치 사건에 관심이 높아졌다. 협상팀에게 동원호 사건에 관해 걸려 오는 전화 연락이 갑자기 늘어났다.

나와 강 상무는 각각 외교부와 동원수산 본사에 협상이 마지막 단계인 만큼 보안을 최대한 지켜야 하므로 관계부처 공무원이나 기자가 두바이에 몰려오는 일이 없도록 조치할 것을 지속적으로 건의하였다.

특히 7월 25일 최종 합의가 이루어진 후, 신속하고 안전한 해결을 위해서는 해적의 현금 수령 대리인과의 접촉에 관한 구체적인 계획이나 진행 상황이 극도의 보안이 유지되어야 했다. 협상팀의 관련 보고를 접하는 동원수산 본사와 외교부 본부의 인원을 극소수로 제한하는 등 필요한 조치를 건의하였다. 혹시라도 곧 석방될 것이라는 소문을 접한 기자들이 두바이에 올 가능성 등을 사전에 차단할 필요가 있으며 필요하다면 협상이 늦어지고 있다는 연막전술도 쓸 필요가 있다고 보고하였다.

물론 이러한 건의는 해적 대리인과의 현금 전달이 안전하고 원만하게 이루어져야 비로소 선원과 동원호가 안전하게 석방될 수 있기 때문이었다. 아랍에미리트 유조선의 경우 현금 전달 과정에 관한 협상 시작 후 실제 전달에 10일이나 걸렸다는 사실도 염두에 두어야 했다.

협상팀으로서는 안전 등 제반사항을 고려할 때 협상팀의 숙소가 최적의 전달 장소로 판단하여 해적과 잠정적으로 합의한 상황에서, 한국인 다수가 갑자기 숙소에 몰리는 것은 전혀 바람직하지 않았다. 혹시라도 해적이 숙소 내에 많은 한국인이 체류하는 것을 눈치채고 나면 자신들의 신변 안전을 우선하여 마지막 순간에 장소를 옮기자고 제의하거나, 약속 시간에 나타나지 않는 등 현금 전달 과정에 예상치 못한 차질이 생길 가능성을 우려하지 않을 수 없었다.

석방금 전달 후後 안전 석방 경위
(7월 26일~7월 30일)

협상팀은 해적과 100여 일 넘은 오랜 협상 끝에 7월 25일 석방금에 최종적으로 합의했다. 동원수산 본사와 외교부 본부와 함께 "가장 큰 고비를 넘겼구나" 하면서 안도감을 느꼈지만, 이것도 잠시였다.

서울 분위기와는 달리 협상팀은 '현금 전달과 동원호 동시 석방'을 실현해야 하는 만큼, 그간 눈에 보이지 않던 해적과 이제는 직접 대면이 불가피해진 현실을 깨닫고 긴장감이 감돌기 시작하였다.

'현금 전달과 동시 석방' 실현을 위한 대응 방향

나는 7월 12일 두바이 도착 이후 '석방금 합의 후 우리가 해야 할 일'에 관해서는 강 상무와 피터와 지속적으로 협의했다. 나는 '현금 전달과 동시 석방'을 실현하기 위한 기본적인 대응 방향을 다음과 같이 잡았다.

1) 우선 해적에게 전달할 현금을 점검 리스트에 따라 차질 없이 안전하게 확보함.
2) 본거지인 하라데레에 있는 해적(압디를 통해 두목 모하메드)과의 상시

대화와 소통으로 합의의 완전한 조기 이행을 촉구해 나감.

3) 두바이 해적 대리인과의 원만한 접촉을 통해 극도의 보안 유지 하
에 지체 없이 현금을 안전하게 전달하도록 함.

4) 미 해군과 지속적인 협조 체제하에 적시에 협력을 요청해 둠으로써
동원호가 석방 후 소말리아 영해를 벗어나면서부터 미 군함의 호위
를 받아 안전하게 케냐로 항해하도록 함.

❖ 7월 26일(수)~7월 27일(목): 석방금 합의 후
해적 대리인 대면 전까지

7월 26일(수)
현금 전달 계획

협상팀은 그간 5명(강 상무, 나, 피터, 김성섭 경정, 이호남 이사) 간의 지속
적인 협의를 통해 7월 26일 다음과 같이 현금 전달 계획을 잠정 수립
하고 해적을 계속 설득하기로 하였다.

- 전달 장소: 우리 숙소의 강 상무 방(경우에 따라서는 이호남 이사의 방).
해적이 다른 장소를 제의해도 우리는 절대로 양보할 수 없다고 결
론짓고 우리는 두바이 현지 사정을 몰라서 많은 현금을 안전하게
전달할 수 없음을 설득해 나가기로 함(나는 강 상무에게 처음부터 이 이
사 방을 강 상무 방과 바로 붙은 옆 방을 잡아 두도록 조언하였으며 유사시 대
기실로 활용하기로 하였음).

- 참여인: 각각 2명.

해적과 소통 문제가 없도록 강 상무와 함께 피터가 반드시 참여함. 해적이 강 상무 1인만을 고집할 경우, 왕 회장의 최종 서한 내용을 환기시키고 왕 회장의 지시 사항이므로 이를 어기면 돈을 전달할 수 없다는 입장을 견지함.

- 전달 시간: 7월 29일(토) 오전 빠른 시간에 두바이 내 은행에서 인출한 후, 12시~12시 30분 전후에 전달하는 일정을 추진함.

호텔 내 다수가 체류하는 시간이 주변의 시선을 끌지 않으며 우리 내부의 현금 보관시간은 가능한 한 짧을수록 바람직함. 대낮에 우리 배를 출항시켜야 미국 해군의 호위 등 안전을 최대한 확보할 수 있다고 판단함.

- 기타 준비 사항: 은행에서 다량의 현금 인출 및 은행-숙소 간 운반 과정에 생길 수 있는 문제점, 대리인이 우리를 협박하기 위한 무기 휴대 가능성, 현금만 노리고 탈취해 갈 가능성 등 여러 상황을 상상의 날개를 펴서 상정하고 이에 대해 가능한 대비를 해 나가기로 함.

7월 26일(수) 오전 9시 나는 이준규 국장에게 상기 현금 전달 계획 등 준비상황을 보고하였다. 서울에서도 현지 진행 상황에 대해 최대한 보안을 유지하도록 건의하고 현금 준비상황에 따라 7월 29일(토), 늦어도 7월 30일(일)까지 '현금 전달과 동시 석방'을 실현하는 목표로 준비하고 있다고 보고하였다.

이 국장은 마지막 단계에 최선을 다해 달라고 격려했다. MBC 〈PD 수첩〉 보도와 관련해서는 본부에서 여야 정치권에 대한 적극적인 설명으로 전반적으로 수긍하는 분위기이며 언론에도 계속 보도 자제를 요청하는 등 적절히 대응하고 있다고 전했다.

현금 수령 대리인의 첫 번째 전화

오전 11시경 압디가 강 상무에게 전화하여 두바이의 현금 수령 대리인(이하 '대리인'으로 호칭)의 전화번호를 알려 주었다. 압디는 "내일 27일 전달하면 안 되겠느냐?"고 물었으며 이에 대해 강 상무는 "다량의 현금을 당장 준비할 수 없는 상황"이라고 대답하였다. 해적도 속전속결을 원하는 것 같았다.

잠시 후 11시 5분 두바이 대리인으로부터 강 상무에게 전화가 왔다. 상호 신원을 확인하였으며 대리인이 다시 전화하겠다고 하였다. 이로써 두바이에서 대리인과의 첫 번째 전화 접촉이 이루어짐에 따라 일단 두바이에서의 현금 전달 1단계가 순조롭게 진행되었다.

한편 이러한 해적 측이 내일 현금 수령을 희망한다는 입장을 확인한 후에, 나는 11시 20분 대사관 김 참사관에게 바로 연락했다. 내일이 휴일임을 감안하여 오늘 중으로 현금 인출이 가능한지 은행과 바로 협의하기를 요청하였다. 얼마 뒤에 김 참사관은 은행이 오늘 다량 현금 인출은 물리적으로 어렵다고 회신했음을 알렸다.

대리인의 두 번째 전화

12시경 대리인이 강 상무에게 두 번째로 전화하였다. 강 상무는 오늘 우리 숙소에서 만나자고 제의하였다. 대리인은 오늘은 일단 어렵고 7월 28일(금)이 좋겠다고 하면서 다시 전화하겠다고 하였다.

압디는 내일이라도 현금을 받겠다고 한 반면, 두바이 현장에 있는 대리인은 신중하게 접근하고 있다고 느꼈다. 대리인이 우리 숙소에서 만나기를 거부할 수 있으며 내일도 아니고 이틀 후인 28일에 만나자고 하니 현금 전달이 늦어질 수 있다는 생각에 약간 불안감을 느꼈다.

12시 15분 나는 바로 이준규 국장에게 전화 보고하였다. 대리인과 연락이 닿았으며 28일(금) 중 대면(face to face) 만남을 추진하고 있고 순조롭게 진행된다면 29일(토) 정오경 현금 전달 계획을 추진하겠다고 보고하였다. 이 국장은 "일단 진전이 있어 좋다"라고 하였다.

12시 30분 협상팀(5명)은 대리인과의 '7월 28일 접촉' 계획을 협의하여 다음과 같이 추진하기로 하였다.

1) 강 상무가 호텔 로비에서 만나 잠시 대화를 나눔. (김 경정은 눈에 띄지 않는 곳에서 대리인을 관찰하고 동행인 등이 있는지 등을 파악)

2) 강 상무가 대리인을 강 상무 방으로 안내하고 피터와 함께 만나야 한다고 설명함.

3) 대기하고 있던 피터가 합류하여 인사를 나눔.

4) 현금 전달 과정 협의. (우리 측은 '현금 전달과 선박 동시 출항의 조건이 이루어지지 않으면 돈을 전달할 수 없음을 설명함)

대리인의 세 번째 전화

1시 30분경 대리인은 강 상무에게 세 번째 전화를 하여 7월 28일 (금) 우리 숙소에서 강 상무를 만나겠다고 알렸다. 우리의 제의에 따라 대리인이 우리 숙소로 오겠다 하니 우리 계획대로 또 한 보步 진전을 이루었다.

나는 다시 오후 2시 이준규 국장에게 '28일 강 상무와 대리인 간 우리 숙소에서의 만남'에 일단 합의하였다고 전화로 보고하였다. 대사관과 현금 인출 문제를 협의하고 있으며 일단 29일(토) 정오를 상정한 현금 전달 계획에 차질이 없도록 준비하고 있다고 설명하였다. 이 국장은 대사관에 필요시 추가로 소요되는 현금 이체 등 최대한 지원을 해 줄 것을 지시하였다고 하였다.

숙소-은행 간 현장 답사

오후 5시부터 7시까지 협상팀은 숙소에서 대사관과의 협의에 이어 숙소와 은행 간 현금의 안전 운반을 위해 답사를 시행하였다.

협상팀은 대사관 김종근 참사관, 손용호 영사 등 3명과 현금 인출과 운반 대책에 관해 협의하였으며 대사관 측은 이호남 이사 앞으로 대사관 명의의 수표를 전달하였다. 이어 '29일 당일 현금 인출 및 운반 과정'에 실제로 참여할 이호남 이사와 김성섭 경정이 손 영사 등 대사관 직원과 함께 현장 답사를 하였다. 이동 경로, 소요 시간, 안전 요소 등을 점검하였다. 숙소에서 5킬로미터 정도 떨어진 은행이라서 30분을 잡았으나 차가 많이 밀려 1시간 30분이 소요되었다.

답사 후 김 경정은 나에게 실제 답사를 해 보지 않았다면 차질을 초래할 수도 있었겠다고 보고하였다. 혹시 현금 도착이 늦어져 해적에게 전달이 늦어질 경우 불필요한 오해가 생겨 전체 과정에 차질이 생길 수 있다. 중요한 작전에는 사전 예행 연습이 반드시 필요한 법이다. 그래야 예상하지 못한 일이 생겨도 바로 대응할 수 있어 최악의 상태를 막을 수 있다.

보안 대책 수립

7월 26일 협상팀 내부 협의와 대사관과의 업무 협의를 통해 대사관 측에도 진행 상황에 대한 절대 보안을 요청하였다.

협상팀의 보안 대책을 다음과 같이 수립했다. 각자 이를 명심하기로 하고 동원수산 본사와 외교부에 보고하였다.

1) 이제 대리인과의 접촉이 시작됨에 따라 해적들이 우리 숙소의 소재지를 알게 되었음을 감안할 때, 이제부터 해적들이 협상팀의 행동을 파악할 수 있다는 것을 명심하여야 함.

2) 대리인이나 그 부하들이 숙소 내에서 손님을 가장하여 우리의 행동을 지켜볼 가능성이 있음. 그들이 혹 경계심을 높여 우리와의 접촉을 위험하게 보고 꺼림으로써 협상 마무리가 지연되는 일이 없도록 매사에 신중하게 행동하기로 함.

3) 따라서 협상팀 여러 명이 함께 행동하는 것을 되도록 삼가기로 함. 예를 들어 식사는 각자 방에서 하기로 하고, 식당 이용의 경우에는 각각 다른 식당에서, 같은 식당에서도 다른 좌석에 착석하기로 함.

4) 해적과의 통화 이외 특별한 경우를 제외하고는 제삼자와 통화는 최대한 자제하기로 함. 본국과의 통화, 메일, 팩스는 최소한으로 줄이며, 보고 시에는 간단히 전화로 보고하도록 함.

❖ 7월 27일(목)

나는 협상 팀원 간의 지속적인 의견 교환으로 나름대로 다양한 경우를 대비하였다. 하지만 여전히 상대가 예측하기 어려운 불법 단체인 해적이며 기존 합의를 언제라도 뒤집을 수 있는 만큼, 예상하지 못한 일들이 발생할 수 있다는 생각을 내내 떨쳐내지 못하였다.

유명환 제1차관 전화

밤새 갖가지 상황을 상상하면서 뒤척이다가 아침 6시에 유명환 외교부 제1차관의 전화를 받았다.

유 차관은 고생이 많다고 격려했다. 서울은 MBC 〈PD 수첩〉 보도로 조금 시끄럽지만,[52] 동원수산 본사가 MBC에 항의한 후에 많은 언

---

52 동원호 석방 후 7월 31일에 귀국해 보니 〈PD 수첩〉 방영으로 "조금 시끄럽지만" 정도가 아니었음을 알게 되었다.

론이 다소 톤을 낮추어 동원호 사건을 다루고 있다고 하면서, 해적과
의 협상 상황을 문의하였다.

나는 지금까지의 과정을 보고하고 우리 계획대로 순조롭게 진행된
다면, 내일 28일(목) 대리인과 대면 접촉하고 29일(금) 12시~1시 사이
에 현금을 전달할 계획이라고 했다. 해적이 우리의 '현금 전달과 동시
석방' 요구를 이행한다면 29일 오후 3시~4시 사이(서울 시간 저녁 8시~9
시 사이)에 동원호가 석방될 가능성이 있을 것으로 본다고 보고하였다.
우리가 우선 두바이 대리인의 경계심을 풀어주면서 현금이 안전하게
전달되도록 하고 마지막까지 '현금 전달과 동시 석방' 요구가 관철되
도록 최대한 노력해 나가겠다고 보고하였다.

유 차관은 외교부 본부뿐 아니라 퇴직한 모 대사도 같이 동원수산
본사와 긴밀히 협의하고 있다고 했다. 동원수산 본사의 여러 희망 사
항은 조 대사가 현지에서 종합적으로 판단하여 대응하라고 지시하고,
동원호가 안전하게 석방될 때까지 계속 수고하라고 격려해 주었다.

대리인 대면 접촉 시 대응 방안 수립

오전 협의에서 협상팀은 다음날 7월 28일 대리인과의 대면 접촉 시
대응 방안을 다음과 같이 수립하고, 각자 자신의 역할을 확인하고 이
에 따라 행동하기로 하였다.

1) 대리인 대면 협의 시 행동 지침 및 우리 입장 전달
- 신원 확인: 서로 만나면 압디에게 전화하여 상호 간 신원 확인.

- 우리의 기본입장: 안전하고 신속한 거래(safe and rapid transaction).
- 우리의 양보할 수 없는 조건: '현금 전달과 선원, 선박 동시 석방'.
- 4자 간 통신망 확인: 현금 전달 당일 4자(압디, 대리인, 최 선장, 강 상무) 간 통신망이 제대로 작동되도록 차질 없이 준비할 것을 요구. 4자 통신망이 확보되지 않으면 현금을 전달할 수 없다는 입장을 확실히 전달.
- 현금 전달 시간 및 장소: 7월 29일(토) 12시~12시 30분경 강 상무 방에서 현금 전달.

2) 각자 업무 지속 수행
- 강 상무: 압디, 최 선장, 두바이 대리인과 수시 연락하여 '7월 29일 현금 전달' 계획 상호 확인 및 필요 조치 촉구 후 확인.
- 피터: 대리인 대면 접촉 시부터 강 상무 협상 지원 및 미 해군과의 연락 체제 유지.
- 김 경정: 보안 조치 및 현금 인출 및 운반 준비 계획 점검.

이어 대사관에 연락하여 7월 29일(토) 두바이 은행에서의 현금 인출에 차질이 없도록 은행 측에 확실한 협조를 계속 확인하도록 요청하였다. 대사관은 작일 26일(수) 은행에 '29일 인출' 계획을 통보하고 최대한 협조를 요청해 두었기 때문에 29일 당일에 문제가 없을 것이라고 알려 주었다.

오전 10시경 나는 강 상무와 다시 협의하였다.

강 상무가 압디, 최 선장, 대리인과의 통화를 계속 시도하여 모두에게 '7월 29일 현금 전달' 계획을 전달, 확인하고 이에 따라 준비해 줄 것을 요구하기로 하였다. 이어 그들의 반응을 보면서 함께 전체 과정을 계속 점검해 나가기로 하였다. '현금 전달과 동시에 동원호 석방'을 위해 피아彼我 참여자 모두에게 일정과 행동 계획을 알리면서 전체 상황을 주도하자는 의도였다.

강 상무는 동원수산 왕 회장의 아들인 왕기주 사장이 두바이에 와서 협상팀과 합류할 예정이며 현금 전달 현장에 참여할 의도가 있는 것 같다고 알려 주었다. 나는 강 상무에게 왕 사장이 오면 그간 협상 경위를 상세히 설명해 주고 협상팀이 준비한 시나리오에 따라 추진할 것을 권유하겠다고 하였다.

해적이 현금 전달 자리에 강 상무 이외에 피터의 참여에 대해서도 아직 확실한 동의를 표명하고 있지 않은 상황이었다. 만약 왕 사장이 현금 전달 자리에 참여하겠다고 하여 우리 측이 다시 해적에게 우리는 3명이 참여하겠다고 제의한다면, 강 상무와의 1대1 거래를 원하고 있는 해적이 동 제의를 거부할 가능성이 매우 크다고 예상하였다.

나는 현금 전달 과정부터 피터를 반드시 참여시켜야 한다고 마음을 먹었다. 결국, 선주 측에서 1명, 즉 강 상무와 왕 사장 중 한 명만 참여하여야 한다면 그간 협상에 직접 참여해 왔고 현금 전달 전에 압디와 3자 간 확인을 위해서는 당연히 강 상무가 참여하는 것이 맞다고 판단하였다. 마지막 단계에 한 치라도 차질이 생겨 현금 전달 과정에 문제가 생겨 석방 시간이 늦어져서는 안 된다고 생각하였다.

나는 10시 40분 이준규 국장에게 전화하여 협상팀의 추진 계획을 상세히 보고하였다.

최종 단계에 두바이에 오는 왕 사장의 역할과 관련하여, 동원수산 본사가 마지막까지 협상팀에게 최대한 힘을 싣기를 바란다고 전해줄 것을 건의하였다. 이 국장은 동원수산에 전하겠으니 협상팀의 현지 판단에 따라 진행하라고 지시하였다.

정오경 협상팀 협의에서는 7월 28일 및 29일의 각자 위치 및 행동 계획을 다시 점검하였다. 5인 각자가 자신의 행동 계획은 물론, 다른 4인의 행동 계획도 완전히 숙지하기로 하였다. 그래야만 만약에 예상하지 못한 상황이 발생할 경우에도 함께 대응할 수 있기 때문에, 5인 간의 지속적인 소통이 매우 중요하였다.

오후 4시 30분 강 상무는 압디와 최 선장과의 통화를 계속 시도했으나 통화가 안 된다고 하였다. 두바이 대리인에게도 전화를 계속 시도하였으나 받지를 않았다. 두바이 대리인이 자신들의 안전을 고려하여 전화번호를 바꾼 것이 아닌가 의심하였다.

오후 5시 나는 피터에게 미 해군 연락사무소에 연락하여 대외 보안을 전제로 현 진행 상황을 알리고, 앞으로 2~3일 내에 군함 호위를 요청할 가능성이 있다고 전하라고 지시하였다. 그리고 피터와 함께 명일 현금 수령 대리인과의 대면 접촉 시 우리가 압디와 대리인 모두에게 반드시 확실히 해야 할 조건과 시나리오에 대해 다시 한번 점검하였다.

두바이 대리인과 7월 27일 중 첫 통화

오후 8시 30분 강 상무가 계속 통화를 시도했던 대리인과 통화가 되었다.

대리인은 어제 26일 이루어진 강 상무와의 3번 통화에 이어, 27일 중에는 첫 번째 통화였다. 대리인은 명일 28일 오전 중에 전화를 다시 주겠다고 하였다. 강 상무는 대리인이 통화 끝에 "인샬라"[53] 라고 하였다면서 통화로 느끼기에는 대리인이 우호적인 것 같다고 하였다. 대리인과 다시 통화가 되어 다행이었다.

대리인이 전날 강 상무와 3번 통화한 후에 자신의 안전을 위해 대리인이나 그들의 조직원이 오늘 중 우리 숙소에 일반 투숙객이나 방문자처럼 와서 숙소 주변의 경찰 동향이나 숙소 내에 아시아인들의 특이한 거동이나 상황은 없는지를 살펴봤을 것 같은 느낌이 들었다.

그들이 일정한 시간을 끄는 이유는 그들도 신변 안전이 최우선일 테니 인질로 잡힐 가능성도 우려하여 자신들의 안전을 계속 확보하고 우리 동정을 살펴보는 과정으로 이해하였다. 우리는 그들을 인질로 잡을 생각은 애초부터 없었으니 그들이 우리와의 대면을 빨리 결심하기를 바랄 뿐이었다.[54]

---

53   이슬람교도의 관용구로서 〈만약 신이 원한다면〉이라는 뜻이다. 미래에 예정된 행위나 약속은 자기 한 몸으로 되는 것이 아니라 모두 신의 허락이 있어야 비로소 가능해진다는 신앙을 표현하는 말이다(종교학 대사전).

54   돌이켜 보면 7월 27일 목요일 하루는 대리인이 현금을 안전하게 수령하기 전에 우리와 첫 대면을 위해 자신들의 안전을 확보하기 위한 준비 기간이었던 것이다.

❖ **7월 28일(금)**

현금 전달 시나리오 점검

아침 일찍 협상팀이 모여 그간 협의해 온 시나리오에 따라 각자 업무를 점검하였다. 강 상무는 밤새 동원수산 본사와 협의하느라고 한숨도 잘 수 없었던 것 같았다. 나를 보면서 "돌아 버리겠다"라고 하길래 "강 상무가 돌아 버리면 우리 전체가 돌게 되니 선원들을 안전하게 풀고 나서 함께 돌자"라고 농담을 던졌다. 모두 함께 웃었다.

나는 오늘 예정된 대리인과의 첫 번째 접촉 장소는 대리인이 어떤 요구를 해도 투숙객과 일반인이 다수 왕래하고 안전이 확보되어 있는 우리 숙소를 고수하며 먼저 로비에서 만난 후 가능한 한 강 상무 방으로 안내한다고 확인하였다. 첫 번째 대면 접촉부터 우리의 양보할 수 없는 조건에 대해서는 단호한 입장을 전달하는 것이 매우 중요하다고 판단했다. 대리인이 혹시 강 상무 방에는 못 가겠다고 하면 별도의 장소로 이호남 이사의 방이나 피터의 방을 제의하자고 하였다.

오전 9시 나는 이준규 국장에게 전화를 하여 진행 상황을 보고하였다.

우리 준비도 순조롭게 진행되고 있고 대리인과의 전화 접촉이 이어져 전반적으로 분위기는 일단 나쁘지 않다고 설명하고, 현재 대리인의 전화를 기다리고 있으며 이미 보고한 대로 현금 전달 일정은 내일 29일(토) 정오부터 1시 사이를 목표로 하고 있다고 보고하였다. 이 국장은 계속 수고해 달라고 하였다.

오전 10시 나는 김 경정과 이 이사와 함께 명일 현금 인출 및 운반 시나리오를 다시 한번 점검하였다.

현금 인출 과정을 점검하던 중 나는 대사관 직원 2명이 은행에서 현금 인출을 도와준 후 숙소에 돌아오면 하차할 필요가 없으며 우리 팀(이 이사, 김 경정)만 현금 가방을 들고 하차하는 것이 좋겠다고 판단하였다. 숙소 내에서 4명이 함께 움직이는 것이 남들 눈에 쉽게 띌 수 있으며 혹시 미리 와 있을 수 있는 대리인의 조직원들이 경계할 수도 있겠다고 생각하였다. 김 경정에게 그렇게 대사관 측과 행동 계획을 협의하라고 지시하였다.

대리인, 강 상무에게 대면 전前 전화

오전 11시 20분 대리인이 강 상무에게 전화하자마자 강 상무에게 말할 기회도 주지 않은 채 오후에 다시 전화하겠다고 하면서 바로 전화를 끊었다. 해적 측도 우리와의 첫 번째 대면에 무척 긴장하고 있으며 우리와의 통화 가능 여부를 확인하면서 자신들의 안전에 최대한 신경을 쓰고 있음을 알 수 있었다.

오전 11시 40분 우리 협상팀 5인이 다시 모였다.

대리인과의 대면 면담이 곧 이루어질 것이라는 예상 하에 대리인에게 전할 최소한의 요구 조건을 다시 한번 확인하고 대리인의 확실한 신원 확인을 위해 압디와의 통화로 3자 간 통화가 필수적이며 필요시 전화로 3자 간 협의도 진행하자고 하였다.

이 자리에서 강 상무가 현금 전달 시에 왕기주 사장이 증인으로 참여하고 싶다는 입장이라고 하면서 대리인에게 우리 입장을 어떻게 전해야 할지 정식으로 문제를 제기하였다. 대리인과 첫 번째 대면 접촉 전에 협상팀 입장을 분명하게 하자는 뜻이었다.

나는 해적 측이 아직 피터의 동석 여부에 대해 분명한 답을 주지 않은 상황에서 우리 측 참여자를 또 한 명 늘려 다시 3명을 제의하는 것은 해적에게 또 다른 의심과 핑곗거리를 줄 수 있으니 계획대로 강 상무와 피터 2명 참여방안을 추진하자고 제의하였다. 이어 왕 사장이 오면 내가 협상 진행 상황을 설명하겠다고 하였다.

나로서는 해적과 합의한 대로 이행하는 과정에도 불가피한 상황 발생이나 해적의 변심 등에 따라 예상하지 못했던 변수가 언제라도 발생할 수 있다고 우려하였다. 따라서 마지막 단계에서 해적과의 합의 사항이자 우리가 제기한 가장 중요한 조건(돈 전달과 동시에 선원의 안전 석방) 실현에 조금이라도 부정적인 영향을 미칠 수 있을 상황을 우리가 스스로 만들 필요는 없다고 판단하였다.

한편 강 상무는 동원수산 본사에서 동원호 석방 후 행선지를 케냐 몸바사 또는 인도 뭄바이로 정할 예정이라고 말하였다.

정기홍 서기관 통화

12시 55분 외교부 재외국민보호과 정기홍 서기관이 나에게 전화를 하였다. 동원호 납치 사건 발생 후 이영호 과장과 함께 지난 4개월 가까이 석방 교섭을 위해 밤낮없이 최선을 다해 업무 실무를 담당해 온 성실한 직원이었다.

정 서기관은 협상팀의 그간 성과에 감사하다고 하면서 미국 정부가 레바논 소재 미 해군이 현지에서 우리 협상에 지대한 관심을 갖고 있으며, 최대한 협력을 제공하겠다는 입장을 알려왔다고 전했다. 이에 따라 협상팀이 현지에서 그간 미 해군 연락사무소와의 협조 체제를 계속 유지하여 긴밀히 연락하면 좋겠다고 하고, 동원호 석방 후 행선지를 물었다.

나는 협상팀이 미 해군과 계속 긴밀히 연락하고 있다고 설명하고 동원호의 행선지는 인도 뭄바이나 케냐 몸바사를 검토한다고 들었다고 전하고 동원수산 본사와 협의해 보라고 하였다. 아울러 정 서기관이 그간 선원들의 안전 석방 교섭을 위해 불철주야 고생이 많았다고 하고, 며칠만 참고 끝까지 잘해 보자고 하였다.

해적에게 차질 없는 준비 촉구

오후 1시 강 상무가 압디와 통화하였다.

내일 현금 전달 계획을 설명하고 현금 전달 과정에서 압디와 최 선장과의 통화가 반드시 이루어져야 하므로 과거와 같이 통화가 끊기는 일이 없도록 오늘과 같이 원만한 통신 체계를 확보하고 대리인과의 연락에 있어서 차질 없이 준비해 달라고 하였다. 이어 양측 합의대로 '현금 전달 시 동원호가 동시 석방'되어야 하니 출항 준비를 조속히 마치라고 요구하였다.

압디는 우리 조건을 수락한다고 하면서 동원호의 출항 준비는 끝났다고 말하였다.

특히 강 상무는 그간 압디와의 통화가 수시로 끊기는 일이 있었기 때문에 내일 그런 일이 발생하지 않도록 압디의 최대한 주의를 촉구한 것이었다.

대리인 2명과 1차 대면(오후 2시 13분~4시 15분)

김 경정은 오후 1시경부터 숙소 호텔 로비의 커피숍에서 한 층 높이의 강 상무 방을 조망할 수 있는 자리를 잡고 호텔 현관의 내방객을 일일이 주목하면서 강 상무 방을 주시하고 있었다.

오후 2시 대리인이 강 상무에게 호텔에 곧 도착한다고 전화를 하였다. 강 상무는 로비로 내려갔다.

오후 2시 13분 김 경정은 대리인 2명이 나타나서 로비에서 강 상무를 만났다고 나에게 보고하였다.

한 사람은 건장한 체격으로 흰 모자 모양의 터번(turban)을 쓰고 아랍 전통 복장을 한 40대 후반으로 보였으며, 또 다른 사람은 통역으로서 한쪽 다리를 저는 30대 중반의 왜소한 장애인이었다. 김 경정은 나중에 나에게 "해적들과 유사시에는 한판 붙을 수도 있다는 상상을 해봤는데 막상 두 사람을 보니 저 정도라면 자신 있다는 생각이 들었다"고 했다.

♦ 피터, 대면 협상에 합류

오후 2시 15분 강 상무는 대리인 2명을 자신의 방으로 안내하여 협의를 시작하였다. 그들이 특별한 저항 없이 강 상무의 방으로 따라가 주어 다행이라고 생각했다. 우리의 시나리오대로 또 한 보步 나간 셈이었다.

대리인은 처음에는 다른 사람 입회 없이 강 상무 1인과만 협의하겠다고 계속 주장하였다.

나는 대기중인 피터가 강 상무 방에 들어가지 못하고 있는 상황이 심각하다고 판단하였다. 2시 53분에 강 상무에게 전화를 하였다.

대리인들이 강 상무 한 사람하고만 거래하고 싶다고 계속 버티고 있는 상황임을 파악하고, 강 상무에게 최종 합의 시 해석 두목 모하메드가 동의한 사안인 만큼 이를 받아들이지 않으면 더 이상 거래를 진행할 수 없다고 강경히 대응하라고 조언하였다. 강 상무는 지속적으로 대리인을 설득하였으며 대리인은 피터의 합석에 결국 동의하였다.

이에 따라 오후 3시 15분 피터가 강 상무 방에 들어가 2대2 협의를 시작하였다. 피터가 강 상무와 함께 해적과의 직접 협상에 처음으로 참여하게 되었다. 우리 시나리오에 따라 또 한 보步 진전이 있었다.

♦ 신원 확인

우선 강 상무가 압디에게 전화하였다. 압디는 두 사람이 자신들의 대리인임을 확인하였다. 이에 따라 3자 간 신원이 확인되었다.

♦ 현금 전달 시점

우리 측은 그간 압디를 통해 두목 모하메드에게 여러 차례에 걸쳐 밝히고 회장의 최종 서한에 명시했듯이 "내일 배가 안전 출항한 것을 최 선장에게 확인한 후에 돈을 전달하겠다"라고 제의하였지만, 대리인은 자신들을 믿고 돈을 먼저 달라고 요구하였다. 그 이유는 자신들이 돈을 받아 은행을 통해 송금할 시간이 필요하기 때문이라고 하면서 은행 송금 후 배를 풀어주겠다고 하였다.

이에 대해 우리 측은 그러한 제의는 받아들일 수 없다고 하고 동원수산 본사 회장에게 보고한 후 협의하자고 하였다.

♦ 현금 전달 장소

대리인은 현금을 우리 숙소 호텔에서 25킬로미터 떨어진 대리인의 숙소로 가져올 것을 제의하였다. 우리 측은 그 자리에서 단호하게 거절하고 내일 12시 30분경 이 자리(강 상무 방)에서 현금을 전달하겠다고 강하게 대응하였으며 결국 대리인은 이를 받아들였다.

협의 중에 대리인은 현금을 아랍에미리트연방의 공식 화폐인 '디르함(dirham)'으로 요구하였으나 우리 측은 미국 불화로 양측이 합의하였으니 미국 불화로 준비하겠다고 하였다. 대리인은 더 이상 요구하지 않았다.

양측은 각각의 기본 입장을 다시 확인하였으며 4시 15분 대리인들은 강 상무 방을 떠났다.

오후 4시 20분 호텔 로비에 대기 중인 김 경정은 대리인 2명이 호텔 입구에서 차량으로 출발하는 것을 확인하였다. 김 경정의 관찰에 의하면 그들은 흥분하여 돌아가고 있는 듯 보였다고 했다. 김 경정은 차량 번호를 적어 두었다.

협상팀 대책 협의

4시 30분 협상팀은 다시 모여 대리인과의 면담과 행동 관찰 결과를 공유하면서 대응안을 협의하였다.

우선 해적의 대리인이라는 신원을 확인하였으며 '현금 전달 과정부터 피터 합류', '강 상무 방에서 현금 전달' 등 우리 요구 조건이 대부분 관철된 데 대해 안도하였다.

대리인 2명은 호텔 도착부터 출발까지 별로 불안감 없이 행동하였으며 제삼자 대동 없이 2명만 온 것처럼 보였다.

김 경정의 관찰 결과를 듣고 대리인 2명의 외모나 행동, 특히 그중 1명이 장애인인 것을 보아, 적어도 우리가 상상해 보았던 현금 강탈이나 폭력 사태 등 불상사는 일어나지 않을 것으로 기대되어 다소 안심할 수 있었다.

관건은 현금 전달 시점

이제부터 협상의 관건은 현금 전달 시점이었다. '진실의 순간(moment of truth)'이 온 것이다.

우리는 이제 현실을 냉정하게 살펴볼 때가 왔다는 데 인식을 공유했다. 해적이 과거에 몸값을 받기 전에 배를 먼저 풀어준 적은 없으며 우리의 경우에도 우리가 일관되게 '현금 전달 시 동시 석방'을 요구하였음에도 불구하고 선원과 배를 먼저 풀어줄 가능성은 없다는 데에 의견이 일치되었다.

다만 돈을 전달한 후에 선원과 배가 풀리지 않을 가능성에 대해 협의해 본 결과, 피터는 해적의 그간 행태로 보아 그들도 일종의 비즈니스를 한다고 생각하고 있는 만큼 일단 돈을 받으면 반드시 선원과 배를 풀어줄 것으로 본다고 개인적 의견을 피력하였다. 나는 해적이 일단 돈을 받은 후에 또 추가로 돈을 요구할 가능성을 제기하였다. 이에 대해서는 모두 예단할 수 없을 것 같다는 의견이었다. 상대가 해적인 만큼 모든 가능성에 대비해야 했다.

그러나 현 단계에서는 아직 시간이 있으므로 압디와 대리인에게 '현금 전달과 동시 석방'을 계속 요구하여 압박을 가해 나가기로 하였다.

피터, 해적과 직접 협상 참여

또한 해적과의 협상이 마지막 단계로 소통에 한 치도 오해가 있어선 안 되는 만큼 강 상무의 양해를 구한 후에 이제 현금 전달 과정부터 해적과의 협상에 피터도 함께 참여하기로 하였다. 우리 3인 간에 그간 지속적인 대화와 소통으로 쌓아 온 신뢰의 결과였다.

♦ 패키지 딜(package deal)임을 설득 노력

오후 5시 15분경 피터는 압디에게 처음으로 전화를 걸었다. 피터는 자신을 소개하고 대리인과의 협의 결과를 알려 주었다. 해적 두목 모하메드와 동원수산 왕 회장 간에 있었던 '석방금 88만 불'과 '현금 전달과 동시에 선원과 선박 석방 조건' 합의는 패키지 딜이므로 함께 이행되어야 한다고 강조하고 합의 그대로 약속을 지켜 달라고 요구하였다. 그렇지 않으면 왕 회장이 돈을 전달하지 말라고 할 것이라고 전하였다.

이에 대해 압디는 대리인 2명 중 한 명은 돈을 받아 나가고 다른 한 명은 배가 석방될 때까지 동원수산 측과 같이 대기하는 방안을 제시하면서 대리인과 협의해 볼 것을 제의하였다. 제의가 과연 진정성이 있는 것인지 가늠하기 어려웠으나 적어도 우리와의 약속을 지키려고 한다는 자세는 엿볼 수 있었다.

압디와의 통화 후에 나는 피터와 강 상무와 함께 여러 방안을 협의하였다. 다음 2개 방안을 추진해 보기로 하였다. 1) 압디의 아이디어에 따라 먼저 떠나는 대리인에게 현금의 50%를 먼저 주고 대기하고 있다가 출항 후에 남은 대리인에게 남은 50%를 주는 방안, 2) 현금 전달 전에 먼저 출항은 못 하더라도 선상의 행동대원이 문제를 일으킬 수 있음을 감안하여, 선상에는 압디만 있고 행동대원 전원이 배를 떠났음을 확인한 후 현금 전부를 건네는 방안이었다.

이후 저녁 6시 10분부터 9시까지 피터는 압디와 여러 차례 통화하여 협상을 진행하였다. 통화가 끝나면 바로 협상팀이 대책을 협의하여 우리 입장을 세우고 이에 따라 다시 피터가 전화하여 제의하고 협의하는 형식으로 협상을 이어갔다.

피터는 상기 2개 제안을 강하게 주장하였으나 압디는 우리 측의 방안에 대해 약간의 공감을 표시하면서도 결국 2개 제안 모두 받아들이기 어렵다고 거부하였다.

압디는 자신이 당초 제의한 대로 대리인 2명 중 1명은 현금 전부를 받아서 가고 1명은 우리와 함께 남는 방안으로 추진하자고 하였다. 자신들의 시스템을 믿어 달라고 하고 리더(두목인 모하메드를 의미)가 결정하면 다 따르게 되어 있으며 명일 모하메드와 자신이 직접 승선하여 행동대원을 하선하도록 할 것이라고 언급하였다.

♦ 해적 대리인 시아드와 통화

피터와 여러 번 통화 중에 압디는 자신의 전임자인 나이로비에서의 초기 협상 대리인인 시아드(Siad)[55]에게 접촉하여 자신들의 입장을 확인해도 좋다고 하였다.

나는 해적과의 최종 합의 내용을 그간 우리가 접촉한 해적 관계자 모두와 공유하는 것이 반드시 필요하다고 판단하고 있었기 때문에 압디의 제안을 바로 받아들여 시아드에게 확인하는 것이 좋겠다고 생각하였다.

저녁 7시 30분 피터는 강 상무와 나와 협의한 후에 시아드와 통화하였다.

시아드는 압디와 협의한 후 전화를 주겠다고 하고 1시간이 지난 후 피터에게 전화를 걸어왔다.

시아드는 행동대원을 포함한 해적 전원이 '88만 불 합의' 내용을 다 알고 있으며 만족하고 있다는 사실을 전해왔다. 피터는 시아드에게도 '현금 전달과 동시 석방'이 이루어지도록 두목 모하메드를 설득하도록

---

55 4월 4일 동원호 납치 사건 발생 직후에 소말리아 과도정부의 개입으로 해적은 대리인 시아드를 나이로비로 파견하여 동원수산과 협상을 시작하였으나 성과를 거두지 못하였다. 시아드는 소말리아 중부 '갈카요(Galcayo)' 소재 호텔의 지배인이며 해적의 리더 중 한 명인 행동대장 '모하메드 가라드(Mohammed Garaad)'의 삼촌으로 알려졌다.

요청하였다.

앞으로 시아드와의 접촉 유지는 현금 전달 후에 혹시 해적의 내분으로 우리 선원과 배가 풀려나오지 못할 가능성을 감안할 때, 해적의 모든 채널을 동원하여 압력을 가해 나간다는 의미에서 유용하다고 판단하였다.

최 선장, "돈을 먼저 주어도 문제가 없을 것 같다"

저녁 8시경 최 선장이 강 상무에게 진화하였다.

"돈을 먼저 주어도 문제가 없을 것 같다. 해적들이 내일 아침 7시부터 움직이겠다고 한다"라고 알려 왔다. 최 선장은 100여 일 넘게 안전 문제에 심각한 위협 없이 해적과 지내면서 일종의 신뢰 관계가 생긴 것으로 느껴졌다. 그가 일단 해적 두목 등 지도부와 원만히 소통하고 있다는 현장 분위기에 다소 안심이 되었다.

8시 30분(서울 시간 29일 새벽 1시 30분) 요기하고 있는데 이준규 국장이 나에게 전화를 하였다. 나는 협상 진행 상황을 설명하고 해적 측과 명일 '현금 전달 시 동시 석방'을 실현하기 위한 구체 과정에 관해 계속 협상하고 있다고 보고하였다.

현금 전달 후 1명 남기로 합의

9시경 피터와 압디는 마지막 통화에서 현금은 대리인 중 연장자(old man)에게 전부 전달하되, 영어 소통에 문제가 없는 젊은 대리인(young man)이 남아 있다가 배가 안전하게 출항했음을 확인한 후 호텔을 떠나기로 합의하였다. 피터는 우리와 함께 남아 있는 젊은 대리인의 대기 시간이 가능한 한 짧아야 함을 강조하고 이러한 양해 사항을 두바이 대리인에게 확실히 전하도록 요청하였다.

피터는 3시간에 걸친 압디와 시아드와의 수 차례 통화 후에, 나에게 해적이 진지하게 대응해 온다는 느낌을 받았다고 전했다. 자신은 해적과의 집중적인 대화를 통해 해적과 일종의 신뢰 관계를 쌓은 것 같다고 하면서 이제부터는 우리가 "이 기회를 잡느냐(take a chance)"에 달려 있다고 언급하였다.

젊은 대리인 모하메드와 2차 대면

(7월 28일 밤 11시 40분~7월 29일 새벽 1시)

나는 피터와 압디의 합의대로 현금 전달 후 대리인 1명이 남는다는 것은 선원과 우리 배가 확실히 풀려나온다는 의미로 일단 받아들일 수 있으므로 다소 안도하였다. 다만 대리인이 자신들의 안전상 과연 이러한 압디의 제안을 수락할지가 미덥지 않았다.

나는 피터와 압디 간 합의 내용을 바로 두바이 대리인에게 알리자고 하였다. 물론 압디가 먼저 두바이 대리인에게 합의 내용을 알리기를 기대하였다.

9시 30분 피터가 대리인 모하메드(젊은 통역)에게 전화하여 압디와 합의한 내용을 알려 주었다. 그는 아직 압디로부터 아무런 연락을 못 받았다고 하면서 무척 당황한 기색으로 당장 우리 숙소로 찾아오겠다고 하였다.

　모하메드는 혼자 7월 28일(금) 밤 11시 40분에 우리 숙소를 찾아와서 29일(토) 새벽 1시 5분까지 강 상무와 피터와 현금 전달 문제를 협의하였다. 그는 우리 숙소로 오기 전에 압디와 협의한 후 자신의 입장을 우리에게 설득하고자 했다.

　모하메드는 자신들 대리인 2명의 신원 및 현금 수령문제에 대해 다음과 같이 설명하였다.

1) 낮에 같이 온 대리인 연장자의 이름은 '압디 파라 아리(Abdi Farah Ari)'이며 소말리아 내전 이전에는 (해적 본거지인)하라데레의 유지였음. 정부 고위직을 지낸 존경받는 원로(senior man)로서 돈도 많은 부자이며 그래서 해적 두목인 모하메드가 신뢰할 수 있는 사람임. 자신은 단순히 영어 통역으로 현금을 받은 후 송금을 도와주는 배달자에 불과할 뿐임.

2) 자신들은 내일 돈을 받아서 소말리아 모가디슈에 있는 상기 대리인 연장자의 형제의 은행 계좌로 송금할 예정이며 오후 6시 30분경 끝날 것이며, 이후 모가디슈에서 하라데레에 있는 4~5개 회사 앞으로 송금할 것임. 이 과정은 하루 이상 걸릴 것임.[56]

　강 상무와 피터는 압디와 피터 간의 합의 내용을 다시 설명하고 동

56　돌이켜 보면 대리인 모하메드가 석방 시점을 암시하기 위해 현금 수령 후 송금 절차를 우리에게 의도적으로 설명한 것인지는 불분명하나, 결과적으로 하라데레에 석방금이 도착한 시기로 추정될 때쯤, 즉 동원호는 현금 전달 후 28시간 만에 석방되었다.

합의에 따라 명일 이 자리에서 현금 전액을 전달할 테니 2명 중 1명이 남도록 지속적으로 요청하였다.

해적 두목, 현금 수령 후 1시간 내 출항 약속

대리인 모하메드는 계속 난색을 표명한 후에 그 자리에서 해적 두목 모하메드와 전화 통화한 후 두목 모하메드가 "현금 수령 후 1시간 이내 배를 출항시키겠다"라고 약속하였다고 말하였다. 이어 현금 수령 후 소말리아 모가디슈로 제대로 송금하기 위해서는 두 사람 모두 다 남지 못하므로, 대신 우리 측 한 명이 자신들과 같이 가자고 제의하였다.

모하메드는 계속 자신은 약간의 돈을 받고 통역을 도와줄 뿐이라고 하면서 자신이 잔류하는데 강한 거부감을 표시하였다. 양측은 계속 협의하기로 하였다.

◈ **7월 29일(토)**

대리인 모하메드는 29일 새벽 1시 5분에 호텔을 떠났다.

협상팀은 바로 상기 면담 내용을 공유하고 대책을 협의하였다.

우리 측 한 명이 현금 전달 후 대리인들과 동행하는 방안은 우선 신변의 안전 문제와 함께 또 다른 인질이 될 가능성이 있으며, 어차피 해적이 돈만 탈취하겠다고 한다면 우리 측 한 명이 같이 가도 돈을 되찾을 수 없는 상황이 될 것이므로, 결국 우리에게 도움이 되지 않는 제의로 결론짓고 수용할 수 없다고 판단하였다.

대리인 1명 남도록 교섭 추진

그러나 현금 전달 후 어떤 방법을 통해서라도 해적과의 대화 채널은 반드시 유지해야 한다고 판단하였다. 대리인 2명 중 1명이 남는 방안을 끝까지 추진함이 바람직하다는 판단하에 젊은 대리인 모하메드의 유인책으로 그에게 별도로 돈을 주는 방안을 제의하기로 하였다.

새벽 1시 30분 피터는 대리인 모하메드에게 전화하여 "당신이 남으면 약간의 별도 금전 사례를 하겠다"라고 제의하였고, 모하메드는 우리 제의를 생각해 볼 테니 오전에 다시 연락하겠다고 하였다.

해적은 해적대로 자신들의 각본(playbook)에 따라 현금 전액을 안전하게 먼저 받겠다는 입장이었다. 우리는 해적의 각본과 행동 패턴을 머리로는 이해하나, 해적에게 현금 전액을 전달할지라도 '가능한 한 빨리' 안전한 석방을 확실히 실현하기 위해 그들로부터 '인질'과 같은 무언가를 잡아 놓기 위해 계속 노력하였다.

외교부에 협상 진행 상황 보고

새벽 2시(서울 시간 오전 7시) 나는 이준규 국장에게 진행 상황을 설명하고 일단 전반적으로 순조롭게 진행 중이며 주어진 상황에서 상상할 수 있는 모든 가능성을 상정하여 대응하고 있다고 보고하였다. 이 국장은 잘 알겠다고 하면서 눈을 좀 붙이라고 하였다.

나는 밤새 그간 해적과 협상 과정 및 협상팀 협의 결과를 되돌아보고 다음과 같은 결론에 도달하였다.

협상 과정과 객관적 현실을 고려할 때, 결국 해적의 선先 현금 전달 요구를 수용할 수밖에 없으며, 그런 가운데 우리의 입장을 해적에게 최대한 이해시켜 해적의 가능한 성의 있는 조치를 유도하여 가능한 한 빨리 안전 출항을 실현시키는데 최선을 다할 수밖에 없다는 것이었다.

1) 해적의 그간 행태로 보아 돈을 받기 전에 선원과 선박을 풀어준 적이 없음. 우리가 '현금 전달과 동시 석방 실현' 조건을 관철하기 위해 협상 시간을 끈다 해도 해적이 조건을 수용할 가능성은 전혀 없음.

2) 동원호의 기름이 고갈되고 있어 현재 50킬로리터 정도라고 하니 시간을 끌다 배를 포기해야 하는 상황도 염두에 두어야 함.

3) 그간 100여 일을 넘게 해적과 협상에 참여한 강 상무가 해적의 말을 신뢰하는 편임. 역시 해적과 오랜 시간 함께 생활해 온 최 선장이 "돈을 먼저 주어도 문제가 없을 것 같다"라고 알려 왔으며, 압디, 두바이 대리인, 시아드와 집중적으로 대화를 한 피터 역시 해적 모두가 진지한 태도를 보이고 있고 진실을 얘기하고 있다는 느낌을 받았다고 함. 역설적이기는 하나 그간 우리에게 범죄를 저지른 해적과 일종의 신뢰 관계가 나름대로 쌓였다고 판단할 수 있을 것 같음.

4) 압디는 자신들도 시스템과 규율이 있다고 하면서 리더(두목 모하메드)의 결정에 따라 움직인다고 하고 최 선장과 3달 이상 같이 생활해 상호 신뢰 관계가 있다고 주장하면서 자신들을 믿으라고 하고 있음.

우리 측이 그간 몸값 수준에 관한 협상을 진행하면서 "현금 전달과 선원, 선박 동시 석방' 조건을 항상 거론했으며 압디는 이에 대해 우리 측 입장을 수용하겠다고 계속 표명했다.

물론 해적은 가장 중요한 몸값 총액부터 우선적으로 타결하고 그 다음 단계에서도 여전히 인질을 잡고 있다는 우위를 최대한 활용하면 우리의 양보를 계속 유도할 수 있다는 계산이었다. 우리는 처음부터 해적의 그러한 의도를 파악하고 있었다.

그러나 우리는 결코 해적에게 어쩔 수 없이 끝까지 끌려가는 형국이 지속되도록 놔둘 수는 없으며 그 과정에서 우리의 요구가 최대한 반영될 수 있도록 무슨 수를 쓰든지 해적을 압박하는 노력을 다해야 했다.

D day 시작

아침에 협상팀이 다시 모이니 전원이 모두 뜬눈으로 밤을 샌 모양이었다. 결전의 날이 왔으니 모두 긴장하는 모습이었다. 나는 모든 일이 잘될 것이라고 격려하였다.

시아드, "우리도 약속은 지킨다"

아침 8시 15분경 시아드가 피터에게 전화를 걸어왔다.

우선 해적 전원이 양측 합의에 대해 기뻐하며 합의 내용을 다 알고 있으며 모두 지쳐 있어 조기 해결을 원하고 있다고 전했다. 동원수산이 현금을 먼저 전달하는 데 대해 걱정하는(nervous) 것은 이해하나, 자신들도 비즈니스인 만큼 약속은 지킨다고 하면서 그 지역에서는 모하메드의 결정을 거역할 수 없다고 말하였다. 피터가 동원호가 석방된 후, 다른 해적에게 납치될 가능성을 문의한 데 대해서는, 모하메드가 그 지역을 완전히 장악해서 다른 해적들은 활동할 수 없다고 하면서 걱정하지 말라고 하였다.

피터는 통화 후에 해적들 간의 이견이나 내분은 수습된 것 같으며 모든 해적이 합의 내용을 숙지하고 있어 현금 전달 후 내분이나 반란은 없을 것 같다면서 전반적 상황은 괜찮은 것 같다는 느낌이라고 밝혔다.

나는 시아드의 전화는 해적이 우리를 안심시키려는 시도로 이해하였다. 한편으로는 우리의 거래에 대해 그간 동원호 피랍 사건에 간여한 해적 당사자들이 모두 알고 있으며 동원호 석방의 귀추를 주목하고 있다는 사실이 우리가 앞으로의 상황을 주도해 나가는 데에 나쁘지 않다고 생각하였다.

협상팀 대책 협의

나는 8시 30분 대사관 손용호 영사에게 전화하여 그간 협조에 감사하다고 하고 금일 은행에서의 현금 인출 및 운송에 차질이 없도록 이호남 이사와 김 경정과 적극 협력하도록 요청하였다.

이어 피터에게 젊은 대리인과 통화를 시도해 보라고 지시하였다.

8시 45분 나는 아침에 두바이에 도착한 동원수산 본사 왕기주 사장과 따로 만나 협의하였다. 왕 사장은 그간 협상을 잘 이끌어 주어 감사하다고 하면서 끝까지 잘 부탁한다고 말하였다. 나는 '현금 전달과 선원의 조기 석방'이라는 당면 목표 달성을 위해 해적을 안심시키면서 설득할 필요성을 강조하였다. 왕 사장은 바로 내 뜻을 알아듣는 것 같았다.

9시 15분부터 10시까지 협상팀은 왕 사장과 함께 대책을 협의하였다. 협의 장소를 바꾸어 김 경정 방에서 진행했나. 강 상무가 차분히 그간 협상 경과와 앞으로의 계획을 설명하였다.

◆ 기본 일정 계획 확인

당일 기본 일정 계획은 1) 오전 중에 현금을 인출하고 2) 12시~12시 30분 사이 대리인과 대면하고, 압디와 대리인에게 '현금 전달 1시간 후 동원호 석방과 대리인 1명의 1시간 잔류' 조건을 확인한 후에 현금 전액을 전달하고 3) 오후 1시~2시 사이 동원호가 안전하게 출항한다는 것이었다.

◆ 현금 전달 문제

현금 전달 문제에 대해 마지막으로 토의하였다. 피터는 2005년부터의 해적의 행태와 납치된 배들의 석방 사례를 보면, 자신이 알기로는 '예외 없이 돈을 먼저 전달'했다고 말했다. 해적 입장에서는 인질이 유일한 강력한 자산이자 힘(레버리지: leverage)이기 때문에 먼저 배를 풀어주지 않을 것이며, 만약 돈을 받고도 풀어주지 않으면 그들의 소위 '비즈니스'는 끝나게 될 것이라고 언급하였다.

아울러 자신은 강 상무와 함께, 협상 창구인 압디와는 물론, 시아드 등과도 긴밀히 연락을 취하고 시아드에게 연락하면 시아드와 친척 관계인 해적의 리더 중 한 명인 가라드에게도 연락이 갈 것이므로 이들에게 조기 석방 조치를 촉구해 나가겠다고 하였다. 해적 나름대로 최소한의 상도의商道義는 지켜야 소위 '사업'을 계속할 수 있다는 것을 알고 있으니 결국 약속을 지킬 것이라는 얘기였다.

김 경정은 지금까지의 상황 전개로 보아 오늘 이 기회에 해결해야 할 것으로 본다고 하였다. 두바이 대리인의 2차에 걸친 숙소 방문 시 언행, 최 선장의 전언 등으로 보아 분위기가 전반적으로 부정적이지 않은 것으로 관찰된다고 보고하였다. 레바논 사태로 미 해군의 소말리아 해역 정찰 임무는 7월 31일까지 수행하며 그 이후 정찰 활동은 불확실하다고 하니 미 해군의 호위 지원을 확실하게 확보한 현재, 모든 일이 해결되도록 최선을 다하는 것이 좋겠다는 의견을 밝혔다.

왕 사장은 그간 협상팀의 성과를 높이 평가하고 협상팀이 준비해 온 시나리오가 현지 사정에 맞추어 최선을 다한 것이니 그대로 진행하자고 하였다. 이어 자신이 모든 책임을 지겠다고 하면서 현금을 먼저 전달하는 방안에 찬성하였다. 현금 전달 자리에 자신이 동석하겠다는 언급은 없었다. 왕 사장은 현지에 도착하자마자 협상팀을 전폭적으로 신뢰한다는 자세로 매우 합리적인 판단을 내려 주어 협상팀 일부의 우려를 완전히 불식시켜 주었다.

만약 대리인이 현금 전달 장소 변경을 고집할 경우에는 우리 숙소 이외의 변경은 받아들일 수 없으므로 강 상무 방이 아닌 피터의 방을 제의하기로 하고 젊은 대리인 모하메드가 제안한 '현금 전달 후 우리 측 1명이 동행하자'라는 방안은 거부하기로 하였다. 최종적으로 '현금 전달 후 1시간 내 출항 및 대리인 1명 잔류를 계속 요구'하기로 하였다.

현금 전달 전 준비 상황

♦ *해적 양측(하라데레, 두바이)과 연락 개시*

9시 50분 강 상무는 압디에게 전화히 였다. 압디는 1시간 후에 동원호에 올라갈 예정이라고 하였다.

같은 시간에 피터는 젊은 대리인 모하메드에게 전화했다. 모하메드는 호텔로 오겠다고 하면서 곧 연락을 하겠다고 답변하였다.

♦ *외교부 보고*

10시 10분 나는 이준규 국장에게 진행 상황과 아침 대책 협의 결과를 상세히 보고하였다.

나는 우선 우리의 모든 접촉선(압디, 두바이 대리인, 시아드, 최 선장)과 협력 기관(대사관, 미 해군 등)이 모두 행동을 개시하고 있음을 확인하였으며 전체 상황을 계속 점검하면서 우리 계획대로 밀고 나가겠다고 보고하였다.

동원수산 왕기주 사장이 현금을 해적에게 먼저 전달하는 데에 동의하였고, 압디가 동원호로 가고 있으며 선상 행동대원도 합의에 대해 만족한다고 하며, 미 군함이 근해에서 고정 배치되어 있다고 설명하였다.

이 국장은 우리 모두가 할 만큼 해 왔으니 마지막까지 최선을 다하는 수밖에 없다면서 모든 작전을 잘 수행해 달라고 하였다.

10시 30분 김 경정이 나에게 국정원 직원 2명이 새벽에 숙소에 도착하여 상황을 파악하고 있다고 보고하였다. 그들이 내가 정부 대표로 협상에 참여하고 있다는 사실을 알면서도 나를 찾아오지 않은 것을 보면 해적과의 협상을 돕기 위해 두바이까지 온 것은 아니었다. 나는 그들의 행동에 신경 쓸 겨를이 없었다. 다만 그들도 공무원으로서 상부 지시로 시키는 일을 할 뿐이겠지만 마지막 협상 단계에 집중해야 할 강 상무 등 동원수산 관계자들에게 부담을 주지 않았으면 좋겠다고 생각하였다.

♦ 미 군함 대기

10시경부터 피터는 레바논 소재 미 해군 연락사무소에, 강 상무는 주케냐 한국대사관에 연락하여 진행 상황을 통보하고, 오늘 정오경부터 미 해군 군함이 대기해 달라고 요청하였다.

10시 35분 나는 피터에게 미 해군 연락사무소와의 협조 요청을 전화 통화뿐만 아니라 문서 형식의 이메일로 보내 놓으라고 지시하였다. 이렇게 중요하고 민감한 사안에 관해서는 공적인 기록을 남기는 것이 반드시 필요하다고 판단하였다.

10시 50분 강 상무는 주케냐 한국대사관으로부터 미 군함이 동원호 근처 해역에 1시간 후 도착할 예정이라는 소식을 들었다고 알려 주었다. 곧이어 미 해군으로부터 바로 동원호와 가까운 영해 밖 근해에 군함 '존 윌리엄스(John E. Williams)'호가 대기 중이라는 회답을 받았다.

대리인 2명과의 3차 대면, 현금 전달(오전 11시~오후 1시 45분)

10시 55분 젊은 대리인 모하메드가 강 상무에게 우리 숙소로 오겠다고 전화가 왔다.

11시 대리인 2명은 직접 강 상무 방으로 찾아왔다.

11시 25분 김 경정이 나에게 예정대로 은행에서 현금을 인출하여 은행을 출발하였다고 보고하였다. 모든 일이 계획내로 순조롭게 진행되고 있었다.

1차 협의(11시~11시 30분)

11시 30분까지 대리인 2명은 강 상무와 피터와 30분 간 협의하였다.

30분간 협의 중 대리인들은 내내 초조한 기색이었다.

연장자 대리인 '아리(Ari)'가 그 자리에서 압디에게 전화를 걸어 통화하였다. 압디가 "현금을 수령한 후 1시간 후에 동원호를 석방한다"라고 말했다고 했으며 강 상무와 피터도 압디에게 이를 확인하였다.

우리 측이 통역인 모하메드에게 '현금 전달 후 1명 잔류 제의'를 다시 제기하였다. 결코 인질 목적이 아니라 하라데레와의 연락을 위해 1시간 동안 같이 대기해 달라는 요청이라고 설명하였다.

모하메드는 연장자 대리인(아리)이 자신과 동행을 계속 원하며 현금을 받은 후 아리의 집까지 운전을 해야 하므로 호텔에서 같이 있을 수

해적 협상 노트 2006: 동원호 피랍 사건 전모

없다고 하면서, 아리의 집까지 운전한 후에 자신이 호텔로 다시 돌아오겠다고 답하였다. 아울러 두목 모하메드가 현금 수령 후 1시간 후에 배를 풀어준다고 하였고 압디도 이를 확인하였으니 1시간 후에 동원호가 풀려날 것이라고 말하였다.

모하메드는 우리 측의 1명 잔류 제의를 받아들이지는 않았으나 자신이 다시 돌아오겠다는 등 나름대로 요구에 맞춰 대응하려는 자세를 보였다.

대리인 2명은 그들의 안전 문제에 신경을 곤두세우면서 현금 전부를 받기 위해 우리를 계속 설득하고자 했으나 우리 측이 1명 잔류 조건을 내걸어 바로 성사가 안 되니 불안하고 초조할 수밖에 없었다.

그들은 11시 30분에 강 상무 방을 나오면서 12시 30분에 다시 오겠다고 하였다. 강 상무의 방을 나온 것은 신변 안전상 다시 호텔 내부를 살펴보고 하라데레 해적 두목 모하메드와 압디와 전화 협의를 계속할 필요가 있었을 것으로 짐작하였다.

대책 협의: '현금 전달 후, 1시간 후 석방' 제의 수용키로

대리인과의 30분 면담 후, 11시 30분경 나는 왕 사장과 함께 피터와 강 상무와 대책을 협의하였다.

피터는 그들이 매우 긴장(nervous)했으나 태도는 진지(genuine)하며 우리를 설득하려고 많은 얘기를 하고자 했다고 하면서 이제 우리가 위험을 감수해야 할 매우 미묘한(delicate) 시점에 온 것 같다고 평가하였다. 아울러 대리인 모하메드가 현금을 수령하고 호텔을 떠난 후에 다시 우리 호텔로 올 가능성은 거의 없다고 판단되니 그들의 당초 제의대로 우리 측 1명이 같이 가는 방안이 있는데, 조 대사가 자신에게 그들을 따라가라고 한다면 따라가겠다고 제안하였다.

나는 그 자리에서 만약 해적이 약속을 안 지키고 돈만 탈취하겠다고 마음먹었다면 누가 따라가더라도 도움이 안 될 것이며 오히려 또 다른 인질이 될 가능성이 있으니 그럴 위험성을 감수할 필요는 없다고 잘라 말했다. 협상팀의 안전도 고려해야 했다.

나는 아랍 에미리트 유조선의 경우 현금 전달 협상 과정이 10일 걸렸다는 사실이 떠올랐다. 지금 이 기회를 살리지 못하면 얼마나 더 시간이 걸릴지 예상하기 어렵다는 생각이 들었다. 우리가 내부적으로 '몸값을 먼저 주기'로 한 결정을 일단 이행할 수밖에 없다고 판단하였다.

왕 사장과 의견 교환을 계속한 결과, 왕 사장도 몸값을 먼저 주는 방안에 동감을 표명해 결국 해적의 말을 일단 믿어 보기로 하였다. 현금 전달 후 동원호가 1시간 후에 풀려나기를 간절히 바라는 수밖에 없었다. 그리고 모하메드의 "우리 숙소로 되돌아오겠다"라는 제안은 처음부터 믿을 수 없어 실현 가능성은 제로(zero)라고 판단했다. 그러나 혹시라도 그가 정말로 우리 숙소로 돌아온다면 우리 선원과 배는 확실하게 석방될 것이라고 생각하였다.

나는 바로 11시 40분경 이준규 국장에게 대리인과의 30분 협의 결과 및 협상팀 협의 결과를 설명하고 '앞으로 1시간 내에 합의금을 전달하고 이후 1시간 후 출항을 추진하겠다'라고 전화로 보고하였다.

11시 50분 나는 강 상무와 피터에게 1) 해적과의 협상 시간을 줄이기 위해 대리인이 강 상무 방에 다시 들어오자마자 대리인에게 바로 현금 총액을 확인시키고 2) 이어 압디에게 전화하여 '현금이 해적 손에 들어갔음'을 확인시키고 3) 바로 압디와 최 선장에게 '한 시간 후 출항'임을 확인하라고 신신당부하였다.

현금 도착

12시 13분 김 경정이 은행에서 현금을 찾아와서 숙소에 도착하였다고 나에게 보고하였다. 김 경정과 이 이사는 숙소의 강 상무 방으로 가서 강 상무에게 가방 2개를 전달하였다.

김 경정은 우리 계획에 따라 순조롭게 진행되어 11시 25분경 은행에서 현금을 인출하여 가방 2개에 담아 왔다고 하면서 자신의 "50년 평생에 남의 돈이지만 처음으로 거금을 만져 보았다"라고 하였다. 김 경정은 다시 숙소 내 위치를 잡고 현관 입구와 강 상무 방을 계속 관찰하면서 대기하였다.

12시 20분 나는 강 상무에게 다시 한번 우리 시나리오에 따라 1) 시간 절약을 위해 대리인들이 다시 돌아오면 먼저 현금을 직접 세어 확인하도록 하고, 2) 대리인 모하메드에게 현금 전달하기 전에 '현금을 전달한 후 1시간 후 석방' 조건을 다시 한번 확인하고, 3) 최 선장에게도 바로 관련 내용을 알려 주라고 조언하였다.

12시 30분 강 상무는 최 선장과 통화하였다.

최 선장은 두목 모하메드와 압디가 선상에 같이 있으며 출항 준비가 완료되었다고 알렸다. 강 상무는 '현금을 전달한 후 1시간 후 출항'

약속을 모하메드와 압디에게 확실히 지키라고 하라고 지시하였으며 미 해군 군함이 바로 12마일 밖에서 대기하고 있다고 알려 주었다.

돌이켜 보면 해적들은 현금을 먼저 수령하기 위해서, 우리가 계속 주장해 온 '현금 전달과 동시 석방' 조건을 지키겠다는 입장을 일단 동원호 선상에서 행동으로 보여 주는 척하고 최 선장이 이를 확인하게끔 한 후 우리에게 알리게 함으로써 우리를 안심시키려는 의도였다.

12시 35분 나는 이준규 국장에게 현금 전달 직전이며 최 선장이 우리 배도 출항 준비를 마쳤다고 알려 왔다고 보고하였다.

2차 협의(12시 45분~1시 45분)

12시 45분 김 경정이 대리인 2명이 강 상무 방으로 들어갔다고 나에게 보고하였다. 강 상무 방 주변에 나타나 조심스럽게 어슬렁거리기 시작하더니 재빠르게 강 상무 방으로 들어갔다고 알려 왔다.

다시 4인 간 협의와 거래를 시작하려고 하였으나 압디와의 전화 통화가 이루어지지 않았다. 그래도 대리인은 돈을 먼저 달라고 요구하였으나 우리 측이 압디와의 통화 전에는 절대로 돈을 전달할 수 없다고 강력히 대응하였다.

양측은 각각 압디와의 통화를 시도하기로 하고 15분 후에 다시 만나기로 하고 대리인 2명은 1시 15분에 강 상무 방을 다시 나왔다. 그들은 호텔 내 기도실에 가서 기도하고 오겠다고 하였다.

나는 1시 17분 바로 이준규 국장에게 통신 문제로 압디와 통화가

되지 않아 일단 거래가 중단되었다고 보고하였다.[57]

오후 1시 30분 대리인 2명이 다시 강 상무 방으로 들어왔다. 다시 절차가 진행되었다.

압디가 동원호 선상 위성 전화를 이용하여 연장자 대리인 '아리'와 통화하고 '현금 수령 후 1시간 후에 동원호를 출항'시키겠다고 전해 왔다.

강 상무는 압디와 최 선장과 통화하였다.

강 상무는 압디에게 '현금 전달 후 반드시 1시간 후 동원호를 석방' 해야 한다고 강조하였으며 압디는 그렇게 하겠다고 말하였다.

최 선장은 모든 선원은 선상에 안전하게 있으며 행동대원은 하선할 준비가 된 것 같다고 보고하였다.

대리인 모하메드는 현금 수령 후 1시간 내에 호텔로 돌아오겠다고 하였다.

강 상무는 현금이 든 가방 2개를 대리인 2명에게 전달하였다.

압디는 강 상무와 피터에게 "합의가 실행되어 기쁘다(happy)"라고 말하였다.

오후 1시 45분 대리인 2명이 가방 2개를 들고 강 상무 방을 나섰다.

오후 1시 50분 대리인 2명은 우리 숙소 현관 반대쪽으로 나가 전날

---

57 이 시점에 조선족 선원 김홍길 씨의 일기에 의하면 "(소말리아 시간)12시 15분 정남(조선족 선원) 이 소말리아로 선장님이 가져갈 짐을 (동원호에)챙겨왔다"고 한다(김영미, 213쪽). 해적 두목 집 에 체류했던 최 선장의 짐을 29일 아침부터 동원호로 챙겨 왔다는 사실은 해적도 일단 석방 준비를 하고 있었다고 볼 수 있다.

타고 왔던 차를 타고 떠났다. 김 경정은 차량 번호를 다시 적어 두었다.

대리인이 떠난 후 피터는 바로 나에게 개인적으로 해적이 약속을 지킬 것 같으며 모든 것이 잘 될 것 같다는 느낌을 받았다고 보고하였다. 해적이 약속을 지킨다면 오후 2시 45분경 풀린다는 얘기였다.

나는 바로 오후 1시 50분 이규형 차관과 이준규 국장에게 각각 전화로 보고하였다. 현금 88만 불을 해적 대리인에게 전달하였으며 1시간 후 동원호 석방을 기다리고 있다고 설명하였다. 이 차관, 이 국장 모두 기도하는 마음으로 잘 되기를 바란다고 하면서 잘 마무리해 달라고 격려하였다.

피터는 같은 시간 1시 50분 미 해군 연락사무소에 연락하였다. 미 군함(존 윌리엄스호)이 소말리아 12마일 밖에서 대기하고 있으며 동원호 선장과 라디오 접촉이 될 때까지 움직이지 않을 것임을 확인하였다.

합의금 전달 후 1시간 경과

오후 2시 46분 우리가 해적 대리인에게 합의금 전달 후 1시간이 되는 시점에 이준규 국장이 나에게 전화를 하였다. 우리 합동 참모 본부가 미군과 교신해 본 바에 의하면 "미 해군으로부터 동원호가 움직이기 시작하였다는 보고가 왔다고 하니 확인해 보라"라는 것이었다. 순간적으로 정말로 풀리는구나 하는 생각이 들었다.

오후 2시 55분 피터가 바로 압디에게 전화하여 확인해 보았다. 압디는 "아직 선상에 있으며 곧 내린다"라고 하였다. 배는 움직이지 않고 있었던 것이다.

오후 2시 58분 다시 피터가 두바이 대리인 모하메드에게 전화를 해 확인해 보니 모하메드는 "현재 음식(food)을 싣고 있다"라면서, 현금 송금 수속 중이라는 뜻을 전해왔다.

오후 3시 15분 피터가 다시 압디에게 전화를 하여 "약속한 1시간이 지났다. 언제 하선하느냐, 약속을 빨리 지키라"라고 하였다. 하지만 압디는 계속해서 "곧 하선한다"는 말만 반복하였다.

오후 3시 35분 강 상무가 압디에게 다시 전화를 걸어 확인하였다. 압디는 "문제없다(No problem)"라고 하면서 "조금만 기다려 달라"라고 하였다. 강 상무는 최 선장과 통화하고 싶으니 연결해 달라고 부탁하였다.

피터는 두바이의 모하메드와 계속 통화를 시도하였으나 연결이 되지 않았다. 이어 미 해군기지에 파견된 한국해군 연락관 도 소령이 미 군함은 근처 해역에서 동원호와 해적 동향을 계속 주시하고 있다고 알렸다고 피터가 보고하였다.

오후 3시 40분 나는 이준규 국장에게 아직 해적이 동원호 선상에 있으며 두바이 대리인은 송금 중인 것 같다고 보고하였다. 이 국장은 합참 보고가 외부에 알려져 시끄러운 상황이 되었다고 전해주었다.

합의금 전달 후 2시간 경과

오후 3시 57분 피터가 두바이 모하메드와 통화했다. "1시간이 지났는데도 석방이 안 되니 압디에게 연락하여 사정을 알아봐 달라"고 요청하였다.

나는 이 단계에서 피터에게 모하메드가 불과 2시간 전에 현금을 수령하면서 우리에게 1시간 후에 숙소로 돌아오겠다는 약속은 이미 파기되었으니, 그를 더 이상 다그치지 말라고 했다. 대신 연락망으로 계속 활용할 필요가 더 커졌으니 심리적 부담을 가하면서 협조를 요청하라고 지시하였다.

◆ 두목 모하메드와 압디 하선

오후 4시 15분 강 상무가 최 선장에게 전화를 하였다. 최 선장은 "모든 선박 서류는 회수하여 지참하였으며 두목 모하메드와 압디가 멀미가 있다고 하선하였다. 행동대원들은 총기를 모아두기 시작하는 등 철수 준비를 하고 있다"라고 보고하였다. 강 상무는 수시로 연락하라고 지시하였다. 모하메드와 압디가 행동대원을 그대로 놔두고 동원호를 떠났다는 사실은 결코 좋은 소식은 아니었다.

돌이켜 보면 이 단계에서 모하메드와 압디가 동원호를 떠난 것은 '현금 수령 후 1시간 석방' 약속은 애초부터 지킬 생각이 없었다는 뜻이었다. 두바이 대리인의 현금 전액 수령까지 선상에서의 연극은 끝났으니 이제는 모가디슈까지의 안전한 입금 확인 등 돈의 흐름을 지켜본 후에 동원호를 석방하겠다는 것을 의미하는 것이었다.

오후 4시 25분 이준규 국장이 나에게 전화를 했다. 나는 여전히 해적이 선상에 있으며 최 선장 보고에 의하면 철수 준비 중이라고 보고하였다.

오후 4시 30분 이 국장이 다시 나에게 전화를 하여 "동원호 석방 시 공해까지 나가는 데 시간이 얼마나 걸리느냐?"라고 문의하여 나는 "약 1시간 정도 걸릴 것으로 본다"라고 보고하였다.

오후 4시 38분 나는 이 국장에게 전화로 보고하였다. 강 상무가 압디와 방금 통화해 보니 압디가 "걱정 마라, 젊은 대원이 내려올 것"이라고 말했으며 미 군함은 영해 밖 12마일 지점에서 대기 중이라고 보고하였다.

오후 5시 강 상무가 압디와 다시 통화하였다. 압디는 "자신들이 준비한 보트가 작아서 잔류 대원 15명이 모두 승선할 수 없으니 큰 보트를 수배하고 있다. 곧(soon) 떠나니 자신을 믿어 달라"라고 하였다. 강 상무는 "해가 지기 전에 철수해 달라"라고 강력히 요구하였지만, 압디는 "믿어 달라"라는 말만 계속하였다.

오후 5시 05분 미 해군이 피터에게 "동원호가 여전히 소말리아 연안으로부터 4마일 떨어진 지점에 정박하고 있다"라고 알려 왔다.

이어 피터는 두바이 모하메드로부터 "우리 숙소로 온다"라는 전화가 왔다고 보고하였다. 모하메드가 돌아온다면 동원호는 확실히 풀려난다는 의미이므로 당연히 반길 일이었으나 반신반의半信半疑했다.

오후 5시 15분 나는 이준규 국장에게 "아직까지 동원호 석방에 결정적인 진전은 없으나 해적 측과 계속 대화가 이어지고 있다"라고 보고하였다.

오후 5시 55분 피터가 압디와 다시 통화하였다. 압디는 다시 "1시간만 더 기다려 달라"라고 하였고 피터는 최 선장으로 하여금 강 상무에게 전화하도록 요구하였다.

통화 후 피터는 나에게 일단 압디, 대리인 모하메드 등 해적들이 긍정적(positive)으로 대응하고 있다는 느낌이며 아마도 두바이로부터 모가디슈까지의 송금을 확인하고 있는 것이 아닌가 하는 생각이 든다고 보고하였다.

이 단계에서 나는 두바이 대리인 모하메드가 전날 밤 우리 측과 2차 대면 시에 우리에게 현금 수령 후 소말리아로의 송금 절차를 설명하면서 자신들이 두바이에서 송금하면 오후 6시 30분경에 모가디슈 은행의 계좌에 입금 완료될 것이라는 말이 떠올랐다. 해적 두목 모하메드가 모가디슈 은행 입금을 확인한 후에 우리 배를 석방하려는 것이 아닌가 하고 기대하였다. 그렇다면 6시 30분이 결정적인 분기점이 될 수 있다고 생각하였다.

합의금 전달 후 4시간 경과

오후 6시 이영호 재외국민보호과장이 나에게 전화하였다.

우리 합참본부가 동원호가 아직 출항을 못하고 있음을 확인하였다고 하면서 진행 상황을 문의하였다. 나는 대리인의 두바이로부터의 송금에 이은 소말리아 모가디슈에서의 입금 확인 절차가 끝나지 않은 것 같으며, 협상팀의 압디와 두바이 대리인과의 연락 체제가 계속 유지되고 있다고 설명하고 일단 6시 30분까지 기다려 보자고 하였다.

오후 6시 10분 피터가 두바이 모하메드가 30분 이내에 우리 숙소에 도착할 예정이라는 전화를 받았다고 보고하였다.

일말의 기대를 걸었던 오후 6시 30분이 그냥 지나갔다. 협상팀은 더욱더 초조해지기 시작했다.

오후 6시 37분 피터는 압디와 통화하였다. 동원호와 연락(communication)이 안 되니 최 선장과 연락이 되도록 도와 달라고 하고 언제 출항이 가능하냐고 물으니 "곧(soon)"이라고만 대답하였다.

오후 6시 40분이 지나도 두바이 모하메드는 나의 예상대로 숙소 호텔에 나타나지 않았다.

오후 6시 50분(서울 시간 밤 11시 50분) 이준규 국장이 나에게 진전 상황을 물어서 해적 측과 계속 대화가 진행 중이라고 보고하였다. 서울 외교부의 모든 관계자들이 밤을 새우면서 초조하게 우리 배의 석방 소식을 기다리고 있었다.

피터가 두바이 모하메드에게 계속 전화를 시도했으나 불통이라고 하면서 우리 숙소에는 오지 않을 것 같다고 보고하였다. 처음부터 그가 돌아오지 않을 것으로 예상은 하였으나 연락조차 안 된다고 하니 상황 전개가 영 불안하게 돌아갔다.

♦ AP통신, 80만 불 전달 보도

거기다 오후 7시 06분 AP 통신이 모가디슈발 기사로 "동원수산이 해적에게 80만 불을 전달하였으며 동원호는 곧 풀려난다"라고 보도하였다. 액수가 다소 틀리기는 했지만, 누군가 협상 내용과 진행 상황을 아는 사람이 알려 준 것이 분명하였다. 나중에 알아보니 압디가 전화 인터뷰를 통해 밝힌 것이었다. 인터뷰는 모가니슈 은행으로의 입금을 확인한 후 이루어진 것으로 추정하였다.

협상팀은 우선 이 외신 보도가 지금 진행 중인 석방 과정에 부정적인 영향을 미칠 수 있다는 생각에 초조함과 불안감이 엄습하면서 분위기가 상당히 가라앉았다. 한편으로 나는 '동원수산이 해적에게 몸값을 전달했다'는 사실이 세상에 알려짐에 따라 해적에게도 그들의 소위 '비즈니스(business)'를 위해서는 동원호를 석방하지 않으면 안 된다는 압력이 될 수 있다고 생각하였다.

두바이 현지 동포 기업인이 강 상무에게 전화하였다. AP 보도로 동원호 석방을 위해 80만 불 전달 사실이 알려졌다고 하면서 이렇게 세상에 알려지면 납치된 선박은 모두 풀려났다고 전해왔다.

피터는 두바이 모하메드와의 통화를 계속 시도하였으나 "지금 통화가 안 된다(not available at the moment)"라는 녹음 메시지만 돌아갔다. 나는 피터에게 AP 보도에 대해 소말리아 과도정부나 이슬람 법정연합 등의 반응을 포함하여 특별한 소말리아 국내 소식이 있는지 알아

보라고 지시하였다.

저녁 7시 30분 이준규 국장이 나에게 전화하였다. 다시 진전 상황을 물어보고 AP통신 보도가 별 영향이 없기를 기대한다고 말하였다. 나는 진전 사항이 있으면 바로 보고하겠다고 하였다.

이어 AFP통신이 해적 본거지인 하라데레의 지역 원로 '압디 일미 (Abdi Ilmi)'와의 전화 통화에서 "소말리아 영해에 불법적으로 진입한 선원들이 80만 불을 지급한 뒤 모두 풀렸다"라고 말했고 "선원들이 일찍 석방될 수 있었으나 몸값을 둘러싼 이견이 있었다. 민병대(해적)는 100만 불을 요구하였으나 최종적으로 80만 불에 합의하였다" 고 협상 과정을 전했다. 국내 언론이 이를 받아 보도하였다.[58]

✦ 선상 행동대원, 철수 의사 표명

저녁 7시 35분 최 선장으로부터 강 상무에게 연락이 왔다. 선상 행동대원들도 돈을 받은 사실을 다 알고 있어 분위기가 좋으며[59] 선박에 있는 모든 무기는 갑판 위에 쌓아 두었다고 하면서, 미국 군함이 가까이 와 있어서 하선 시 미군으로부터 공격을 받을 위험성이 있어서 어두운 밤 10시(두바이 시간 밤 11시)경에 하선하겠다고 한다고 보고하였다.

나는 행동대원들이 현금 수령과 모가디슈 은행 입금 사실을 알게 됨에 따라 이제는 동원호를 떠나도 된다고 생각하여 3시간 30분 후에 하선하겠다고 한 것으로 판단하였다. 아울러 강 상무와 피터가 압디에게

---

58 "피랍 동원호 석방, 몸값 80만 불 지불(종합 2보)", 연합뉴스, 2006년 7월 30일.
59 김진국 항해사에 의하면 "해적들이 '돈이 왔다. 너희들 내일 나간다'라고 했다. 해적도 우리도 들떠서 잔칫집 같은 분위기였다"고 한다(김영미, 214쪽).

최 선장과의 통화를 강하게 요구했기 때문에 그들이 최 선장의 전화 이용을 허락한 것으로 보여 일단 고무적인 상황으로 해석하였다.

한편 미 군함에 대한 경계심을 표명한 행동대원들의 입장이 일단 일리가 있다고 판단하였다. 해적의 핑곗거리를 바로 없애야 했다. 피터에게 미 해군 연락사무소에 연락하여 사정을 설명하고 군함의 후방 이동을 요청하라고 지시하였다. 피터의 요청으로 미 군함은 후방으로 다소 이동해서 대기하겠다고 하였다.

저녁 7시 40분 이 국장이 나에게 전화를 하였다.

상부로부터 상황이 제대로 풀리지 않을 경우 상정할 수 있는 시나리오가 무엇이 있는지 궁금해한다고 전해왔다. 나는 현재로서는 해적과 지속적으로 협의가 진행 중이므로 조기 석방을 위해 해적에게 계속 압력을 가해 나가는 데 집중하고 싶으며 앞으로 상황 전개에 따라 검토해 보겠다고 대답하였다.

석방이 계속 늦어진다면 몸값을 너무 성급하게 전달한 것이 아니냐는 말이 나올 수 있겠다는 생각이 스쳤다. 매사 상황이 좋지 않게 돌아가면 전후 맥락을 살펴보고 대응 방안을 찾기보다는 우선 누군가가 책임져야 한다는 소리가 먼저 나오는 현상은 항상 벌어지는 일이다.

합의금 전달 후 6시간 경과

오후 7시 45분 해적 대리인에게 현금을 전달한 지 6시간이 흘렀다.

해적 행동대원들은 여전히 동원호 선상에 있으면서 그들은 계속 우리에게 곧 하선할 것이라는 말만 하고 있었다.

♦ *최악의 상황이 오나?*

　나는 외교부 본부에서 우려하는 최악의 상황으로 어떤 것을 상정해 볼 수 있는지 생각하기 시작했다.

　지금까지 주어진 여건에서 협상팀 3인이 나름대로 최선의 방안을 강구하여 점진적으로 조금씩 진전시키고 끝까지 여러 조건을 걸어 해적과 최종 합의에 이르렀고, 그 합의에 따라 해적에게 합의금을 전달하였다.

　이후 '최악의 상황'이란 결국 해적이 '석방금 전달 시 선원과 선박 석방' 합의를 깨서 벌어지는 상황이며, 이는 우리 선원이 계속 풀리지 않거나, 해적이 다시 추가로 돈을 요구하거나 하는 상황일 수 있다고 상정하였다. 그러나 아직은 그러한 2개 상황은 벌어지지 않았으니 우선 선원의 조기 석방을 위해 계속 노력하는 수밖에 없다고 생각하였다.

　나는 지금 진행되고 있는 과정에서 해적(하라데레, 두바이), 동원수산 본사와 외교부 본부, 미 해군 등의 모든 전선(front)에서 정신 차리고 판단하여 최선을 다하는 것이 결과적으로 최악의 상황을 막는 것이 될 것이라고 생각하였다. 앞으로 닥칠 상황은 그때 가면 자연히 알게 될 것이니 그때 가서 또 최선을 다해 대응하면 될 것이라고 생각하였다.

　한편으로는 시간은 조금 더 걸리더라도 결국 선원이 풀려나올 수 있다는 기대를 버릴 수 없었다. 물론 최악의 상황이 내 앞에 제발 다가오지 않기를 바랐다.

♦ 해적, 내일 아침 석방 통보

저녁 8시 8분 최 선장이 강 상무에게 연락이 왔다. 압디가 선상 행동대원에게 연락을 하였다면서 "현재 기상이 악화되어 무기 등을 갖고 야간에 하선하는 것은 위험하며 육지에서의 차량도 준비가 안 되었으니 내일 아침에 나오라"라고 지시하였다고 보고하였다.

행동대원들이 바로 30분 전에 최 선장에게 미 군함이 무서워 10시 (두바이 시간 11시)에 철수하겠다는 약속은 지킬 수 없게 되었으니 다시 최 선장을 통해 우리에게 빨라야 내일 아침에 석방될 것임을 알려 온 것이었다.

8시 16분 피터가 압디에게 전화하였다. 압디는 자신은 해변에 있다고 전했다. 밤 10시에 철수하려 했으나 기상 악화와 차량 수배 문제로 내일 아침에 행동대원들이 하선하고 동원호를 석방하겠다고 설명하고 자신을 믿어 달라고 하였다. "두목 모하메드와 자신은 합의 현금이 두바이 대리인에게 전달되었으니 만족한다(Since money has been delivered to our Dubai representatives, this is good enough for me and Afweyne)"라고 언급하였다.

나는 '오늘 중도 아니고 내일 아침'이라는 소리에 더욱 초조감을 느끼게 되었다. 이러한 지연 상황이 압디의 말 그대로 정말로 '날씨 탓인지, 아니면 의도적인 것인지' 등에 관해 그 배경을 전체적으로 파악하고 해적에게 가능한 모든 압력을 가해야 한다고 판단했다.

바로 피터에게 시아드, 두바이 모하메드와 통화를 계속 시도하여 알아보라고 지시하였다.

♦ 두바이 대리인과 통화 재개

저녁 8시 45분 피터가 통화를 계속 시도했으나 불통이었던 두바이 모하메드와 통화가 되었다. 모하메드는 모가디슈로의 송금이 완료되었다고 하면서 내일 아침 10시까지는 우리 배가 풀려나올 것이라고 언급하였다.

일단 두바이 모하메드와 연락이 지속적으로 이루어지고 그의 말이 압디의 말과 일치하여 다행이라고 생각하였다. 모하메드가 송금 완료 후에 나름대로 우리 측 전화와 요구에 다시 대응하고 있다는 느낌을 받았다. 자신이 우리에게 "현금을 수령하고 1시간 후에 우리 숙소로 돌아오겠다"라는 약속과 이후 6시 30분경 또 "우리 숙소로 오겠다"라는 약속을 연이어 지키지 않았으니 양심의 가책이라도 조금 느껴서 우리의 전화를 제대로 계속 받기를 기대하였다.

9시 16분 피터는 미 해군 연락사무소에 전화하였다. 우리 측 요청에 따라 미 군함이 원래 위치에서 4마일 정도 후방에서 대기 중임을 확인하였다.

9시 25분 피터가 다시 압디와 통화하였다. 피터는 조기 석방 약속을 지키라고 강하게 압박하였으며 압디는 "내일 오전 10시까지 동원호를 풀어주겠다"라는 말을 반복하였다.

9시 45분 피터는 두바이 대리인 모하메드에게 다시 전화하여 지연 배경과 현지 상황을 확인하였다. 모하메드는 자신이 두목 모하메드와 통화했으며 내일 오전 9시(소말리아 시간으로 추정)까지는 출항할 수 있을 것이고, 압디로부터도 같은 메시지를 받았다고 전했다. 피터가 "모가디슈로 송금이 완료되었는데 왜 동원호가 풀려나지 못하느냐"라고 물었으며 모하메드는 "구체적으로 잘 모르겠으나 아마 나쁜 날씨 때문에 작은 보트가 동원호에 접근하지 못한 것 같다"라고 대답하였다.

소말리아와 두바이의 시차가 1시간이기 때문에 두목 모하메드가 말한 오전 9시가 소말리아 시간이라면 두바이 시간 10시이므로 압디의 말과도 일치하는 것이었다.

합의금 전달 후 8시간 경과

바로 저녁 9시 50분(서울 시간 30일 새벽 2시 50분) 나는 이준규 국장에게 상기 통화 내용과 진행 상황을 보고하였다. 이 국장은 상부에서 조바심을 내고 있다고 하면서, 결국 그간 협상을 해 온 압디에게 최대한 압력을 가해야 할 것이니 압디와의 대화 채널을 계속 유지하라고 지시하였다.

현 상황에서 정말로 초조한 사람은 강 상무와 나라는 생각이 스쳤다.

이후 협상팀의 내부 협의를 통해 1) 우선 석방금 전액이 모가디슈로 송금되었음을 확인했으니 해적 손에 돈이 들어갔다고 보고 2) 동원호 석방은 이 밤이 지나야 가능하며 해적 말을 믿는다면 내일 아침 9~10시경이 될 것이라고 전망하고 3) 압디를 비롯한 해적 모든 관계자와 계속 접촉하기로 하였다.

나는 해적을 내재적 접근으로 이해한다면 우리와 시간 개념이 다를 수 있다고 생각했다. 전체 계획에 따라 상황 관리와 필요한 준비를 미리 하는 우리와는 달리, 상황이 닥치면 그때 가서 그 상황에 맞추어 준비하는 식으로 대응하고 있을지도 모르니 스스로를 위로하기로 하였다. 그들의 "곧(soon)"이나 "한 시간(one hour)"은 분명히 우리의 시간 감각과는 다를 것이라고 생각하기로 하였다.

◆ 석방, 내일로 지연

나는 저녁 10시 10분(서울 시간 30일 새벽 3시 10분) 다시 이준규 국장에게 압디와 모하메드와의 접촉 결과와 협상팀의 상기 잠정 결론을 설명하였다. 밤사이 동원호 석방은 기대할 수 없으며 해적이 약속을 지킨다면 내일 아침 9~10시경(두바이 시간)이 될 것으로 예상한다고 보고하였다.

저녁 10시 20분경 피터는 바레인 미 해군 연락사무소에 동원호가 내일 오전 9시 이후에 석방될 것 같다고 알려 주었다.

◆ 해적 두목 모하메드, 합의 전액 수령 확인

저녁 10시 30분 시아드(초기 나이로비에서의 협상 대리인)가 피터에게 전화를 걸어왔다. 이어 11시에도 통화하였다.

첫 번째 통화에서 시아드는 (자신의 조카라고 알려진) 해적 리더 중 한 명인 가라드(Garaad)로부터 합의금의 50%만 받았다는 얘기를 들었다고 하면서 그것이 동원호 출항이 안 되는 이유인지도 모르겠다고 알려 왔다. 이에 대해 피터는 이를 강하게 부인하고 동원수산이 자신의 입회하에 합의금 100%를 두바이 대리인 아리와 모하메드에게 확실히 전달했으니 다시 확인해 보라고 하였다.

이어 피터는 10시 50분 두바이 대리인 모하메드와 통화하였다. 해적 일부가 합의금 50%만 받았다는 얘기를 하고 있다고 하고 그 경위를 물어보았다. 모하메드는 그럴 리가 없으며 오늘 오후 수령한 현금 전액을 모가디슈로 송금하였다고 대답하였다. 아울러 두목 모하메드가 자신에게 말하기를 압디가 내일 동원호로 직접 가서 행동대원을 데리고 나올 것이라고 했다고 알려 주었다.

시아드는 밤 11시 피터와의 2번째 통화에서, 다시 알아보니 좋은 뉴스는 두목 모하메드가 자신과의 통화에서 합의금 100%를 수령했음을 확인하였다고 하였다. 오늘 출항하지 못한 것은 나쁜 날씨로 작은 보트로 철수할 수 없었기 때문이었으며 해적이 선장에게 약속한 음식(food)[60]을 챙기느라 시간이 걸린 것 같다고 하였다. 피터가 "그것이 무엇이냐?"라고 물으니 "동물(animal)"이라고 하여 다시 물어보니 "염소(goat)인 것 같다"라고 하였다. 이어 시아드는 내일 아침 일찍 압디가 직접 동원호에 가서 출항할 수 있도록 할 것이며, 현재 압디는 전화가 없는 연안 가에 나와 있어 통화가 안 된다고 알려 주었다.

협상팀은 우선 두바이 모하메드와 시아드의 말이 일치하여 안도하였다.

피터는 시아드와 2차례 통화한 후, 나에게 시아드가 사실을 얘기하고 있고 진정성이 있다(genuine)는 느낌을 받았다고 보고하였다. 피터는 일련의 과정을 겪으면서 해적이 우리와의 합의 이행을 의도적으로

---

60 김진국 항해사에 의하면 7월 29일 해적들이 "돈이 왔다. 너희들 내일 나간다"라고 하면서 해적도 선원들도 잔칫집 같은 분위기였으며 해적들이 소 한 마리를 잡아주겠다고 하더니 정말로 소를 잡아주었다고 한다(김영미, 214쪽). 김영미 기자에 의하면 해적 두목이 "풀어줄 때 소 한 마리를 주겠다"라고 말했다고 한다(김영미, 221쪽).

지연시키고 있지는 않고 있다고 판단하는 것 같았다. 나도 그렇게 믿고 싶었다. 그러나 나는 상황의 변화는 항상 있으니 건전한 의심을 계속 떨쳐낼 수 없었다.

두목 모하메드가 몸값 100%를 받았다는 사실을 초기 협상 대리인이었던 시아드가 전한 것은 우리를 안심시켰다. 우리가 합의를 완전히 이행했으니 이제 두목 마호메드가 할 일은 합의에 따라 동원호를 안전하게 석방하는 일만 남았다. 나는 이러한 사실을 시아드와 완전히 공유했다는 사실이 석방으로 향한 또 한 보步 진전이라고 생각했다.

합의금 전달 후 10시간 경과

아랍 에미리트 유조선은 몸값을 전달한 지 10시간 후 풀려 나왔다.

이제 10시간이 지났는데도 우리 배는 언제 풀려날지 모르는 상황이 닥쳐왔다.

밤 11시 50분 이준규 국장의 전화에 이어, 자정(서울 시간 30일 새벽 5시)에 이규형 차관이 나에게 전화를 하였다.

이 차관은 외신을 통해 동원수산이 해적 측에 몸값을 전달하였다고 알려졌고 몸값 전달에도 불구하고 동원호가 석방되고 있지 않은 상황에 대해 언론의 관심이 매우 높아지고 있다고 우려했다. 앞으로 조 대사는 자신과 이 국장 이외에는 접촉하지 말 것을 지시하였다.

나는 지금까지의 진행 상황을 설명하고 석방이 늦어지고 있으나 해적과의 대화가 지속적으로 이루어져 왔고 해적 관계자들의 말이 일치하면서 조금씩 진전되고 있으므로 오늘(7월 30일) 오전에 해적 측과 계속 연락하여 조기 석방을 촉구해 나가겠다고 보고하였다. 이 차관은 최 선장과의 대화를 지속 유지하라고 지시하고 몇 시간이라도 잔 후에 다시 연락하자고 하였다. 이 차관과의 통화로 나는 외교부 본부의 긴장감을 느낄 수 있었다.

♦ *석방 지연 이유와 배경, 그리고 대응 방향*

나는 합의금을 해적에게 전달한 이후 당초 합의에 따라 조기 석방을 지속적으로 촉구했음에도 불구하고, 몸값을 전달한 그다음 날에야 석방을 기대할 수밖에 없는 상황에서, 밤새 잠을 못 이루고 석방이 늦어지는 이유와 배경을 다음과 같이 분석하고 대응 방향을 잡아서 스스로를 다스렸다.

1) 가장 큰 이유는 해적이 현금이 자기 손에 들어온 것을 확인해야 했기 때문이며 적어도 모가디슈까지의 안전한 입금 확인을 기다렸을 것이며, 모가디슈 입금이 확인된 후에는 해적 내부적으로 각각 자기 몫을 확인하는 과정이 필요할 것으로 보임(적어도 4개 그룹, 즉 두바이, 모가디슈, 하라데레, 선상 행동대원 간에 배분 문제가 있을 것으로 추정함).[61]

2) 두목 모하메드가 현금 100%를 수령했음을 확인한 후에는 선상의 행동대원 철수에 필요한 보트, 차량 준비 조치 등이 늦어지면서 현지 기상도 악화되고 날씨도 점차 어두워지고 미 군함이 지척에 있

---

61 나는 동원호 석방 후에 협상 과정을 복기하는 과정에서, 압디가 7월 29일 대외적으로 몸값을 80만 불로 밝힌 것은 두바이 대리인이 전체 몸값 88만 불 중 자기 몫을 두바이에서 챙기고 80만 불만 모가디슈로 송금했을지도 모른다는 생각이 들었다.

어 자신들의 안전을 고려하여 하선을 늦추고 있는 것으로 보임. 더욱이 그들의 시간 개념으로나 상식으로 보아 100여 일 붙잡아 두었다가 하루 정도 더 있다 내보내는 것이 무슨 큰일이냐고 생각할 수 있음.

3) 출항이 늦어지고 있으나, 해적의 연락선(압디, 두바이 대리인 모하메드, 초기 협상대리인 시아드)과 최 선장과의 통화가 지속적으로 이루어져 왔고, 해적 측은 우리의 요구와 관심에 계속 대응해 오고 있고, 특히 선상 행동대원이 몸값 수령을 확인하고 기뻐하고(happy) 철수 준비를 시작하였다는 것이 일단 고무적으로 판단됨. 아랍에미리트 유조선의 경우처럼 선상 행동대원이 추가 현금을 요구하지는 않을 것으로 보임. 해적 측이 현금 수령 후 10시간 동안 우리 측의 전화와 요구에 4개 채널(압디, 시아드, 두바이 모하메드, 최 선장)을 통해 계속 응해 온 것을 보면, 우리를 처음부터 기만하겠다는 의도가 있다고 보기에는 무리가 있음.

4) 과거 해적과의 협상 시 모든 전례가 예외 없이 몸값을 먼저 주고 해적이 자기 손에 돈이 들어왔음을 확인한 후에야 인질을 석방하였음. 따라서 현 단계에서는 그러한 과정이 진행되는 것이며 단지 시간의 차이가 있을 뿐이며 결국 동원호 역시 풀릴 것으로 예상할 수 있음. 피터 또한 자신의 해적과의 협상 경험으로 보아 현재까지의 과정이 특이하다고 볼 수 없으며(not unusual), 해적이 합의 이행을 일부러 지연시키려는 징후는 거의 없다고 본다는 판단도 믿음이 감.

5) 따라서 처음부터 인질을 잡고 있는 해적과의 협상에서 해적 주도로 상황이 전개될 수 있다는 사실을 예상하지 않은 것도 아니고 어쩔

수 없는 측면이 있으나, 현 상황으로 보아 해적이 우리와의 합의를 완전히 깨고 선원을 계속 잡아 둘 것으로 예상하기는 아직 이르다고 판단됨.

6) 현 단계에서는 모든 역량을 집중하여 인내심을 갖고 오늘 중 해적의 모든 접촉선과의 연락을 계속 취하면서 조기 석방을 촉구하면서 이를 실현해 나가는 수밖에 없음.

7) 만에 하나, 억류 장기화로 인해 다시 협상해야 하는 최악의 시나리오도 상정할 수 있으나 오지도 않은 미래 상황을 미리 상정하고 대응 방안을 고민할 정도의 여력이 없음.

◈ **7월 30일(토)**
합의금 전달 후 16시간 경과

다시 결전의 하루가 시작되었다. 어제 끝났어야 할 일이 기다리고 있었다.

아침 6시 45분 이준규 국장이 나에게 전화를 하였다. 밤사이 별일 없었냐고 물어서 나는 특별한 진전 사항이 없다고 하고 상기와 같이 지연되고 있는 배경에 대한 나의 분석과 판단을 보고하였다.

이 국장은 합참 보고 내용이 국내 언론에 과대 보도되고 있고 외신이 해적에게 현금을 전달한 사실을 보도함에 따라, 언론에 대해 더욱더 신중히 대응하고 있으나 이는 본부가 할 일이니, 신경 쓸 필요가 없다고 하면서 현지 협상팀은 조기 석방을 위해 최선을 다해 주면 된다고 하였다.

나는 "나를 믿어 달라"라고 했고 이 국장은 "조 대사를 계속 믿는다"라고 격려해 주었다. 서울의 긴장된 분위기에 기죽지 말고 현장에서 판단하여 할 일을 하라는 뜻이었다.

합의금 전달 후 18시간 경과

오전 8시 최 선장이 강 상무에게 전화를 하여 상황을 보고하였다. 선상 행동대원들이 각자 짐을 챙기고 있으며 해안가에 차량이 준비되었다고 들었다고 하였다. 나는 바로 이준규 국장에게 상기 통화 내용을 보고하였다.

오전 8시 피터가 미 군함이 계속 대기 중임을 확인하였다. 이어 80만 불 전달을 보도한 AP 통신 기사 내용이 소말리아어로도 보도되었다고 보고하였다.

오전 8시 10분(서울 시간 오후 1시 10분) 외교부 재외국민보호과 정기홍 서기관이 나에게 전화를 하였다. 4월 4일 동원호 피랍 사건 발생 이후 불철주야不撤晝夜로 조기 석방을 위해 최선을 다해 온 실무자로서, 석방이 임박한 마지막 단계의 상황을 다시 확인하고 싶었던 것이다. 나는 주요 진행 상황을 설명하고 앞으로 몇 시간이 고비일 것으로 판단하고 있다고 전하였다.

오전 8시 20분 바레인 미 해군 연락사무소에 파견된 한국 해군 도 소령으로부터 연락이 왔다. 강 상무가 진행 상황을 설명하고 미 해군이 최대한 협조하도록 조치를 요청하였다.

오전 9시 20분 피터가 압디와의 통화를 계속 시도하여 전화가 연결되었다. 압디는 지금 두목 모하메드와 연안에 함께 있다고 하면서 20분 후에 연락을 달라고 하였다. 나는 압디와의 연락이 재개되어 안도하였다.

오전 9시 23분 나는 이준규 국장에게 바로 상황을 알리고 20분 후에 압디와 다시 연락하기로 했다고 보고하였다.

오전 9시 45분 피터가 압디와 다시 통화하였다. 압디는 피터에게 두바이 대리인과 통화가 안 되니 동인에게 연락해서 자신에게 전화하라고 전할 것을 요청했다. 자신들이 위원회(committee)를 열어서 협의한 결과 모든 것이 준비되었으니 조금만 기다려 달라고 하였다. 이 마당에 해적이 위원회를 열고 압디가 두바이 대리인과 통화를 원한다는 것은 아직 돈 문제가 완전히 끝나지 않았음을 시사하는 것 같아 조금 불안했다.

오전 9시 50분 나는 이준규 국장에게 상기 통화 내용을 바로 보고하였다.

피터가 압디의 부탁에 따라 두바이 대리인 모하메드에게 전화를 계속 시도하였으나 불통이었다.

합의금 전달 후 20시간 경과

오전 10시 2분 피터가 압디와 통화했다. 두바이 대리인과 통화가 안 된다고 하고 "무슨 문제가 있느냐"라고 물었다. 압디는 아무 문제가 없다면서 자신은 아직 연안에 있으며 최 선장이 강 상무에게 전화할 것이며 곧 출항할 수 있을 것이라고 말하였다.

나는 압디가 두바이 대리인과의 연락을 피터에게 부탁한 것이 영 마음에 걸렸다. 이 단계에서 해적들 간 돈 배분 문제가 아직 확실히 정리되지 않았다면 또 출항이 지연되는 것이 아닌가 싶어 불안감이 들었다.

오전 10시 17분 시아드가 피터에게 전화를 걸어왔다. 현재 진행 상황을 문의하면서 두목 모하메드와 압디가 배를 타고 동원호로 갈 것 같다고 하였다. 시아드는 어젯밤 피터와 통화할 때 오늘 아침에 동원호가 출항할 수 있을 것이라고 말했으니 나름대로 전개되는 상황을 우리에게 알려 주려고 하는 것 같았다. 이 시점에서 시아드의 등장은 동원호가 결국 석방될 것이라는 희망을 주었다. 만약 풀어주지 않겠다면 이 대목에서 시아드까지 등장할 이유가 없었기 때문이었다.

♦ 행동대원 철수 개시

오전 10시 34분 최 선장이 강 상무에게 전화로 선상 상황을 보고하였다.

"작은 보트 2대가 도착해서 해적 식량과 개인 용품을 싣고 나갔으며 2대가 한 번 더 와서 남은 짐을 실어 가야 하니 1시간은 더 걸릴 것 같다. 그간 선상에 체류하던 15명 중 5명이 하선하여 현재 10명이 있고, 총기는 그대로 있으며 모하메드와 압디는 어젯밤부터 연안가에서 대기하고 있다."

강 상무는 최 선장에게 앞으로 10분 간격으로 보고하라고 지시하였다. 일단 해적이 철수 작업을 하고 있다는 소식에 희망이 보였다.

오전 10시 36분 나는 바로 이준규 국장에게 상기 상황을 설명하고 선상 행동대원이 철수를 시작했다고 보고하였다.

같은 시간 오전 10시 36분 미 해군은 다시 피터에게 동원호는 여전히 움직이지 않고 있다고 정중히 통보해 주었다. 미 해군과의 협조체계가 이러한 상황에 완벽히 작동되고 있고 있음을 확인했다. 우리 배가 풀려나기만 하면 또 다른 해적에게 납치되거나 하는 불상사는 일어나지 않을 것이라는 생각에 잠시 안도하였다.

오전 11시 최 선장은 강 상무에게 전화하였다. "이제부터 전화를 마음대로 걸 수 있게 되었고 선상 잔류 10명이 2개 보트를 기다리고 있다"라고 보고하였다.

오전 11시 10분 나는 이준규 국장에게 상기 통화 내용을 전하고 "상황이 조금씩 진전되고 있다고 봐도 될 것 같다"라고 보고하였다.

♦ 해적, 오후 1시 석방 약속

오전 11시 15분 피터가 압디에게 전화를 걸었다. 압디는 두바이 대리인과는 연락할 필요가 없고, 자신은 연안에서 출항까지 지켜볼 예정이며 두목 모하메드가 곧 동원호로 가서 선상 행동대원을 모두 데리고 나올 것이므로 오후 1시까지 기다려 달라고 하면서, 이러한 지연 상황은 모두 나쁜 날씨 탓이라고 하였다.

오전 11시 20분 나는 바로 이준규 국장에게 통화 내용을 보고하였다. 그들의 시간 개념을 신뢰할 수는 없으나 일단 '오후 1시'라는 구체적인 시점이 나왔다는 것이 또 다른 진전이며 20~30분 후에 다시 확인하겠다고 보고하였다.

오전 11시 22분 연합뉴스는 정부 당국자가 "무장단체와의 협상이 타결되어 그 절차에 따라 29일 오후부터 석방 과정이 진행 중이며 현재 돌발변수가 없는 상황"이라고 밝혔다고 보도했다. 또한 "시간적으로 볼 때 석방이 임박한 것으로 볼 수 있지만 현지 사정이 유동적이라 다소 늦어질 가능성은 있다"라고 말했으며, 다른 정부 당국자는 "현지 해역에는 납치단체뿐 아니라 다른 해적들도 창궐하는 위험한 곳임을 이해해 달라"라며 거듭 '선원들의 안전'을 강조한 뒤 "모든 절차가 마무리되는 대로 동원수산 측에서 공식 발표하게 될 것"이라고 말했다고 보도하였다.[62]

오전 11시 45분 피터는 다시 압디에게 전화하였다. 압디는 모하메드가 배로 갈 것이며 20분 후에 다시 통화하자고 하였다. 피터는 최 선장으로 하여금 강 상무에게 전화하도록 요청하였다.

합의금 전달 후 22시간 경과

12시 5분 최 선장이 강 상무에게 전화하였다. 모하메드는 배에 아직 오지 않았으며 보트 2대가 도착하여 대기 중이며 총기는 모아두었으나 행동대원 10명이 여전히 하선할 기미가 없다고 보고하였다.

12시 15분 피터가 압디와 다시 통화하였다. 압디는 두목 모하메드가 동원호를 향해 출발하였다고 하면서 풍랑이 있으니 조금만 더 기다려 달라고 하였다. 피터가 "무슨 문제가 있느냐(Is there any problem?)"라고 물었다. 압디는 "아니다. 우리는 돈을 받았으며 우리는

---

62   "동원호 석방 임박, 최종절차 진행중(종합)," 연합뉴스, 2006년 7월 30일

당신들에게 매우 만족한다(No. We have the money. We are very satisfied with you)"라고 대답하고 "곧 석방될 것"이라고 말하였다.

나는 이 통화 내용을 듣고 이제 우리 배가 풀려나오는 것은 정말로 시간 문제라는 생각이 들었다. 마침내 터널의 끝이 보이는 것 같았다. 나는 모두에게 인내심을 갖고 조금만 더 참자고 하였다.

12시 25분 나는 이준규 국장에게 상기 상황을 전하고 동원호가 확실히 풀려나올 것으로 보이나 조금 더 기다려야 할 것 같다고 보고하였다. 이 국장은 "그들의 시간 개념은 다를 테니 좀 더 기다려 보자"라고 하였다.

12시 35분 미 해군 연락사무소 연락관이 피터에게 현재 미 군함이 계속 대기 중이라고 알렸다. 미군 상부의 관심 사항이라고 강조하고 동원호 석방 시점 전망을 문의했다. 피터가 조만간 석방될 것이라고 알려주고 그간 협의한 대로 미 해군이 최대한 협조하도록 요청하였다.

12시 50분 피터가 다시 압디에게 전화를 하였다. 압디는 자신도 연안에 있어 동원호에 간 두목 모하메드의 연락을 기다리고 있다고 하면서 지친 듯 조금만 더 기다려 달라는 말을 반복하였다.[63] "언제 출발할 수 있느냐"라는 피터의 계속된 질문에 대해 선상에서 일어나는 일을 모르는 듯 더 이상 구체적인 시간은 언급하지 않았다.

압디가 우리에게 전달했던 '1시 석방'은 다시 어렵게 되었으나, 나는 일단 해적들이 움직이고 있다는 사실을 계속 확인하면서 전반적인

---

63 돌이켜 보면 두목 모하메드는 동원호에 가지 않았음에도 불구하고 압디는 우리에게 석방이 늦어지고 있는 상황을 둘러대기 위해 거짓말을 한 것이었다.

흐름은 '석방'이라는 마지막 종착지를 향해 가고 있다고 느꼈다.

오후 1시 미 해군 연락사무소 연락관이 피터에게 다시 상황을 확인하기 위해 연락이 왔다. 피터는 다시 현 상황을 설명하였으며 미 해군 연락관은 내일 7월 31일까지는 군함이 바로 앞에서 계속 대기하겠다고 하였다.

오후 1시 10분 피터는 압디에게 다시 전화하여 최 선장이 강 상무에게 전화하도록 해 달라고 요청하였다. 압디는 다시 "45분만 더 기다려 달라"라고 하였다. 피터는 나에게 압디가 2시간 전에 비해 지친 듯 조용해진 것 같다고 보고하였다.

오후 1시 15분 나는 피터에게 해적 내부적으로 여전히 '돈 분배' 문제가 석방 지연의 원인일 수 있으니 두바이 모하메드에게 다시 확인해 보라고 지시하였다.

오후 1시 22분 피터가 두바이 모하메드에게 전화를 하니 모하메드는 20~30분 후에 통화하자고 하였다.

오후 1시 30분 나는 이준규 국장에게 상기 진전 상황을 설명하고 최 선장의 전화를 기다리고 있으니 앞으로 30분 정도 상황 전개를 지켜보자고 보고하였다.

오후 1시 47분 피터가 두바이 모하메드와 통화가 다시 이루어졌다. 모하메드에게 "돈 문제가 있느냐"라고 묻자 모하메드는 "문제없다"라고 하면서 두목 모하메드와 접촉한 후에 다시 연락을 주겠다고 하였다.

나는 이 단계에서 출항이 지연되고 있는 것은 두목 모하메드와 선상 행동대원 간의 '돈 분배' 문제를 둘러싼 해적 내부 갈등 때문인 것이 거의 확실하다고 추측하였다.

합의금 전달 후 24시간 경과

오후 2시 10분 최 선장이 강 상무에게 전화하였다. 해적 두목 모하메드는 동원호에 승선하지 않았으며 선상 행동대원들이 전화를 독점하여 육지 쪽과 계속 통화하고 있으며 '돈 배분' 문제로 보인다고 했다. 행동대장은 선장 자신에게 곧(soon) 떠나겠다고 말하고 있고 현재 선박과 해상 상태는 좋다고 보고하였다[64].

나는 아랍에미리트 유조선 석방 과정에서 현금 전달 후에 선상 행동대원이 떠나지 않고 추가 현금을 요구했나는 사실이 떠올랐다. 동원호 선상 행동대원들은 그간 같이 지낸 선원들 사정을 잘 알고 있으므로 추가금을 요구하지 않은 대신, 두목 마호메드에게 마지막 단계에서 자신들의 철수를 명분으로 그들 간 했던 내부 합의 이상의 추가 배분을 요구하고 있는 것이 아닌가 하는 생각이 들었다.

나중에 최 선장이 행동대원에게 확인해 보니 두목 모하메드는 압디와 함께 연안에 있다가 동원호로 오지 않고 자신의 집으로 돌아갔다. 압디가 피터에게 두목 모하메드가 동원호로 갔다고 한 말은 결국 석방이 지연되고 있는 상황을 둘러대기 위한 거짓말이었다.

♦ *해적 내부의 돈 배분 문제 해결 확인*

---

64   김진국 항해사는 당시 상황에 대해 "그때 해적 두목과 전화하던 행동대장이 갑자기 언성을 높이면서 화를 냈다. 선장이 금액 분배 때문에 싸움이 난 것으로 알고 회사와 통화하게 해 달라고 요청하여 꽤 오랫동안 회사 사람과 통화를 했다. (이후) 117일보다 더 긴 4시간이 흘렀다"라고 한다(김영미, 215쪽).

오후 2시 40분 피터가 두바이 대리인 모하메드와 통화가 이루어졌다. 모하메드는 압디와 두목 모하메드로부터 현지 소말리아 시간 오후 2시(두바이 시간 오후 3시)경에는 동원호가 출발할 것이라고 들었다고 했다. 사실 자신들 내부적으로 현금 전달 과정(money transfer chain)에 있어서 약간의 소통 문제(communication problems)가 있었으나 완전히 해결되었다고 말하였다.

오후 2시 45분 피터는 압디와 통화하였다. 피터는 "당신이 약속한 1시가 지났으니 선상 행동대원을 바로 철수시켜라. 앞으로 몇 분이면 되겠느냐"고 다그쳤다. 압디는 매우 흥분된 상태로 사실은 자신들의 4개 그룹(두바이, 모가디슈, 하라데레, 선상 행동대) 간에 소통의 오해(miscommunication)가 있었다고 시인하고 "이제 문제가 완전히 해결되었으니 이제 정말로 1시간만 기다려 달라, 그렇게 되지 않으면 다시는 나를 믿지 말라(one more hour, if not, never trust me again)"라고 언급하였다.

나는 드디어 우리가 터널의 끝에 성큼 다가왔으며 그야말로 시간 문제라고 판단하였다.

오후 2시 50분 나는 바로 이준규 국장에게 통화 내용을 보고하였다. 외교부 이규형 차관 이하 모든 관계 직원이 대기하고 있다고 하면서 진행 상황을 계속 보고해 달라고 지시하였다.

오후 3시 피터는 미 해군 연락사무소에 연락하여 곧 동원호가 석방될 예정이니 만반의 준비를 요청하였다. 미 해군은 동원호는 연안에서 2.5마일에 계류되어 있고, 미 군함은 연안에서 27.5마일 지점에서 기다리고 있다고 하면서 동원호가 출항하면 1시간 정도 후에 만날 수 있을 것으로 전망하고, 동원호가 필요하다면 기름 등 필요 물자를 제공하겠다고 전해왔다.

피터는 통화 후, 미 군함이 필요 물자를 제공하더라도 비용을 청구하지는 않을 것이라고 나에게 말했다. 이심전심으로 같이 미소를 지었다. 한미 동맹의 가치와 효용을 절감하는 순간이었다.

그간 우리가 접촉해 왔던 미 해군 연락관은 '가르디니(Gardini)' 중위(Lieutenant), '와이즈맨(Wiseman)' 중위, '콜키트(Collquit)' 중위이며 번갈아 우리에게 연락을 주며 도와주었다.

오후 3시 20분 최 선장이 강 상무에게 전화하였다. 행동대원들이 "두목 모하메드와 모든 협의가 끝났다"라고 하면서도 아직 선상에서 육지와 통화하고 있다고 보고하였다. 나는 일단 행동대원이 두목 마호메드와 협의가 끝났다고 말했다는 것이 결정적인 진전이라고 판단하였다. 나는 바로 이준규 국장에게 최 선장과 통화 내용을 바로 보고하였다.

오후 3시 40분 피터가 두바이 모하메드에게 전화하였다. "당신이 얘기했던 3시가 넘어서도 아직도 동원호가 석방되지 못하고 대기 중이라고 하니 무슨 문제가 있느냐?"라고 물어보았다. 모하메드는 "돈 배분과 관련하여 모가디슈 그룹과 하라데레 그룹 간의 문제였으나 이제 해결되었다"라고 하면서 석방은 "조금만 더 기다려 보라"라고 하였다.

합의금 전달 후 26시간 경과

오후 4시 피터가 압디에게 다시 전화하였다.

"이미 또 한 시간이 지났으며 이렇게 당신들이 약속을 지키지 않아 상황을 악화시켰다. 세계의 많은 선주들이 이 사건에 대해 높은 관심을 갖고 당신들이 약속을 지키는지를 주목하고 있다. 당신들은 이제 이 바닥에서 비즈니스는 끝났다. 앞으로 아무도 당신들에게 돈을 주지 않을 것"이라고 강력히 항의하고 경고하였다. 압디는 "정말 미안하다"라고 하면서 "30분만 더 기다려 달라"고 하였다.

4시 20분 나는 이준규 국장에게 해적들이 철수 준비 중으로 보이며 다시 30분을 기다려 달라고 한다고 보고하였다.

4시 25분 이규형 차관이 나에게 전화를 하였다. 나는 "해적이 그간 시간을 끈 것은 돈 배분 문제를 둘러싼 해적 내부의 4자 간 갈등이었던 것으로 보이나 해적의 모든 관계자가 이제 동 문제가 해결되었다고 한다"라고 보고하였다. 최 선장이 출발 준비를 다 하고 대기 중인 현재 상황을 설명하고, "해적이 그간 '1시간 기다려 달라'고 하다가 '30분만 기다려 달라'고 하니 일단 무언가 진행 중인 것은 분명한 것으로 보이니 5시까지 기다리겠으며, 미 군함은 소말리아 영해 바로 앞에 대기 중"이라고 보고하였다.

합의금 전달 후 27시간 경과

♦ 선상 행동대원 철수 시작

오후 5시 5분 피터가 압디에게 전화하였다. 압디는 "지금 철수하고 있다"라고 말하였다.

5시 5분 같은 시간에 최 선장이 강 상무에게 전화하였다. "선상 행동대원이 모든 무기와 함께 전원 철수하고 있으며 총부리를 대고 선내 일부 기기를 떼어 갔으며 작은 보트로 떠날 예정"이라고 보고하였다. 강 상무는 출항 시 바로 보고하라고 지시하였다.

압디와 최 선장으로부터 동시에 같은 내용의 연락을 받아 확인되었으니 선상 행동대원의 철수는 정말 확실한 것이었다. 동원호가 드디어 해적의 손아귀로부터 117일 만에 풀려나오는 순간이었다.

오후 5시 10분 나는 바로 이준규 국장에게 해적이 철수 중이라는 사실과 함께 선장이 출항할 때 전화로 알려 줄 예정이라고 보고하였다.

오후 5시 15분 최 선장은 강 상무에게 전화하여 현재 기름과 부식 재고가 부족하다고 하면서 케냐 몸바사로 향발向發하겠다고 보고하였다. 나는 바로 이 국장에게 동 내용을 보고하였다.

오후 5시 25분 강 상무는 레바논 주재 미 해군 연락사무소의 한국 해군 연락관 도 소령에게, 피터는 미 해군 연락관에게 각각 동원호가 곧 출항한다고 통보하였다.

합의금 전달 후 27시간 45분 만에 석방

◆ 동원호, 오후 5시 30분(서울 시간 밤 10시 30분)경 출항

오후 5시 45분 최 선장이 강 상무에게 전화하였다. 10분여 전에 출발하여 안전하게 항해 중이며 빠르면 한 시간 내에 미 군함과 만날 것 같다고 보고하였다. 협상팀은 모두 "와" 하고 함성을 질렀다. 지난 4월 4일 해적들에게 납치된 지 117일 만에 선원 25명과 선박이 완전히 안전하게 석방되었다.

협상팀이 전날 29일(토) 오후 1시 45분 두바이 대리인에게 합의금을

전달한 후 딱 28시간이 지난 시점이었다. 협상팀, 동원수산 본사 및 외교부 관계관 모두에게 그 어느 때보다 길었던 피 말리는 시간이었다.

바로 5시 47분 나는 이준규 국장에게 '5시 30분경 동원호 출항' 사실을 보고하였다.

이어 오후 6시 5분 이규형 차관이 나에게 전화하여 정말 수고했다고 격려하면서 강 상무에게 "노고를 치하하며 사의를 전하라"라고 지시하였다. 나는 바로 강 상무에게 이 차관의 메시지를 전하였으며 강 상무는 오히려 자신과 동원수산이 외교부와 조 대사를 비롯하여 그간 협상에 참여해 준 여러 대사분들에게 정말 감사하다고 말하였다.

오후 6시 10분 나는 주아랍에미리트 대사관에 전화하여, 이준재 대사, 김종근 참사관, 손용호 영사에게 각각 동원호 석방 소식을 알리고 그간의 협조에 감사하다고 전했다.

오후 6시 10분경 레바논 소재 미 해군기지에 파견된 한국 해군 연락관 도 소령이 동원호가 8노트로 항해하고 있다고 알렸다.

오후 6시 20분 이준규 국장이 나에게 전화하여 동원호가 소말리아 영해를 벗어나는 시점이 언제로 예상되는지를 물었다. 우선 최 선장의 보고에 의하면 7시 전후가 될 것으로 보이며 미 해군과도 연락을 유지하여 계속 파악하여 보고하겠다고 하였다.

외교부 본부는 바로 이때(서울 시간 7월 30일 밤 11시 20분) 동원호 석방을 알리는 외교부 대변인 명의의 성명 및 이준규 국장의 언론 브리핑을 준비하고 있었다. 나중에 확인해 보니 오후 7시 (서울 시간 30일 자정)에 브리핑을 실시하였다.

저녁 7시경 미 군함 동원호 호위 개시

7시 미 해군 연락관이 피터에게 동원호는 8노트, 미 군함은 20노트로 항해하고 있으며 곧 조우할 것이라고 알렸다.

7시 20분 한국 해군연락관 도 소령이 동원호가 소말리아 영해를 완전히 벗어나서 공해상에서 미 군함(John E Williams호)을 만났으며, 미 군함 호위 하에 안전하게 운항 중이라고 알려 왔다.

7시 22분 나는 바로 이준규 국장에게 동원호가 미 군함 호위 하에 안전하게 항해 중이라고 마지막 보고를 하였다. 나는 임무가 완전히 끝났으니 바로 귀국하겠다고 하니 이 국장은 수고했다면서 서울에서 보자고 하였다.

저녁 9시경 압디가 강 상무에게 전화를 했다.

압디는 강 상무에게 "정말로 고맙다. 강 상무의 서울 전화번호를 알려 달라, 계속 연락하자"라고 하였다. 통화 내용을 듣고 우리 모두 웃었다. 왕 사장은 세상일은 모른다고, 소말리아 해역은 물고기가 좋아서 어차피 비즈니스의 세계이니 압디의 전화번호는 기억해 두라고 말하였다.

협상팀 작별 및 귀국

나는 주어진 임무가 끝나서 두바이 체류에 더 이상 미련이 없었다. 7시 30분 대사관 손용호 영사에게 전화하여 당일 밤 두바이 출발 항공편으로 귀국한다고 외교부에 정식으로 보고하도록 요청하였다.

강오순 상무에게 누구보다도 협상 타결에 가장 공헌한 바가 커 수고가 정말 많았으며, 같이 일할 수 있어 좋았고 서울에서 다시 보자고 작별 인사를 하였다. 왕기주 사장에게는 마지막 단계에 합류해 협상팀을 격려해 주어 감사하다고 하고, 이호남 이사에게도 석방금 전달 과정에 수고가 컸으며 감사하다고 하였다.

김성섭 경정에게는 마지막 단계의 결정적인 시점에 협상팀에 합류해 주어 마음 든든했다고 했다. 또한 베테랑 경찰로서 전문적 역량을 유감없이 발휘해 주어 감사하며 기회가 되면 해적을 잡으러 같이 가자고 하였다.

피터에게는 한국 외교부가 이번 협상의 성공적 타결에 크게 기여한 피터의 활동을 높이 평가한다고 하고, 함께 일하면서 개인적으로 많이 배웠고 적극적이며 진지한 파트너십에 감사하다고 하였다.

피터는 한국 정부가 자신에게 이런 기회를 주어 감사하며 한국 외교관 및 기업인과 함께 일할 수 있어 영광이었으며, 자신이 알기로는 그 어떠한 나라도 동원호 사례의 한국 정부처럼 진지하고 실질적 도움을 사기업에 준 적이 없었고 앞으로도 없을 것 같다고 언급하였다. 이어 웃으면서 "조 대사로부터 많이 배웠다. 조 대사가 외교관을 퇴직하면 나와 함께 납치 해결 전문 회사를 차려 보자"라고 제안하였다. 그도 나와의 파트너십이 그리 나쁘지 않았다고 생각하는 것 같았다.

나는 바로 짐을 챙겨 30일(일) 늦은 밤에 한국행 비행기를 타고 31일(월) 아침 5시에 귀국하였다. 2006년 7월 11일(화)부터 31일(월)까지, 총 21일간의 짧지만 긴 여정이었다.

협상 평가와 소감

나는 귀국하는 비행기에서 이번 협상에 대한 개인적인 평가와 소감
을 이렇게 정리하였다[65].

1. 협상의 성공 배경

♦ 협상 팀원 간의 신뢰를 바탕으로 한 효과적인 파트너십

나는 먼저 우리 협상팀 3인이 신뢰를 바탕으로 무슨 말이라도 서로
할 수 있는 완전한 소통 체제를 구축하고 격의 없는 토론을 지속함으
로써 해적의 행동에 대해 적시에 바로 대안을 만들어 대응했던 것이
주효했다고 생각하였다.

사실 강 상무, 피터, 그리고 나는 각각 인생 배경도 다르고 그간 다른
분야에서 경험과 역량을 쌓아 왔기 때문에, 처음 만나서 단기간에 공
동 목표를 달성한다는 것은 쉽지 않은 상황이었다. 그러나 나는 두바
이에 도착하여 이 두 사람과 만났을 때부터 첫인상과 느낌이 좋았다.

강 상무의 끝없는 인내심과 성실한 태도에는 늘 배울 것이 있었고

---

65   나는 9시간 남짓 비행하는 동안 20일 간의 해적과의 협상 직후 당시 느꼈던 그대로를 기록
     하였다. 이후 귀국하여 관련 동향을 알게 된 후의 협상 평가 등은 '결론'에서 다룬다.

피터 역시 자신의 역량을 과시하지 않고 한국인 정서에 대한 나름의 이해를 바탕으로 항상 예의를 갖추면서 자신의 의견을 분명히 밝혔다. 피터의 이런 자세는 그때그때의 상황 판단에 크게 도움을 주었다.

우리 3인은 특히 석방금을 최종 합의한 7월 25일(화) 전후부터 7월 30일(일) 동원호 석방까지 마지막 6일 동안은 24시간 내내 완전히 같이 호흡을 맞추면서 변화하는 상황에 대응하였다. 강 상무와 피터가 번갈아 해적의 모든 관계자와 지속적으로 통화한 후, 통화 내용과 이에 대한 분석과 평가를 바로 공유했다. 이를 기초로 우리의 계획에 따라 조금씩 진전시키면서 석방은 '시간 문제'라는 확신을 더욱 굳힐 수 있었다.

♦ 외교부와 동원수산 본사의 협상팀에 대한 절대적 신뢰

아울러 외교부와 동원수산 본사가 협상팀을 절대적으로 신뢰하고 현지 판단을 최대한 존중하여 건의를 거의 100% 수용해 준 것이 협상 진전과 타결, 동원호 안전 석방에 있어 결정적인 요인이 되었다.

우선 4월 4일 동원호 납치 사건 발생 직후부터 외교부와 동원수산 본사 간의 의사소통과 협력 체제가 원만하였다. 정부가 국제적인 관례에 따라 해적과의 협상에 공식적으로 나설 수 없으므로 동원수산이 협상을 주도하고 정부는 최대한 지원한다는 기본적 역할 분담이 처음부터 끝까지 지켜졌다.

무엇보다도 강 상무의 본사 보고와 나의 외교부 본부 보고가 실시간으로 공유되었다는 것이 우리가 시의적절한 결정을 내리는 데 매우 효과적이었다. 물론 그 바탕에는 강 상무에 대한 동원수산 본사의 기본적인 신뢰와 외교부 본부, 특히 이규형 차관과 이준규 국장의 나에 대한 절대적 신뢰가 있었기 때문이라고 생각하였다. 강 상무는 본사의 내부 사정 등으로 연일 다양한 지시로 심신이 피곤할 텐데도 흔들림 없이 성실한 자세를 일관되게 유지하여 자신의 입지를 지켰으며 본사도 결국 이러한 태도를 높이 평가하는 것 같았다.

강 상무와 나는 피터의 의견을 포함하여 3인의 공동 판단에 따른 보고와 건의임을 전제로 동원수산 본사와 외교부로 각각 보고하였다. 덕분에 동원수산 본사와 외교부는 급박히 돌아가는 상황에 별다른 이견 없이 현지 판단을 근거로 바로 주요 결정을 내릴 수 있었다.

물론 외교부로서는 사건 해결의 결정적인 요소인 석방금 전달은 결국 동원수산이 하는 것이며 사기업으로서 내부 사정도 있기 때문에 석방금 액수 결정과 같은 문제에 있어서 조언과 설득에 한계가 있었을 것으로 짐작하였다. 그러나 이러한 문제 역시 외교부와 동원수산 본사의 고위 인사들 간의 격의 없는 대화와 동원수산과 친분 관계가 있는 모某 전직 대사의 중간 역할로 순조롭게 해결된 것으로 느꼈다.

2. 협상 타결과 이행 과정 평가

이번 협상 전 과정에선 해적이 인질이라는 결정적인 지렛대(leverage)를 가지고 있고 끝까지 이를 포기하지 않을 것이라고 전제해야 했다. 따라서 우리 측이 선원의 안전을 계속 확인하면서 해적의 요구를 단계별로 어느 정도 수용할 수밖에 없는 기본 구조하에서 협상이 진행되었다.

우리는 해적이 양보할 수 있는 여지를 계속 찾아 우리의 입장을 최대한 반영할 수 있도록 아이디어를 짜내서 교섭해야 했다. 이에 따라 해적에게 우리 입장을 일관되게 전함으로써 결국 반복 교육이나 경고의 효과를 거둘 수 있었다. 특히 교섭이 장기화하면서 양측 협상자 간 일종의 인간관계가 형성되고 신뢰가 쌓여서 더 효과를 발휘할 수 있었다.

내가 7월 12일 협상팀에 합류한 이후 협상은 2단계로 이어졌다.

1단계는 7월 12일~7월 25일간 우리의 협상 목표인 '안전하고 조속한 선원과 선박의 석방'을 위해 해적에게 전달할 일정 수준의 몸값에 관한 합의에 도달하는 과정이었다. 2단계는 7월 25일~7월 30일간 합의한 석방금을 확실하게 전달하고 동시에 선원을 안전하게 석방하는 과정이었다.

◈ 1단계에서의 목표는 석방금의 조속한 합의였다

♦ 80만~90만 불 사이에서 타결 도모

내가 7월 12일 협상팀에 합류했을 때는 이미 양측 간 석방금 수준을 80만 불에서 90만 불 사이에서 탐색하던 중이었다. 양측이 100일 넘게 협상하면서 상대방 입장을 어느 정도 이해하고 안착 지점을 찾으려던 시점이었다. 나로서는 과거 협상 경위보다는 앞으로 해적의 요구 수준이 더 이상 올라가지 않도록 하는 것이 중요했다.

내가 협상에 참여하면서 안도했던 점은 먼저 선원의 안전을 일관되게 확인할 수 있었고 해적이 100여 일간 협상 기간 중 선원의 안전을 앞세워 우리를 심각하게 위협한 사례가 없었다는 점이었다. 선원의 안전에 혹시라도 문제가 생긴다면 협상의 향방이 불확실해져 대응하기 어려운 상황이 될 것이기 때문이다.

이어서 안도한 점은 협상 과정에 양측 협상자, 즉 강 상무와 압디 간의 대화가 비교적 정상적으로 이루어져 역설적으로 두 사람 간에 일종의 신뢰 관계가 형성된 것으로 보였다는 점이었다. 적어도 해적이 그간의 협상 진전 사항을 갑자기 완전히 뒤집어 원점으로 되돌아가는 상황은 벌어지지 않을 것으로 기대하였다.

또 하나는 피터의 전문적 역량을 기반으로 한 시의적절한 판단과 조언으로 해적을 단기간에 종합적으로 파악하여 협상의 전체 구도를 잡을 수 있었다.

피터는 해적과의 교섭을 우리가 서두르고 있다는 인상을 절대로 주어서는 안 되며 갑자기 몸값을 크게 올려 제의하는 것은 금물이라고 일관되게 강조하였다. 따라서 자신이 협상팀에 합류하기 전인 6월 중순경 동원수산이 2개월간 견지해 온 30만 불에서 한꺼번에 두 배인 60만 불로 제의한 것은 결코 바람직하지 않았으며 이에 따라 해적이 더 받을 수 있다는 판단을 했을 것이라고 하였다.

피터의 분석대로 해적은 60만 불 제의를 받고 나서 90만 불로 올려서 요구 수준을 굳혔다. 거기에 김영미 기자의 해적 본거지 방문, 동원호 체류와 협상 개입은 해적을 더욱 고무시켰다. 7월 19일 해적은 팩스로 최 선장과 김 기자의 제의로 90만 불을 요구하였다.

나는 피터에게 나 역시 마지막 단계에 협상에 참여한 만큼 우리가 다시 몸값 수준을 낮추는 식으로 협상을 되돌릴 수는 없으므로 80만

~90만 불을 고수해 나가되 현금 전달 과정 등 후속 조치에 있어서 우리의 요구 사항을 확실히 이행하게끔 하자고 하였다.

반면에 내가 우려했던 점은 6월 중순 해적이 동원호 협상에 관한 한국 정부의 브리핑 내용을 소말리아 뉴스를 통해 인지하는 등 한국 언론 동향을 계속 청취하고 자신들의 입지가 강화되었다고 판단했을 가능성이었다. 그렇다면 다시 요구 수준을 더 높이면서 협상을 질질 끌고 갈 수 있기 때문이다. 더욱이 7월 12일부터 있었던 김영미 기자의 협상 개입과 취재 보도가 얼마만큼 협상에 부정적인 영향을 미칠지 예상할 수 없었다.

이러한 우려에도 불구하고, 다행히도 내가 협상팀에 합류한 7월 12일 첫날 양측에서 오가던 80만~90만 불 선에서 지속적으로 협상이 이루어졌다. 해적의 110만 불 요구에 대해 우리의 강경 자세를 보여주기 위해 우리 측 협상자인 강 상무를 협상 실패 책임을 물어 교체한다고 경고함으로써 해적의 요구 수준을 다시 90만 불로 낮추게 했다. 100여 일 이상 지속된 억류 기간 중 해적들과 생활하면서 해적과 인간적 관계를 갖게 된 최 선장을 통해서도 해적 두목 모하메드와 압디에게 80만 불대 타결을 계속 설득하였다.

♦ *문서 교환 및 부대 조건 명시*

이러한 최종 석방금 협상 과정에서 우리는 구두 협상에 벗어나 액수 제의와 함께 '현금 전달과 동시 석방'이라는 조건을 명시적으로 문서 형식으로 계속 전달했다. 또한 최종 합의 문서에도 포함시켜서 이 조건이 양보할 수 없는 조건(bottom line)임을 인식시켰다. 해적이 적어도 일단 양해한 사안은 형식적으로는 되돌릴 수 없도록 단계별로 이슈를 하나하나 굳히기에 들어갔다.

결과적으로 7월 25일 MBC 〈PD 수첩〉 방영 직전에 최종 금액 88만 불과 우리 측 조건에 대해 합의하였다. 이에 따라 석방금 전달 후 2단계에서 합의를 계속 환기시키면서 '조기 석방'을 강하게 요구할 수 있었던 것이다.

◈ **2단계에서의 목표는 석방금을 해적에게 제대로 전달하고 바로 선원을 안전하게 구출하는 것이었다**

석방금 합의 후 우리의 이행 사항은 해적과 처음으로 대면하여 석방금을 현금으로 전달하는 것이었다.

♦ *전문 인원 보강*

나는 이 과정에 대해서 처음에는 외교부 본부와 동원수산 본사는 크게 신경을 쓰지 않는다는 느낌을 받았다. 어떤 메뉴얼이나 상세한 지침을 받지 않았다. 나는 몸값 수령 대리인의 정체를 전혀 모른 채, 협상팀 일원이 살상당할 위험과 돈만 탈취당하는 가능성 등 예상하지 못한 상황이 벌어질 수 있다는 생각에 불안감을 떨쳐내지 못했다.

나는 이런 납치범에게 현금을 전달하는 업무를 수행할 때는 외교관이 협상 경험과 전문성을 갖고 할 수 있는 일과 하기 어려운 일을 구분하는 것이 필요하다고 생각했다. 따라서 업무를 안전하게 제대로 수행하려면 관련 분야의 전문가와 함께 대응해야 한다고 판단하였다.

왜냐하면 현장 경험으로 역량을 갖춘 전문가가 현금 전달 과정의 위험 요소를 가능한 한 제거함으로써 협상팀의 안전이 위협받거나 또 다른 인질이 발생하는 상황을 예방할 수 있으며 동시에 상대방에게 안전하게 현금을 전달할 수 있기 때문이다.

이에 따라 나는 이준규 국장에게 관계 공무원의 파견을 건의하였고 김성섭 경정이 시의적절하게 협상팀에 합류하였다. 김 경정은 전문적 역량을 바탕으로 현금 전달 과정을 비롯한 후속 조치 이행 과정에 크게 기여하였다.

♦ 우리 계획에 따라 석방금 전달

우리는 현금 전달의 민감성과 위험성을 충분히 인식하여 연이은 토론으로 마련한 우리 구상에 따라 그대로 시행하였다. 협상 과정 중에 해적에게 '전달 장소'는 두바이, '구체적 장소'는 우리 숙소, 이어서 강 상무 방으로 장소를 점차 좁혀가고 '전달 시 참여자'는 '강 상무와 피터 2명'으로 하는 우리 의견을 차례로 제의하여 하나씩 합의해 나갔다.

그러나 현금 수령 대리인이 첫 대면 시부터 피터의 합류를 거부하고 1대1 만남을 주장하고, 합의금을 미화美貨 대신 아랍에미리트의 현지 화폐인 디르함으로 요구하고, 자기 집으로 현금을 갖고 오라는 등의 요구를 했다. 우리 측은 양측간 합의에 따른 완전한 이행을 강하게 촉구하고 계속 설득함으로써 우리 측의 계획 그대로 현금 전달을 안전하게 실행할 수 있었다.

특히 현금 전달 과정부터 마지막 선원의 안전 석방까지 해적과의 협상 과정에서 피터의 적시 투입은 정확한 판단이었다. 짧은 시간에 피터는 두바이 대리인 모하메드, 압디, 시아드와 신뢰를 바탕으로 한 대화 채널을 구축했다. 이를 통해 강 상무와 함께 우리 측 입장을 강력히 전달할 수 있었으며 그들 상호 간 상황 확인을 지속적으로 유도하여 협상팀이 전체 상황을 보다 종합적으로 파악할 수 있었다.

우리는 대리인 2명과의 대면 협상 시에 그들의 요구를 대부분 거부하면서도 '현금 전달과 동시에 선원 석방'을 실현하기 위해 대리인 1명이 잔류할 경우 별도로 돈을 지불하겠다는 제의를 하는 등 문제를 함께 해결하자는 성의 있고 진지한 자세를 견지하였다. 이에 따라 두바이 대리인 모하메드는 석방금 수령 후 동원호의 안전한 석방 때까지 피터의 전화를 계속 받으면서 진전 상황을 계속 알려 주었다. 초기 협상 대표였던 시아드 역시 마지막 단계에서 두목 모하메드와 통화하면서 하라데레 현지 동향을 계속 알렸다.

♦ 석방금 전달 후 하루 만에 석방 실현

석방금 전달 후 동원호 동시 석방은 실현되지 못했으나 이는 돈을 미리 주지 않고는 동원호가 풀릴 가능성을 전혀 기대할 수 없는 현실을 냉정하게 감안한 불가피한 선택에 따른 결과였다.

두바이에서 대리인에게 돈을 건넨 후 동원호가 안전하게 풀려나올 때까지 견뎌야 했던 28시간은 정말 긴장된 시간이었다. 물론 처음부터 상대방이 해적이고 그들의 시간 개념이 우리와는 다를 것으로 짐작했기 때문에 현금 전달 후 1시간 후 석방 약속을 그대로 믿을 수는 없었다.

그러면서 해적에게는 납치가 비즈니스이니 그들의 세계에서도 최소한의 '행동 양식(code of conduct)'이 있을 것이며, 그간 납치된 선박이 돈을 주고 풀려나지 않은 사례가 없다고 하니 동원호도 결국은 풀려나리라고 생각하였다. 그러나 합의금 전달 후에도 혹시 장기 억류되거나, 해적이 추가로 돈을 더 요구하는 상황도 있을 수 있다는 생각은 내내 떨칠 수 없었다.

석방금 전달 후 협상팀은 해적과의 모든 접촉선과 지속적으로 연락하면서 조기 석방을 촉구했다. 우리는 압디와 두바이 대리인을 포함하여 통화가 되는 해적 측의 모든 접촉선과 15분, 30분, 또는 1시간마다 계속 통화하였다. 또 그들로 하여금 그들끼리도 통화하도록 하여 사실 관계를 다시 확인함으로써, 전반적 상황과 함께 해적들의 구체적 동향을 완전히 파악하여 대응할 수 있었다.

아울러 그간 협상 과정에 접촉해 온 모든 해적 관계자들에게 최종 합의 내용을 알려 줌으로써 석방금 배분 문제에 있어 해적 내부 간에 오해나 분쟁이 일어나지 않도록 미리 손을 썼다.

이런 숱한 노력에도 불구하고 해적이나 납치범은 자신의 손에 돈이 들어오기 전에는 절대로 먼저 인질을 풀어주지 않는다는 경험 법칙經驗 法則을 우선한 듯했다. 해적 두목 모하메드는 결국 자기 손에 현금이 들어올 때까지 기다렸으며 마지막에는 해적 4개 그룹 간 돈 배분에 관한 소통 문제로 석방이 다소 지연된 것으로 보였다.

물론 해적이 핑계로 댄 바와 같이 나쁜 해상 날씨로 인한 선상 행동 대원 철수에 필요한 작은 보트 운항의 어려움이나 미 군함 대기로 신변 위험을 느꼈을 가능성 등도 석방 지연에 어느 정도 영향을 주었을 것으로 짐작하였다.

결국 두바이 대리인 모하메드가 7월 28일(금) 밤 11시 40분부터 29일(토) 새벽 1시까지 우리 숙소로 와서 2차 대면했을 때 한 말대로 이뤄진 듯했다. 우리에게 두바이-모가디슈-하라데레까지의 합의금 전달 과정에 하루 이상 시간이 소요될 것이라고 설명하였던 대로, 결과적으로 두바이에서 합의금을 전달한 후 바로 그 시간만큼, 28시간이 걸려 동원호가 석방되었던 것이라는 생각이 들었다.

결과적으로 우리의 처음 기대보다는 동원호가 늦게 풀려났다. 그러나 석방금 전달 이후 해적 관계자 모두와 대화가 끊기지 않고 지속적으로 이루어지면서 우리는 해직의 약속 이행을 강하게 압박해 나갔다. 이에 대해 해적도 점진적으로 철수 과정을 이행함으로써 몸값 전달 후 하루라는 비교적 짧은 시간 내에 풀려나왔다고 생각하였다.

3. 한반도 밖에서 한미 동맹의 힘을 과시

협상 기간 내내 바레인 주재 미국 해군의 관심과 지원은 협상팀을 안심시켜 주었다. 우리 정부가 동원호 피랍 사건 발생 이후 처음부터 미국에 협조를 공식 요청한 이래, 미국은 외교 채널이나 바레인 주재 미 해군 연락사무소를 통해 지속적으로 높은 관심을 표명하고 지원하였다.

협상의 마지막 단계에서는 협상팀과 미 해군과의 긴밀한 협조 관계가 유감없이 발휘되었다. 미 해군 측에서 먼저 협상팀에 연락이 와서 진전 상황을 문의해 올 정도로 적극적인 지원 자세를 견지하면서 해적을 다루는 데 여러 조언을 제공하였다. 특히 레바논 사태로 인한 미 해군 병력 배치가 시급했는데도 불구하고, 마지막에는 이틀에 걸쳐 동원호 선상 행동대원의 시야 내인 소말리아 영해 밖에서 30시간 이상 대기하기까지 해 해적이 자신들의 안전 문제를 거론할 정도였다.

동원호 석방을 위한 한미 양국이 공동 대응은 해적에게 분명한 경고와 위협이 되었다. 이를 통해 해적이 동원호를 모선으로 하여 또 다른 해적 행위를 하거나 동원호 석방 후 재납치 등의 허튼 시도를 미연에 방지할 수 있었다. 무엇보다도 일단 석방되면 바로 미 군함의 호위를 받을 수 있다는 사실이 협상팀의 마음을 무척 가볍게 만들어 주었다.

세계화(globalization)가 진전됨에 따라 우리 국민의 해외 진출이 급속히 확대되고 있다. 이런 추세 속에서 납치, 테러 등 예상치 못한 불행한 사건이 시간과 장소에 관계없이 수시로 발생하고 있는 시대에 한미 동맹의 가치와 효용을 새삼 느꼈으며 그 중요성을 다시 한번 실감하였다.

4. 언론 대응

동원호 사건에 대한 언론 대응은 기본적으로 외교부 본부에서 비보도를 전제로 외교부 및 해양수산부 출입 기자단에 수시로 브리핑을 하고 있었다. 사건 발생 초기 2, 3일간에는 기자들이 동원수산 본사에 몰려 취재하기도 하였으나 사건의 민감성을 고려하여 바로 납치 다음 날부터 외교부에서 종합적인 브리핑을 시작하였다. 두바이 현지에서는 협상의 종합적인 보안을 철저히 유지해야 하므로 기자들의 접촉은 해서도 안 되며 할 필요도 없었다.

내가 두바이에 도착한 7월 12일 오후 김영미 기자가 동원호 선상에서 최 선장을 통해 강 상무와 처음 통화했다. 이어 13일 동원호 선상, 14일 해적 두목의 집에서 통화한 이후, 15일(엘 부르 부근) 16일(모가디슈), 21일(두바이), 23일(서울), 24일 2번(서울)에 걸쳐 전화를 계속 걸어왔다. 강 상무를 통해 내가 알기로는 김 기자는 강 상무와 최소한 9번 통화를 하였다.

김 기자는 "자신이 석방금을 전달하겠다", "정부는 무엇을 하고 있느냐?", "선장에게 자신의 전화번호를 전해 달라", "왜 아직 동원호가 풀려나오지 않느냐?"라는 등 비밀 협상 중인 강 상무에게 동원수산과 외교부에 대한 비판과 함께 협상에 관한 질문을 꾸준히 했다. 강 상무는 통화할 때마다 막바지 협상이 진행 중이니 절대로 협상에 개입하지 말고, 선원의 안전을 고려하여 동원호가 안전하게 석방될 때까지 보도를 하지 말아 달라고 계속 요청하였다.

김 기자의 출현은 결코 해적과의 협상에 좋은 징조가 아니었다. 피터도 납치 사건에 대한 언론 보도가 협상에 도움이 된 적은 거의 없다고 하면서 함께 우려하였다.

더욱이 인질의 참상에 대한 보도는 일반적으로 협상자에 대한 압력이 된다. 납치범은 이를 이용하여 요구를 더 하게 되니 자연스럽게 협상은 더욱 어려워지며, 납치범이 국제 여론에 몰리면 인질을 살해하고 사라지는 경우도 있기 때문이었다.

김 기자는 해적과 구체적인 금액에 대해 협의하고 하라데레를 떠난 이후에도 해적과 최 선장과 연락하는 등 협상에 직·간접적으로 개입하는 정황이 파악되었다. 나는 김 기자의 개입이 막바지에 이른 협상에 부정적인 영향을 미칠 수 있다고 판단하고 이에 대해 계속 우려하였다. 강 상무는 최 선장에게 김 기자와의 통화에 주의하라고 계속 당부하였다.

나와 강 상무는 외교부 및 동원수산 본사에 김 기자의 취재 내용이 국내에 보도되지 않도록 조치할 것을 계속 건의하고 언론 대응 요지를 수시로 보고하였다.

다행히 7월 25일(화) 새벽에 해적과 88만 불에 구두 합의가 이루어졌으며 MBC 〈PD 수첩〉이 해적과의 협상에 관해 왜곡 보도할 시점 직전인 7월 25일 밤 10시(서울 시간)경 양측이 문서로 최종 합의하였다.

그 이후 협상팀은 바로 그간 접촉해 온 모든 해적 관계자에게 합의 내용을 통보하였으며 해적이 다시 합의를 뒤집는 일이 발생하지 않도록 최대한 조치를 취해 나갔다. 물론 우리 배가 안전하게 석방되는 마지막 순간까지 〈PD 수첩〉 보도가 혹시라도 동원호의 안전 석방에 부정적 영향을 미칠 가능성을 완전히 떨쳐 낼 수는 없었다.

분명히 해적은 6월 중순 이후부터 계속 요구해 온 80만~90만 불 선에서 7월 13일 80만 불이 "좋은 제안(good position)"이라는 입장을 전했다. 그런데 바로 며칠 사이에 최소한 90만 불은 받을 수 있다는 확신을 굳혔다. 김 기자의 하라데레 체류 활동 및 그 이후 해적과의 접촉 정황으로 볼 때, 이 변화에는 김 기자의 출현과 해적과의 협의가 일정한 기여를 한 것은 확실해 보였다.[66]

---

66 강 상무 역시 나와 같은 생각이다. 김 기자가 협상에 개입하여 해적들이 동요함으로써 결국 협상 타결이 늦어지고 석방금 수준에 영향을 주었다고 회고한다.

실제로 김 기자 방문 이후 "80만 불은 좋은 제안"이라는 압디의 입장은 바로 뒤집혔다. 해적은 7월 19일 최 선장과 김 기자의 제안에 따라 90만 불을 요구한다고 당당히(?) 팩스를 전해왔다.[67]

5. 개인 소감

♦ 해적과의 협상도 일반적 협상과 유사

내가 두바이에 도착해 협상팀에 합류한 이래 해적과의 간접적인 대화에 참여하면서 느낀 분위기 중 흥미로운 점은, 일반적인 협상과 마찬가지로 상대방과 일정한 기간 협상을 하다 보면 느끼게 되는 '협상자 간의 교감'이 비슷하다는 것이었다. 예를 들어 각각의 최종 결정자(해적의 경우 두목 모하메드, 강 상무의 경우 동원수산 회장) 설득의 어려움이나 '협상의 조기 타결 필요성'은 협상자 간의 인식을 공유하는 공통 기반(common ground)이 되었다.

100여 일 이상 해적들과 접촉한 강 상무의 해적과 통화 후 이에 대한 설명과 소회, 그리고 피터의 그간 해적 문제를 다룬 경험담이나 마지막 3일간 집중적으로 해적과 직접 협상한 후 즉석 평가를 듣고 나면, 나는 우리 팀과 해적 간의 '가상의 신뢰 관계'가 자연스럽게 형성되었거나 형성될 수 있다고 생각했다.

그래서 7월 29일 몸값을 전달한 후, 스스로가 믿은 것은 역설적이

---

67 김 기자 또한 〈PD 수첩〉에서 "해적들이 요구하는 것이 무슨 엄청난 거액도 아니고 10억 원 내외(90만 불을 의미)다" 라고 말했다.

기는 하나 해적과의 일종의 신뢰 관계였다.

앞에서 쓴 것처럼, 동원호가 안전하게 공해로 빠져나온 후 7월 30일 저녁 9시경 압디가 강 상무에게 전화하여 "정말 고맙다. 앞으로 계속 연락하자" 하면서 한국 전화번호를 물었다. 해적도 사람인데 협상 상대자인 강 상무에게 신뢰까지는 아니더라도 협상자 간의 동지 의식이나 인간적인 정情 같은 것을 느끼고 있다는 생각이 들었다.

♦ 해적에 대한 내재적 접근도 함께 고려해야

전쟁 중이라도 침략자와 협상은 필요하며 상대방이 악마(evil)라도 자신의 이익을 위해서는 협상을 하여야 한다.

나 자신은 처음에는 상대방이 불법을 저지른 해적이라는 선입견을 벗어날 수 없었다. 개인적으로 소말리아에 대해 따로 공부한 적 없으며 소말리아 관련 업무를 해 본 적도 없었다.

다만 1979년 외무부 입부 후 초임 사무관 시절인 1981년부터 외무부 아프리카국局에 1년 근무하면서 남부 아프리카(앙골라, 나미비아, 잠비아, 탄자니아, 짐바브웨, 레소토, 남아프리카 공화국) 업무를 담당한 적이 있었다. 그때는 남북한 간의 체제 경쟁이 심한 시기였으며 외무부는 미수교국과의 관계 개선 노력에 집중하였다. 그들이 대부분 북한과의 수교국이며 최빈국이었기 때문에 우리는 막 시작한 경제 협력과 경제 발전 경험 전수를 앞세워 관계 개선 및 외교 관계 수립을 도모하였다. 당시 우리 외교의 수준이나 나의 개인적인 역량으로 보아 아프리카 전반에 대한 나의 이해는 극히 낮은 수준에 머물렀다.

해적에 의한 우리 선박 납치는 동원호가 첫 번째 케이스였으므로 외교부는 바로 전 재외공관을 통해 최대한 정보 수집과 분석에 힘쓰면서 동원수산을 최대한 지원하였다. 이에 따라 나는 두바이에 가기 전에 급하게 소말리아와 해적에 관한 정보와 분석을 접했다.

돌이켜 보니 나는 협상팀에 합류하면서 석방금의 조기 합의를 통한 우리 선원의 안전한 석방이라는 협상 목표를 우선 기능적으로 접근한 것 같다는 생각이 들었다.

우리 협상팀의 마지막 목표인 우리 선원들의 안전한 석방을 이루고 보니 그들 역시 우리가 늘 마주하는 일반적인 협상 상대와 크게 다르지 않다는 생각이 들었다. 그들이 불법을 저지른 해적이라는 사실은 변함이 없으나, 결국 협상 상대에 대한 폭넓은 이해는 항상 유용하다는 생각이 들었다.

협상 시에는 양자에게 주어진 여건에 대한 객관적인 이해뿐만 아니라 상대방에 대한 깊고 객관적인 이해가 항상 필수적이다. 상대가 불법 단체인 해적이라 할지라도 역시 그들에 대한 깊고 객관적인 이해가 중요하다고 새삼 절감하게 되었다.

나는 두바이 협상 현장에서 이 분야, 특히 소말리아의 최근 사정을 피터와의 대화를 통해서 많이 배웠다. 소말리아의 국내 정세(과도정부의 해적에 대한 영향력 부재 등), 그들 사회에서의 인간관계(씨족 대표를 통한 초기 교섭 실패, 두바이 연장자 대리인에 대한 두목 모하메드의 신뢰 등), 사회적 인식의 차이(시간 개념의 차이 등), 해적의 협상 경험과 행태에 관한 다양한 정보를 접하면서 해적에 대해 조금씩 이해하게 되었다.[68]

68　소말리아 해적이 조직화한 계기가 2004년 12월 인도양에서 발생한 쓰나미의 영향으로 연

협상 과정에서 해적이 몸값을 요구하는 팩스에 자신들이 공식기관인 양 당당히(?) "중앙 소말리아 해양 해안경비대"라고 자칭한다거나, 현금 수령인 2인 중 연장자 대리인이 하라데레 지역 출신의 정부 고위직을 역임한 원로 인사였다거나 하는 사실을 접하면서 소말리아의 무너진 국가 체제(가버넌스: governance)의 실상을 느꼈다. 결국 국가 체제가 무너져 내전 상태에 있는 불행한 나라에서 해적 활동이 일부 사람들의 생존을 위한 하나의 극단적인 수단이 된 안타까운 현실도 결코 간과할 수 없다는 생각이 들었다.

그리고 무엇보다도 해적과의 지속적인 협상 과정에서 우리의 상식적인 입장이 결국 그들에게도 통했다. 이로써 그들 역시 21세기 지구상에 함께 사는 우리와 다름없는 인간들임을 확인하였다.

♦ 진정한 의미의 협상인가?

나는 외교관이라는 직업인으로서 그간 항상 '협상'이란 양측 모두에게 상호 이익이 되고(mutually beneficial) 모두가 승자가 되어야 한다(win-win)는 믿음을 갖고 외교 업무에 임했다. 이렇게 해적에게 돈을 전하고 우리 선원을 안전하게 구출한 것이 분명히 거래(give and take)이기는 했지만 진정한 의미에서의 협상이었는지 헷갈려서 마음이 무거웠다.

안 어업이 어렵게 되었기 때문이며 2005년부터 하라데레, 호뵤 지역을 중심으로 10여 년간 해적 활동이 빈번히 발생했다는 요지의 2015년도 논문을 흥미롭게 읽은 바 있다. 덴마크 왕립 국방대학(Royal Danish Defense College) 전략연구소(Institute of Strategy) 소속 Andreas Bruvik Westberg 연구원의 "Bloodshed and Breaking Wave: The First Outbreak of Somali Piracy"를 참고하기 바란다.

물론 그렇다고 해서 우리 국민의 안전과 이익을 보호하는 활동에
직접 참여함으로써 느꼈던 보람과 자긍심이 줄어든 것은 아니었다.

동원호 선원 석방 발표

　동원호 선원이 7월 30일(일) 오후 10시 30분경(서울 시간) 석방된 이후, 외교통상부는 7월 31일 대변인 성명, 이준규 국장의 언론 브리핑, 배영한 홍보관리관의 국정 브리핑 기고 등을 통해, 동원수산 본사는 송장식 사장의 언론 브리핑을 통해 석방까지의 과정 및 결과에 대해 다음과 같이 설명하였다.

외교통상부 대변인 성명 발표

　외교통상부는 7월 30일(일) 자정에 다음과 같이 동원호 선원 석방에 관한 대변인 성명을 발표하였다.

1. 지난 4월 4일(화) 소말리아 인근 해역에서 해적에게 피랍되었던 동원수산 628호와 선원 25명이 7월 30일(일) 밤 10시 30분경(한국 시간) 억류되어 있던 해상 계류 지점으로부터 출발하였다. 현재 동원호는 소말리아 영해를 벗어나, 우리 정부의 요청으로 인근 해역에 대기 중이었던 미 5함대 소속 군함의 호위를 받으며 안전 지역으로 이동 중이다. 동원호 선원 25명(한국인 8명, 베트남인 5명, 인도네시아인 9명, 중국인 3명)은 모두 무사한 것으로 확인되었다.

2. 정부는 그간 동원호 선원의 안전을 최우선적으로 확보하면서 동원호의 석방을 위하여 기울여 온 동원수산 측의 적극적이고 성의 있는 노력을 높이 평가하며, 그동안 우리 정부에 유용한 조언과 정보를 제공하고 협조해 주었던 미국을 비롯한 관계국과 소말리아 과도정부에 사의를 표하는 바이다.

3. 정부는 장기간의 억류 생활로 많은 어려움을 겪은 동원호 선원들과 그 가족들에게 심심한 위로의 말씀을 전하는 바이며, 이번 사건을 계기로 소말리아 해역 등 해적들이 출몰하는 위험지역에서는 우리 원양수산기업들이 조업을 자제해 줄 것을 거듭 당부드린다.

4. 정부는 금전적 대가를 목적으로 무고한 선원들을 납치하여 장기간 억류하는 만행을 저지르는 국제 해적 행위를 강력히 규탄하는 바이며, 앞으로도 이러한 해적 행위를 근절시키기 위한 국제사회의 노력에 적극적으로 동참해 나갈 것임을 천명한다.

이준규 재외동포영사국장의 기자 브리핑

외교부 대변인 성명 발표 후 이준규 국장은 기자의 질문에 대해서 다음과 같이 답변하였다.[69]

- 협상 타결 이후 석방까지 시간이 걸린 이유?

---

69   "동원호 석방 관련 외교부 당국자 문답", 연합뉴스, 2006월 7월 31일, "동원호 피납에서 117일만의 석방까지", 대한민국 징책브리핑, 2006년 7월 31일.

타결에서 석방까지 시간이 그리 오래 걸리지 않았다고 본다. 과거 전례를 보면 타결[70] 후 석방조건을 이행하는 데 시간이 오래 걸렸다. 최근 사례로 아랍에미리트 선박이 납치되었는데 협상 타결 이후 석방될 때까지 1주일이 걸렸다. 우리는 타결 후 석방까지 하루 남짓 걸렸다. 비교적 신속하게 처리됐다고 생각한다.

하루가 더 걸린 이유도 여러 요인이 있지만 가장 큰 것은 현지 기상 상황이었다. 납치범 15명이 선상에서 4개월간 선원들과 함께 생활했기 때문에 짐이 많아져 육지로 옮길 배가 필요하기도 했다. 이와 같이 철수하는 과정이 현지 기상 상황이 좋지 않아 순조롭게 진행되지 못하였다.

- 협상은 주로 어디에서 했나?

협상 막바지에 우리 협상단은 두바이에 있었고 소말리아 해적들은 소말리아 하라데레에 있었다. 혹자는 협상을 직접 얼굴을 마주 보고 해야 하는 것 아니냐, 정부가 성의가 모자란 것 아니냐는 비판이 있었는데 이는 소말리아의 현실을 잘 모르고 하는 비판이다. 과거 여러 차례 해적에 의한 납치 사건이 있었지만, 현지에서 협상을 하려고 하다가 오히려 협상대리인이 피살된 전례도 있다. 협상이 교착 상태에 빠졌을 때 현지에 들어가려 시도하기도 하였다. 들어갔던 사람이 다시 붙잡히는 문제가 발생할 수도 있기 때문에 바람직하지 않았다.

무엇보다도 해적이 두바이에서 협상하는 것이 좋겠고 아무런 문제가

---

70 정부로서는 "석방금 전달" 사실을 정부 차원에서 공식적으로 밝힐 수 없으므로 여기서 "타결"의 의미는 "석방금 전달"을 의미하는 것이다.

없다는 입장이었다. 이번뿐 아니라 해적에 의한 납치 사건에 관해 전문가적 견해를 갖고 있는 여러 사람도 같은 생각이다.

- 동원수산과 납치범들이 어떤 합의를 하였나?

합의가 어떤 형태로 되었는지에 관해서는 구체적으로 말할 수 없다. 다만 합의가 있었기 때문에 이행이 된 것이며 석방까지 연결된 것이다.

- 동원수산과 정부는 어떤 식으로 선원 석방을 위해 노력했는가?

납치 사건이 발생하지마자 즉시 동원수산과 정부는 협상 대책에 관해 긴밀하게 협의를 하였고 초기에는 동원수산 대표가 케냐 나이로비에 가서 교섭하였다.

두바이로 협상 장소를 옮기고 나서 계속 대사급 대표 한 명이 현지에 가서 협상에 임했다. 외부적으로는 동원수산이 전면에 나서서 직접 납치범과 접촉하였다. 정부는 외교적 노력에도 총력을 기울이고 현지 정세나 납치범 조직에 관한 기본 정보를 수집하였다. 정부는 협상 전문가(영국의 선박 납치 협상 전문가)를 협상팀에 합류시켜 계속 조언을 받았다. 사건 해결까지 전 과정에 있어서 동원수산과 정부는 서로 긴밀히 협조하였다.

- 타결된 결과가 우리 측의 전략적 판단에 부합했는지?

과거 전례를 보면 납치범들이 원하는 바를 바로 수락한다고 해서 바로 석방한다는 보장이 없었다. 금방 수락하면 그것이 너무 쉬운 조건이라고 판단해서 더 과다한 요구를 할 가능성도 많았다. 초기에 납치범들이 요구했던 조건은 상상을 초월하는 황당무계한 것이었다. 피랍 후 한 달이 지나기 전까지 이성적인 협상을 시작할 수 없을 정도로 무리한 요구를 해 왔다.

처음 우리가 기대했던 것보다 기간이 길어진 이유는 처음부터 해적들의 기본 방침이 장기전으로 가면서 자신들이 원하는 요구를 이루고자 하는 의도가 있었기 때문이다. 두 번째는 소말리아 해적 중에서도 이 집단이 가장 악질적이고 조직화가 잘 된 집단이었다는 점이다. 이들은 석방 교섭을 하는 데 있어 상당히 능수능란한 전략을 구사해 왔다.

동원호와 비슷한 시기에 납치된 아랍에미리트 유조선 측이 5월 말 용병을 고용해서 무력으로 진압하려 했고 이 과정에서 해적이 피신하느라 (우리와)연락이 두절되기도 하였다.

배영한 홍보관리관의 국정브리핑 기고

배영한 홍보관리관은 정부 정책 포털에 7월 31일 "동원호 협상 깰 뻔한 방송, 동원호 석방 기쁨과 아쉬움"이라는 제목으로 아래와 같은 요지의 국정브리핑을 기고하였다.[71]

- 동원호의 117일 만의 석방으로 선원, 가족, 국민 모두와 함께 동원수산과 함께 협상에 임해 온 외교통상부 관계자들도 큰 짐을 덜었

---

71 외교통상부 배영한 홍보관리관, "동원호 협상 깰 뻔한 방송/동원호 석방 기쁨과 아쉬움", 국정브리핑, 2006년 7월 31일.

지만 씁쓸한 느낌을 지울 수 없음.

- 정부 관계자가 117일간 단 한 순간도 현지 협상단을 떠나지 않고 같이 협상했으며 외교부 본부는 기자단에게 비보도를 전제로 수시로 협상 진전 상황을 설명해 옴.

- 협상 타결 임박 시점에 모 방송사가 '피랍 100일 소말리아 동원호-조국은 왜 우리를 내버려 두는가?'라는 자극적인 제목으로 마치 정부가 동원호를 방치하고 있는 듯한 내용의 프로그램을 방영함.

- 테러리스트나 해적과는 정부가 전면에 나서지 않고 조용한 협상을 통해 해결하는 것이 가장 현명한 방법임이 국제적으로 인정되고 있음을 잘 알고 있을 것임. 더욱이 방영 전 방송사에 정부 측이 해적에게 다른 빌미를 주어 자칫 어렵사리 마무리되던 협상의 틀을 깰 수도 있다는 우려를 충분히 전달했음에도 불구하고, 피랍 현장 장면, 협상 방식에 대한 PD의 잘못된 주장, 심지어는 석방조건까지 여과 없이 보도한 의도가 무엇인지 묻지 않을 수 없음.

- 누가 동원호 선원을 내버려 두었단 말인가? 있지 않았으며, 있을 수도 없는 일을 사실인 양 보도함으로써 무엇을 얻고자 한 것인가? 방송의 공익성을 다시금 되새겨 볼 일임.

동원수산 본사 기자회견

동원수산 본사도 상기 외교부 발표 직전인 밤 11시 45분경에 기자회견을 하였다.

해적 협상 노트 2006: 동원호 피랍 사건 전모

송장식 사장은 다음과 같이 기자 질문에 대답하였다.[72]

- 선원들의 건강 상태는?

한국인 8명을 포함한 신원 25명이 모두 건강하고 안전한 상태로, 아무이상이 없다고 최성식 선장으로부터 통보를 받았다. 최 선장이 평소에 고된 일을 하던 선원들이 일을 안 하고 지내다 보니 오히려 살이 쪄서 불평하는 사람도 있다고 할 정도로 다들 건강하다고 하였다. 억류 과정에서 해적들의 가혹 행위는 없었다고 들었다.

김영미 PD가 MBC 〈PD 수첩〉을 통해 보도한 내용은 사실과 다르다. 〈PD 수첩〉에서 사실과 다른 내용이 방송되어 물심양면으로 협상을 지원해 준 정부에 누를 끼치고 선원 가족과 국민들께 걱정을 끼친 점을 무척 유감스럽게 생각한다.

그럼에도 불구하고 회사를 믿고 기다려 준 가족들에게 감사를 전하며 동원수산 628호를 흔쾌히 안전하게 호위해 준 미 해군 함대 측에도 깊은 감사를 표한다.

- 협상 과정에 대해?

협상 초기에는 해적의 씨족 대표들과 대화를 하기도 했으나 해적과 서로 말이 맞지 않아 애를 먹었다. 해적은 때로는 부드럽게 대응하는 것 같다가도 다시 강한 태도를 보이기도 하고 잠적하기도 하였다. 결과적

---

72   "동원수산, 김영미 PD보도 사실과 달라", 중앙일보, 2006년 7월 31일, "동원호 석방, 살아 돌아오는구나, 가족들 환호", 매경 뉴스, 2006년 7월 31일, "인터뷰 동원수산 송장식 사장", 연합뉴스, 2006년 7월 31일.

동원호 선원 석방 발표

으로 강온强穩 전략을 신중히 구사하느라고 시일이 오래 걸렸다.

어찌 되었든 무사 귀환을 위해 어떤 손해도 감수하겠다는 전략이 좋은 결실을 거둔 것 같다. 해적들에게 배를 가져가도 좋지만, 선원들은 무사히 풀어 달라고 요청하기도 하였다.

해적들이 협상 채널을 자주 바꾸었다. '모하메드 아프웨니'와 '압디'라고 불리는 자들이 두목급인데 이 중 압디가 유일하게 영어를 해서 협상의 창구로 삼았다. 그러나 합의점에 도달하는가 싶으면 행동대장을 내세워 요구 사항을 수정해서 애를 많이 먹었다.

- 협상 타결을 위해 해적이 요구한 조건이 무엇이냐?

동원호는 정식 조업 허가권(라이선스: license)을 취득[73]하고 당시 소말리아 영해가 아닌 경제수역에서 합법적인 조업 중이었으나 불행히도 해적의 표적이 되어 납치되었다. 다만 이번 사건과 관련해 안이하게 대처한 부분이 있다. 소말리아 과도정부의 조업 허가권을 갖고 있어도 무장단체에는 통하지 않는다는 점을 생각하지 못하고 조업을 하였다.[74]

해적들이 허가를 받지 않고 조업을 하였다고 주장하면서 사실상 금품을 요구해 와서 협상을 통해 이를 수용하였다. 그러나 구체적인 금액을

---

73 동원수산은 케냐 주재 한국인 대리인을 통해 소말리아 과도정부로부터 조업 허가증을 얻었으나 소말리아 내전 상태가 계속됨에 따라 해적들은 이를 인정하지 않았다. 2006년 4월 7일 AFP 보도에 의하면 동원수산은 소말리아 과도정부의 '하산 압시르 파라(Hassan Abshir Farah) 천연자원장관(natural resources minister)'이 서명한 조업 허가증으로 동원수산은 3월부터 5월 10일까지 소말리아의 배타적 경제수역에서 매월 4,500불을 지불하며 조업하고 있었다.

74 "동원수산 송장식 사장이 전하는 동원호 상황", 동아일보, 2006년 8월 1일, 12면.

밝힐 수 없다.[75] 왜냐하면 해적들에게 선례를 남길 수 있기 때문이다.

- 정부와의 공조?

사건 발생 즉시 보고를 해서 정부 당국과 합동 대책 회의를 열었다. 특히 외교부는 대사급 고위 관료 8명을 현지에 교대로 파견하여 상황 타개를 도왔다. 이 과정에서 상대가 해적이라 표면적으로는 우리가 나섰고 정부는 비슷한 납치 사례에 관한 정보를 제공하면서 외교적으로 큰 도움을 주었다. 특히 정부는 영국의 인질 석방 협상 전문가를 상당한 금액을 지불하고 고용하였다.

- 정확히 언제 출발했다는 소식을 접했나?

오후 10시 30분(두바이 시간 오후 5시 30분) 선장이 소말리아 오비야 항에서 출발하였다고 직접 보고하였다. 그 시점이 승선하고 있던 10명의 해적이 배에서 내려 안전이 확보된 시점이었고 오후 11시 45분(두바이 시간 오후 6시 45분)에 부근에 대기하고 있던 미군 함정의 호위를 받게 되었다. 현재 동원호는 공해로 진입한 것으로 알고 있다.

- 동원호의 상태는 어떠한가?

---

75 동원수산 본사는 당시 구체적인 석방합의금을 밝힐 수 없었으나 해적의 협상 창구이자 대변인 역할을 했던 '압디 모하메드(Abdi Mohamed)'가 AP 통신과의 7월 30일 전화 인터뷰에서 "80만 불 이상의 몸값(more than $800,000 in ransom)이 지불된 지 하루만에 선원들이 석방되었다"고 밝혔다. 이에 따라, 국내 언론은 물론, 7월 30일 '미국의 소리(Voice of America)', '알자지라(Aljazeera)', 7월 31일 '더 가디언(The Guardian)', 8월 31일 '비즈니스 가나 뉴스(businessghana.com)' 등 세계 각지 주요 언론매체가 AP 인터뷰 내용에 따라 80만 불을 전달했다고 보도하였다.

최 선장의 보고에 의하면 기름은 47킬로리터 남았고 식량은 15일분이 있어 케냐 몸바사까지 이동하는 데 별다른 어려움이 없다. 어획물인 냉동 참치 70톤은 금액으로는 미화 40만 불에 달하며 영하 60도 상태로 보관했기 때문에 이상이 없다.

- 선원의 귀국 계획?

케냐 몸바사항은 원래 우리 선박들이 휴식이나 정비, 수리를 위해 정박하는 곳이므로 안전하다. 이곳에서 선원들의 건강 검진을 실시하고 본인들이 원하는 만큼 충분한 휴식을 취하게 한 후에 각자가 원하는 일정에 항공편으로 귀국할 수 있도록 조치할 예정이다.

정치권 반응 및 국내 언론 보도

♦ 정치권 반응

국내 정치권은 여야 모두가 7월 30일 동원호 선원 석방 협상이 타결된 데 대해 환영의 뜻을 밝히면서도, 그간 정부가 소극적으로 대처하고 무능하여 석방이 늦어졌다고 비판하였다.

여당인 열린우리당 양기대 수석부대변인은 "동원호 석방 협상이 피랍 사건 후 근 4개월 만에 타결된 것을 진심으로 환영한다"라면서도 "피랍 동원호 석방이 늦어진 데는 정부의 소극적인 대처가 한몫 했다는 비판이 제기되고 있다"라고 지적하였다.

한나라당 유기준 대변인은 "장기간 억류돼 고통을 겪었을 선원들과 이들을 애타게 기다려온 가족들에게 위로와 축하의 말씀을 보낸다"라면서 "그러나 정부의 소극적이고 무능함을 질타하지 않을 수 없다. 참여정부의 외교력은 '빛 좋은 개살구'"라고 비난하였다. 민주당 김정현 부대변인도 논평에서 "국민은 이번 협상과 관련, 정부에 실망감을 감추지 못하고 있다"라고 지적하고, 민주노동당 박용진 대변인은 "늦었지만 피랍 선원들이 무사하게 돌아온 것은 다행이나 외교적 무능으로 석방이 늦어진 것은 아쉬움이 남는 부분"이라고 지적하였다.[76]

♦ 국내 언론 보도

8월 1일 국내 언론은 동원수산 본사와 외교통상부의 브리핑 내용 중심으로 동원호가 117일 만에 무사히 석방되었다고 보도하였다. 석방금 80만 불, 외국 전문가 고용 등 협상 내용과 함께, 석방 후 동원호 동향 및 선원 귀국 계획 등을 보도하였다.

한편 내가 7월 31일 아침에 귀국해 보니 7월 25일 MBC 〈PD 수첩〉의 왜곡된 보도가 예상을 뛰어넘어 한국 사회에 이미 엄청난 위력을 발휘함으로써 국내 여론이 악화된 상황이었다. 정부, 특히 외교통상부에 대한 국민의 신뢰는 땅에 떨어져 있었다.

일부 언론에서는 "방송 후 부랴부랴 협상 타결에 급히 나섰다"[77]라고 하고 "정부가 정부이기를 포기"[78]하였으며 프리랜서 PD의 현지 취재 이후 급속도로 진전[79]되었으며 "정부의 철저한 무관심" 속에서

76   "여야 '동원호 석방' 환영 속 정부 질타", 연합뉴스, 2006년 7월 30일.
77   "방송 후 부랴부랴 협상 타결에 급히 나서", 국민일보 사설, 2006년 8월 1일.
78   불교 방송 논평, 2006년 8월 1일.
79   전국 매일 인터넷 신문, 2006년 8월 1일.

"〈PD 수첩〉이 동원호 해결에 결정적으로 기여했다는 의견이 62.4%" 에 달했다는 여론 조사[80]가 발표되었다.

일부 언론은 동원호 피랍 사건의 본질 자체를 오해했다. 이 문제를 "불법 어로를 둘러싼 손해배상 문제"로 인식하고 외교부의 지속된 비공개 브리핑에도 불구하고 "2~3개월 동안 정부는 동원수산에 맡겨 두고 소극적 대응으로 일관했다"라고 하였다. 이외에도 "1주일 전 피랍 선원들의 호소를 전한 언론 보도(MBC 〈PD 수첩〉을 의미)가 결정적인 전기가 되었다"라거나 정부가 사건 해결 후 "5명의 순환 대사를 파견했다거나 협상 액수 조율에 난항을 겪었다고 공치사할 염치는 없어 보인다"라고 하면서 정부의 자국민 보호 의지가 박약했다고 지적하였다.[81]

이어 8월 5일 동원호 선원이 케냐 몸바사에 안전하게 도착했다. "최성식 선장이 그동안 가족들을 비롯해 염려해 주신 국민 여러분 덕분에 무사히 건강하게 돌아왔으며 이에 감사하다"고 전했다고 보도하였다.[82]

그러나 여전히 정부에 대한 비난은 그치지 않았다. 8월 7일 경향신문 사설은 동원호 피랍 사건 해결 방식과 관련, 외교통상부의 노력이 "우회적"이었고 "소극적으로 대처"하였다고 비판하면서 왜 정부가 "과감한 대면 협상으로 사태를 조기에 해결하지 않았는가" 하는 주장을

---

80   "CBS 라디오와 리얼미터 공동 여론 조사, 〈PD 수첩〉 동원호 해결에 결정적 기여 62.4%", 뉴스와이어, 2006년 8월 3일.

81   "동원호 선원 억류에서 얻어야 할 교훈", 한국일보 사설, 2006년 8월 1일.

82   동아일보, 2006년 8월 7일, 매일경제, 2006년 8월 7일.

전했다.[83]

이에 대해 외교통상부 정기홍 재외국민보호과 서기관은 8월 7일 외교부 홈페이지 〈외교부 뉴스〉에 "이미 정부가 여러 차례 밝힌 바와 같이, 우리나라 정부는 물론, 그 어떤 나라 정부도 해적과 대면 협상으로 사태를 해결하지 않는다. 이는 자국민 보호라는 국익도 중요하지만, 해적과 같은 국제 범법 집단과 정부가 협상하지 않는다는 국제적인 원칙과 관례를 준수하는 것도 이에 못지않게 중요하기 때문"이라는 의견을 올렸다.

최성식 선장, 김진국 1등 항해사, 위신환 갑판장, 이기만 조리장, 전종원 통신장 등 동원호 선원들은 8월 9일 오후 인천공항을 통해 귀국하였다.[84]

외교부 분위기

7월 31일 귀국해 보니 이영호 과장, 정기홍 서기관 등 외교부 실무자들은 정부 노력을 부당하게 폄하하는 국내 언론 보도, 특히 MBC 〈PD 수첩〉 보도로 마음의 상처를 크게 받은 것 같았다.

나는 본부에 귀국 보고와 함께 이영호 과장과 정 서기관에게 동원호 석방을 위해 117일간 최선의 노력을 다했음을 높이 평가하고 외교부 직원들이 실제로 나라와 국민을 위해 한 일은 결국 세상이 다 알게

---

83 "동원호 사건이 보여 준 재외국민 보호 능력", 경향신문 사설, 2006년 8월 7일.

84 "동원호 선원들 귀국", 대한민국 정책브리핑, 2006년 8월 10일.

될 것이라고 위로하였다.

나는 언론의 공무원에 대한 비판은 민주주의 체제하에서 당연한 것이며, 언론의 부당하고 왜곡된 비판조차도 공무원이 어쩔 수 없이 짊어져야 할 짐이라고 생각하고 있었다. 외교관은 자신의 일을 대외적으로 전부 공개할 수 없는 본질적인 제약에 적응해 나가는 것이 언제나 극복해야 할 과제 중의 하나이다.

동원호 피랍 사건에 대한
MBC 〈PD 수첩〉 보도 문제

외교통상부는 4월 4일 동원호 피랍 직후부터 출입 기자단을 대상으로 수시 브리핑을 통해 진행 상황 설명과 관련 정보를 제공했다. 이와 함께 언론 보도가 협상에 부정적인 영향을 줄 수 있음을 설득하고 선원의 안전 석방 전까지는 보도 자제를 요청해 왔다. 7월 25일 MBC 〈PD 수첩〉 방영 시점 전까지 대부분의 언론은 이러한 외교부 요청을 자체적으로 판단하여 협조해 왔으며 사실 위주로 다루어 왔다.

그런데 〈PD 수첩〉이 해적과의 협상 경과나 진행 상황을 제대로 알지 못하면서 정부의 협상 및 정보 부재가 사실인 양 왜곡하고, 해적의 몸값 요구액을 공개하고 해적과의 직접 협상을 주장했다. 외교부는 막바지에 이른 해적과의 협상에 부정적인 영향이 미칠 가능성을 우려하지 않을 수 없었으며, 정부의 재외국민 보호 노력에 대한 국민들의 신뢰가 저하되는 등의 심각한 피해가 초래되었다고 판단하였다.

동 방송 직후 외교통상부 홈페이지 게시판에는 "납치되면 죽었구나라는 교훈을 얻어", "정부는 국민을 상대로 집단사기극을 벌이는가", "이민 가야 하겠다. 조국을 믿고 살다가는 뒤통수 맞겠네" 등의 비판 의견이 연이어 올라오고 "제2의 김선일을 만들려 하느냐"라는 항의 전화 등이 왔다.

이에 따라 방송 이후 외교통상부가 취한 조치는 다음과 같다.

외교통상부 입장 발표

외교통상부는 7월 25일 방영된 MBC 〈PD 수첩〉의 '피랍 100일, 소말리아에 갇힌 동원호 선원들의 절규'라는 보도 내용과 관련하여 정부는 사건 발생 이후 협상의 모든 과정과 결과에 책임을 공유한다는 심정으로 총력을 다해 왔다며 7월 26일 다음과 같은 요지로 조목조목 반박하였다.[85]

1. 정부가 동원수산에만 협상을 맡기고 책임을 방임하고 있었다는
   주장에 대해

   정부는 동원호가 납치된 직후부터 지금까지 동원수산에만 협상을
   맡긴 적이 없으며 정부가 협상의 모든 과정과 결과에 책임을 공유
   한다는 심정으로 지난 3개월 3주 동안 총력을 경주해 왔다.

   4월 7일 동원수산의 회사대표와 함께 외교부의 정달호 재외동포영
   사 대사가 두바이로 파견된 이래, 백성택 심의관, 이시형 대사, 손
   세주 대사, 조희용 대사 등 협상 지원 대표들을 교체 파견하면서,
   동원수산 대표와 호텔에서 숙식을 같이 하며 협상전략을 협의하여
   왔다.

---

85   "〈PD 수첩〉 동원호 보도에 대한 외교부 입장(전문)", 대한민국 정책 브리핑, 2006년 7월 26일.

2. "왜 정부는 정부대책반을 현지에 파견하지 않았는가, 납치범들과 직접 교섭하지 않는가"라는 비판에 대해

어떤 정부도 돈을 목적으로 자국민을 납치한 해적들과 '돈을 얼마 줄 터이니 우리 국민을 빨리 풀어 달라'고 직접 협상하지 않는다는 것이 국제적인 원칙이며 관례다. 과거 소말리아 인근 해역에서 발생한 선박 피랍 사건 중 어느 나라 정부도 해적과 직접 협상 테이블에 앉아 해결을 본 사례는 없다.

3. 협상이 지연되고 있는 것은 현지에서의 직접 협상이 없었기 때문이고 정부가 인접 국가인 케냐도 아닌 '안전한' 아랍에미리트의 두바이에 머물러 있었기 때문이라는 주장에 대해

지난해 소말리아 해적에게 피랍된 선박 협상의 대부분이 두바이에서 진행되었다. 거의 모든 사건의 경우 전화를 통한 간접 협상이었으며 선주 측이 소말리아 현지에 들어간 사례는 1건도 없었다. 협상 중개인이 현지로 들어갔다가 살해당한 사례도 있었다.

이러한 배경에는 해적이 현지 협상을 원하지 않고 협상 금액 송금과 전달이 용이한 두바이를 협상 장소로 원하기 때문이다. 실제 동원수산이 협상 중개인을 소말리아 현지로 파견하고자 했으나 해적이 전화 협상을 원하고 소말리아로 들어오지 말 것을 강력히 요구하였다.

4. "해적들이 요구하는 것이 무슨 엄청난 거액도 아니다. 나 혼자 찾아가서도 협상할 수 있을 정도의 해적이었다. 정부는 한마디

로 답답하다못해 한심하기까지 했다"[86]는 김영미 씨의 언급에 대하여

'모하메드 압디 아프웨니' 해적 집단은 지난해 유엔 산하 세계식량기구(WFP) 식량 수송선을 납치하는 등 가장 악질적인 납치 사건을 자행한 장본인이다. 따라서 김영미 씨가 2일이라는 짧은 기간의 관찰로 해적을 다 파악하고 협상이 어렵지 않을 것이라고 판단한 것은 경솔했다.

더욱이 해적 요구 금액이 얼마[87]라고 운운하는 것은 기자로서 양식이 의심된다. 언론사에서 이러한 금액을 공공연히 거론하는 것이 국익에 부합하는지 신중한 검토를 당부한다.

5. 언론의 동원호 보도는 우리 협상단의 입지를 약화시켜 해적만 이롭게 할 수 있다는 주장의 근거

해적은 협상 과정에서 수많은 거짓말을 반복하고 기자와 선장을 이용하였다. 최성식 선장에게 요구 금액을 흘려서 우리 협상 대표가 수락하도록 한 후 다시 더 높은 금액을 요구하는 행태를 계속했고 선장으로 하여금 KBS에 직접 전화를 걸도록 하는 등 언론 플레이를 하기도 하였다.

---

86 김 기자는 하라데레로 갈 때 "엄청난 양의 탄약과 무기(휴대용 견착식 미사일 RPG-7 등) 등을 채운 픽업트럭 4대와 20명 정도의 보디가드들"이 동행하였다고 한다(김영미, 105쪽). 그러한 상황에서도 해적에게 인질로 잡힐 뻔하고 구사일생으로 탈출했음에도 불구하고 당시 방송에서 이렇게 언급했다는 점은 이해할 수 없다.

87 김 기자는 "10억 원"이라고 언급하였으며, 해적은 7월 19자 팩스에서 최 선장과 김 기자의 제의로 '90만 불'을 요구한다고 하였다.

(해적 두목)'아프웨니'는 세계식량기구의 식량 수송선 샘로(SEMLOW)
호 납치 시 지역방송국(Shabelle News)[88]과 인터뷰를 하는 등 언론을
이용할 줄 안다.

우리 언론의 동원호에 대한 성급한 보도는 우리 협상단을 조급하게
만든다. 협상을 빨리 타결하고자 해적이 원하는 대로 성급하게 양
보한다면 해적이 추가 양보를 얻어 낼 수 있다고 오판하게 만들어
협상 타결을 더욱 지연시킬 우려가 있다.

외교통상부, 대통령 지시에 대한 대응

나는 7월 31일 귀국 후 노무현 대통령이 7월 27일 동 방송내용에 관
심을 표명하고 "이 문제는 정정이나 반론 청구를 하는 것이 적절하지
않겠느냐"라는 의견을 외교통상부에 보냈다고 들었다.

이에 대해 외교통상부는 지금 언론 대응은 오히려 정부가 협상은
열심히 하지 않고 언론에만 신경 쓴다는 역풍이 우려되므로 우선 선
원들의 무사 귀환을 위한 막바지 협상에 총력을 집중하고, 해결 직후
에 법적 대응을 비롯한 본격적이고 엄중한 대응을 하는 것이 바람직
할 것으로 건의하였다.

---

88 앞서 기술했듯이 동 방송국은 "6월 22일 한국정부 관리는 한국정부가 동원호 협상에 개입하
고 있으며, 협상이 90프로 이루어졌으며 정부가 영국 브로커를 고용하고 있다고 밝혔다"고
보도하였다.

외교통상부, 언론중재위원회 조정 신청

외교통상부는 7월 30일 동원호 석방 이후 8월 4일 MBC에 직접 반론 보도를 요청하는 공문을 보냈으나 이에 대해 8월 8일 MBC로부터 반론 보도는 수용할 수 없다고 구두로 통보를 받았다.

이에 외교통상부는 8월 24일 언론중재위원회에 반론보도청구조정 신청을 하였고 위원회는 2006년 9월 12일 MBC가 외교통상부의 반론 보도 요청을 수용하라는 직권 조정 결정을 내렸다.

"MBC가 하필 그 시점에 그런 프로그램을 굳이 방영한 의도가 무엇 인가?"

"국내에서 납치 사건이 일어나면 범죄자를 찾아가서 인터뷰해서 정부를 심리적으로 압박할 것인가? 국내에서든 해외에서든 기본적으로 상황이나 대응은 같은 것 아닌가?"

"피랍 선원들의 조속한 무사 석방을 위해 방송했다는데, MBC가 누구로부터 재외국민 보호를 위한 결정권을 수임받았다는 것인가?"

내가 전해 들은 당시 중재위원들의 발언은 상식적인 올바른 판단이 었다.

법원의 최종 판결

그러나 MBC는 이러한 언론중재위원회의 결정에 불복하여 2006년 9월 19일 이의를 신청하여 법원에 반론보도청구의 항소가 제기되었다.

김영미 피디(PD)는 2007년 3월 16일 '한국독립프로듀서협회'의 홈페이지에 게시된 '김영미 PD 입장'에서 다음과 같은 요지를 밝혔다.

- 외교통상부가 반론 보도를 요구하는 부분의 요점은 '정부가 선원들의 석방 노력을 충분히 하였는데도 불구하고 김영미 PD가 그렇지 않다고 방송한 것'임.
- 외교통상부로서 현지와의 협상에 최선을 다했다고 주장하고 외교통상부가 노력한 부분이라고 명시한 내용은 1. 현지와의 빈번한 일일 교신 2. 영국 협상가 고용 3. 소말리아 과도정부 접촉을 통한 석방 촉구 4. 동원수산과 긴밀한 관계 유지 등임.
- 그러나 현지에서 제가 바라본 이 사건에 대해 외교통상부가 취한 조치는 현지 실정에 맞지 않다는 것임. 1. 현지와의 외교통상부 접촉은 거의 전무했고 2. 영국 협상 전문가의 실체도 파악되지 않고 3. 소말리아 과도정부는 있으나 마나한 정부이고 4. 모든 협상을 동원수산에 떠넘기기 바빴다는 것이 저의 의견임.
- 방송 이후 외교통상부는 오히려 방송이 정부 협상단의 입지를 약화시키는 결과를 불러일으켰고 협상 타결에 장애가 되었다고 항의한 바 있음. 그러나 방송 5일 뒤 인질이었던 선원들은 석방되어, 누구보다도 저에게 고마움을 표하고 있음.[89]

재판 결과 서울남부지방법원은 2007년 4월 12일 MBC가 외교통상부

---

89 "김영미 PD 동원호 취재과정 원본 공개", 오마이뉴스, 2007년 3월 20일.

의 반론보도청구를 수용하라는 외교통상부의 승소 판결[90]을 내렸다.

법원은 MBC에 대해 다음과 같은 반론 보도문을 방송하라고 주문하였다.

- 주식회사 문화방송은 2006년 7월 25일 〈PD 수첩〉 프로그램에서 2006년 4월 4일 소말리아 해적들에게 납치된 동원호 선박의 선원들이 납치된 지 100일이 지나도록 석방되지 아니하고 있는 것은, 외교통상부를 비롯한 동원수산 주식회사의 위 해적들과 소말리아 현지에 대한 정보가 부족하기 때문이고, 외교통상부가 소말리아의 유명무실한 과도정부 측에게 동원호 선박 선원들의 석방을 위해 협조하여 달라는 요청 이외에는 특별한 노력을 하지 아니하고 있으며, 동원호 선박 서원들의 석방을 위한 공식 협상문을 하나하나 만들어 팩스로 주고 받는 데에만 몇 주일 씩 소요되고 있다는 내용의 방송 보도를 한 바 있습니다.
- 이에 대하여 외교통상부는 당시 동원호 선박을 납치한 해적들 및 소말리아 현지 사정에 대하여 신속하고 광범위한 정보를 수집, 분석하고, 전문가로부터 조언을 얻는 등 결코 납치 해적들 및 소말리아에 대한 정보가 부족한 상태가 아니었고 소말리아의 과도정부 측에게 동원호 선박의 선원 석방을 위한 협조를 요청하면서 별도로 동원수산 주식회사와 함께 선원들의 석방을 위하여 지속적으로 노력하였으며, 공식 협상문안을 작성하여 소말리아 해적들과 팩스를

90　서울남부지방법원 2007.4.12. 선고 2006가합16537 판결문 전문.

　　　　　　　해적 협상 노트 2006: 동원호 피랍 사건 전모

주고받는 데에는 몇 주일씩 소요된 사실이 없다는 반론을 제기하므로 이를 시청자 여러분께 알려 드립니다. (강조 부분은 필자가 표시)

동 판결은 2006년 4월 동원호 선원 피랍 사건 발생 이후 그간 선원 석방을 위해 다양한 채널을 통해 최선의 노력을 다한 외교통상부의 노력을 공정하게 평가한 것이었다.

MBC 〈PD 수첩〉은 2007년 4월 17일 법원이 판결한 반론 보도문을 방송하면서 담당 PD가 "외교부가 방송 전에 거듭된 인터뷰 요청에는 응하지 않다가 정작 방송이 나가니까 반론을 하겠다면서 소송을 제기하였다. 이토록 폐쇄적이고 권위적인 외교부의 태도에 대해서는 납득하기 어렵다"라고 언급하였다.

이러한 언급은 법원 판결에 따른 반론 보도문 방송의 취지를 훼손하는 것이다. 또한 동원호 선원 석방을 위한 외교통상부의 노력을 폄하하며, 외교부에 대한 국민의 신뢰를 손상시킨 발언이었다. 외교부는 이에 대해 MBC에 심심한 유감의 뜻을 전달하였다.[91]

이러한 법원 판결과 반론 보도문 방송으로 외교부 직원들이 자국민 보호에 전혀 관심도 없는 "비겁하고 무책임한 사람들"이라는 근거 없는 멍에에서 법적으로는 벗어날 수 있었다. 형식적으로는 다소 위로가 된 측면이 있으나, 이미 실추된 명예와 먹칠당한 자긍심은 회복될 수는 없었다. 깨진 항아리에 조금 물을 부어 주었으나 바로 바닥으로

---

91   "MBC 〈PD 수첩〉 '동원호 사건' 반론보도문 방송 관련 외교통상부 입장", 외교통상부, 2007년 5월 4일.

새어 버린 셈이다.

2006년 7월 25일 이미 방영된 방송의 왜곡 보도로 인한 국민들의 외교부와 외교관에 대한 부정적 인식이나 훼손된 신뢰가 10개월 후 짧은 반론 보도문 방송 한 번으로, 그것도 담당 PD의 "폐쇄적이고 권위적인 외교부"라는 추가 언급으로 반론 보도문의 취지를 흐렸으니 회복될 리가 없었다.

해적 협상 노트 2006: 동원호 피랍 사건 전모

결론

1. 동원호 피랍 사건 협상 및 안전 석방 과정

2006년 4월 4일 동원수산 소속 원양어선 제628호 동원호가 소말리아 인근 해역에서 조업 중 '소말리아 머린'이라는 납치 세력의 무장 단체에 납치되었다. 동원수산은 협상 끝에 해적에게 일정한 몸값을 전달하였으며 하루만인 7월 30일 동원호와 선원 25명이 117일 만에 안전하게 석방되었다.

내가 7월 12일부터 30일까지의 협상에 참여하고 동원호의 안전 석방을 확인한 후 귀국 비행기 안에서 정리한 협상 평가와 소감은 앞서 서술한 바와 같다.

다만, 지금 돌이켜 보면서 몇 가지를 추가한다면 다음과 같다.

◆ 인질 협상의 본질

당시 소말리아는 내전 상태이며 현실적으로 무력에 의한 해적 소탕을 통한 선원 구출이 가능하지 않은 상황에서, 결국 선원을 조속히 안전하게 구출하려면 해적이 요구하는 일정 수준의 돈을 전달하는 수밖에 없었다.

즉 해적과의 협상의 본질은 몸값과 선원, 선박의 교환이었다. 해적은 명분상 불법 조업을 내세웠으나 그간의 행태로 보아 실제로는 인질을 유일한 최대 담보로 삼고 시간을 최대한 끌면서 가능한 한 많은 돈을 요구했다. 한편, 우리는 선원의 지속적인 안전 확보를 전제로 적정 수준의 돈을 전달하고 가능한 조속히 선원을 안전하게 구출해야 한다는 것이다.

협상 과정에서 납치범이 상황을 끝까지 주도하는 현실은 변하지 않는다. 해적은 자신의 입지를 강화하기 위해 인질의 생명과 안전을 위협하거나 언론 등을 이용하여 상대방이 자신들의 요구를 빨리 수용하라고 압박하기 마련이다. 이러한 인질의 생명, 안전을 담보로 납치범은 상대방을 최대한 착취하려고 하는 입장은 인질이 석방될 때까지 전혀 변하지 않는다.

그렇기 때문에 몸값 협상은 기본적으로 협상자가 감수해야 할 굴욕적인 과정이다. 또 인질 합의금은 시장의 원칙이나 질서에 의해 공개적으로 정해지는 가격이 아니다. 따라서 축적된 역량과 경험 있는 협상자가 과거 유사 사례를 참고로 하되, 인질의 안전 확보를 최우선으로 한다는 원칙으로 협상 현장에서 협상 과정의 흐름을 잡아 적정 수준의 몸값과 석방까지의 안전 확보를 동시에 달성할 수 있도록 최대한 자신의 '감'과 협상 역량을 발휘해 타결해 나갈 수밖에 없다.

♦ 정부의 입장 및 대응

우리 헌법 제2조 2항에서 "국가는 법률이 정하는 바에 의하여 재외국민을 보호할 의무를 진다"라고 되어 있다.

이에 따라 정부는 재외국민 보호에 책임을 수행하기 위해 제한된 인원과 예산이라는 주어진 여건에서 나름대로 대응하고 있으나 국민과 언론으로부터 수많은 지적과 비판을 받는 일로부터 자유롭지 못하다.

다행히 정부가 그간 다양한 '해외 위난 상황'을 겪으면서 경험과 역량을 축적한 가운데 '재외국민보호를 위한 영사조력법'이 제정되어 2021년 1월부터 시행되었다. 이에 따라 보다 체계적인 지원 활동을 하게 되었으며 일반국민들의 영사 활동에 대한 이해도 높아졌다.

그러한 가운데 불법 단체인 해적과의 협상이 불가피한 동원호 피랍 사건과 같은 특수한 상황에서 우리 국민의 보호 문제에 있어서는 여전히 외교부가 국제법과 국제관례, 주요국의 기존 사례 등을 종합적으로 검토하여 기본 대책을 수립하고 거기에 역량을 갖춘 외교관을 투입하여 대응해야 할 것으로 생각한다.

2006년 4월 동원호 납치 사건 발생 직후 우리 정부는 사실상 처음 겪는 선박 피랍 사건의 대응을 위해 각국 경험 사례와 주요국의 대응 방안을 종합하여 기본 대책을 수립하였다. 이에 따라 외교통상부는 동원수산과 함께 선원들의 안전 석방을 위하여 초기부터 긴밀히 협의하면서 해적과의 협상에 함께 참여하였다. 다만 해적에 의한 피랍 사건의 경우 정부가 해적과 직접 협상하는 것은 확립된 국제관례에 맞지 않기 때문에 동원수산이 협상의 대표이자 창구 역할을 수행하였다.

외교부는 4월 7일부터 협상 지원에 충분한 역량을 갖춘 정달호 재외동포영사 대사를 비롯한 대사급 협상 지원 대표 5명 등을 현지에 파견하여 동원수산 협상대표와 숙소를 같이 하며 협상을 계속 지원하고 참여하였다.

일반적인 재외국민 보호 경우와는 달리 인질의 안전 구출이라는 특수한 경우였기 때문에 파견 직원들은 현지에서 구체적인 상황 대응에 있어서 오직 자신의 그간 외교관 경험과 역량으로 상황 판단을 하고 지혜를 짜서 대응할 수밖에 없었다.

이와 관련해, 동원수산 송장식 사장은 동원호 석방 후 7월 30일(일) 기자회견에서 "사건 발생 즉시 정부 당국과 합동 대책 회의를 개최한 이후 상대가 해적이라 표면적으로는 동원수산이 나섰으며 정부는 대사급 고위 관료의 현지 파견으로 협상 타결을 도왔으며 비슷한 납치 사례에 관한 정보를 제공하고 영국의 협상전문가를 고용하는 등 외교적으로 큰 도움을 주었다"라고 언급하였다.

이어 2006년 8월 초 나는 동원수산의 왕윤국 회장과 송장식 사장 공동명의로 "자국민 보호라는 일념 아래 물심양면으로 당사를 도와주셔서 감사의 말씀을 드린다"라는 서한을 받았다.

♦ 해적의 행태: 몸값 올리려 일정 기간 억류

협상 초기에는 소말리아 과도정부가 주선한 채널과 해적이 속한 씨족의 원로를 통한 협상을 병행하여 시도하였다. 그러나 다른 나라의 경험과 같이 소말리아 과도정부의 영향력 행사에는 한계가 있었으며 해적의 요구가 동원수산이 받아들일 수 없는 과다한 수준이었기 때문에 협상에 별 진전이 없었다.

결국 5월 말부터 해적과 동원수산 간 양자 협상이 시작되었다. 해적은 자신들의 편의상 두바이에서 전화와 팩스를 이용한 협상을 주장함에 따라 6월 중순부터 두바이에서 본격적으로 교섭하게 되었다.

인질범들의 일반 행태와 같이 해적은 4월 사건 발생 초기에는 석방 합의금으로 터무니없는 500만 불을 요구하였으나 시간이 경과하면서 300만 불, 150만 불로 계속 낮추었으며 6월 중순부터 마지막 단계까지 80만~90만 불을 고수하였다. 동원수산은 15만 불에서 시작하여 4월 중순부터 2개월간 30만 불을 계속 고수했으며, 6월 중순부터 60만 불에서 조금씩 상향 조정하다가 80만 불 전달 용의를 전달하면서 양측은 접점을 찾아 7월 25일 석방금 88만 불에 합의하였다.

돌이켜 보면 인질범과의 협상에서 석방금에 관해 서로 절충점을 찾기 위해서는 일정 기간이 소요되는 현상은 불가피해 보인다.

더욱이 소말리아 해적인 경우에는 자신들이 안전하게 피난할 수 있는 장소가 있었기 때문에 시간에 크게 구애를 받지 않은 것 같았다. 자신들의 안전이 확보된 상황에서 외부로부터 선박 구출 작전이 없는 한 최대한 시간을 끌면서 상대방으로부터 최대한 몸값을 받으려 했던 것으로 보인다.

다만 이슬람 법정연합이 6월 중순 이후 하라데레로부터 100여 킬로미터 떨어진 지역까지 진출해 옴에 따라 자신들의 안전에 위협을 느끼기 시작하였으며 마침 그때가 우리와의 협상이 100여 일 가깝게 진행된 시점이라 80만~90만 불 선에서 타협하려 했던 것으로 보인다.

♦ 마지막 단계 협상의 주요 쟁점

내가 7월 12일 협상팀에 합류했을 때는 이미 양측 간 100일 가까운 협상 기간이 지나고 80만 불에서 90만 불을 둘러싸고 탐색하던 중이

었다.[92]

다만 협상에 참여하면서 나로서는 과거 협상 경위보다는 해적의 요구 수준이 더 이상 올라가지 않도록 하는 것이 중요했다.

내가 협상에 참여하면서 몇 가지 안도했던 상황은 앞서 서술한 바와 같다.

먼저 선원의 안전을 일관되게 확인할 수 있었고 해적이 100여 일간 협상 기간 중 선원의 안전을 앞세워 협상팀을 심각하게 위협한 사례가 없었다는 점이었다.[93] 해적이 오로지 돈을 목적으로 납치하는 무리이므로 협상 진행 중에는 선원을 해치지는 않을 것이라는 믿음이 있었기에 우리의 다른 요구를 강하게 밀어붙일 수 있었다. 당시 강 상무, 피터 모두 같은 마음이었다.

이어서 역설적인 상황이기는 하나 긴 협상 과정에서 양측 협상자, 즉 강 상무와 압디 간의 대화가 비교적 정상적으로 이루어져 두 사람 간에 일종의 신뢰 관계가 형성된 것으로 보였다는 점이었다.

물론 피터의 기여를 언급하지 않을 수 없다. 피터의 전문적 역량을 기반으로 한 시의적절한 판단과 조언은 해적을 단기간에 종합적으로 파악하여 협상의 전체 구도를 잡는 데 크게 도움이 되었으며, 피터는

---

92 동원호 석방 확인 후 귀국하여 나는 외교부 모 고위인사로부터 내가 마지막 단계에 투입되어 "운이 좋았다"라는 말을 들었다. 당시에는 약간 섭섭한 느낌도 들었으나 돌이켜 보니 그의 말이 맞았다는 생각이 든다.

93 협상팀은 두바이 체류 시 선원들의 안전을 최 선장을 통해 계속 점검하였다. 당시에는 선상에서의 행동대원들의 우리 선원들에 대한 구체적인 신변 위협이나 폭력 행위는 전해 듣지 못했다. 만약 전해 들었다면 당연히 해적에게 강력히 항의하고 재발 방지를 요구하였을 것이다. 김진국 항해사는 "선장이 배에 계속 있지 않았기 때문에 해적들의 폭력행위를 잘 알지 못했다"라고 하였다(김영미, 113쪽)

현금 전달 시부터 협상 과정에 참여하면서 해적과의 협상을 노련하게 이끌어 주었다.

피터의 분석대로 동원수산이 6월 중순 그간의 30만 불 입장에서 60만 불을 제의한 후 해적은 요구 수준을 80만~90만 불로 올려서 이를 고수해 나갔으며 거기에 김영미 기자의 출현은 해적을 더욱 고무시켰다. 김영미 기자의 협상 개입과 취재 보도가 얼마만큼 협상에 부정적인 영향을 미칠지 예상할 수 없었다.

다행히도 내가 협상팀에 합류한 7월 12일 첫날, 양측 간 오가던 80만~90만 불 선에서 지속적으로 협상이 이루어졌다. 강 상무의 협상 실패 명분으로 강 상무 교체 경고로 해적을 압박한 이후 해적은 90만 불 이상을 요구하지 않았다.

아울러 그간의 구두 협상 단계에서 벗어날 수 있었다. 합의 금액과 함께 석방 과정 중 우리 조건을 포함한 문서를 팩스로 계속 보내서 이를 해적이 확인하는 방식을 지속적으로 추진함으로써 해적이 일단 양해한 사안은 형식적으로는 되돌릴 수 없도록 단계별로 이슈를 하나하나 굳히기에 들어갔다.

결과적으로 7월 25일 MBC 〈PD수첩〉 방영 직전에 최종 금액 88만 불과 우리 측 조건에 대해 합의하였다. 현금 전달 방안에 관해서는 우리 계획에 따라 시간, 장소 등 구체적인 조건을 차례로 합의해 나감으로써 실제 현금 전달은 그대로 시행되었다. 만약 해적이 하라데레로 돈을 갖고 오라거나, 두바이에서 특정 장소를 주장했다거나, 두바이 대리인이 신변 안전 위협을 느껴 시간을 바꾸는 등 다른 조건을 내걸었다면 석방은 더욱더 늦어졌을 것이다.

이후 7월 29일 석방금을 전달한 후 동원호의 안전 석방까지 협상팀은 해적에게 그간 합의를 계속 환기시키면서 조기 석방을 촉구해 나감으로써 28시간이 지난 7월 30일 동원호와 선원 25명은 안전하게 풀려나왔다.

돌이켜 보면 그 당시 28시간은 나의 외교관 경험상 잊히지 않는 긴 시간이었다. 그 28시간은 당시 현금 전달 장소인 두바이와 동원호 선원 억류 현장인 하라데레까지의 지리적 거리와 소말리아 국내의 무정부 상대 등 주변 여건을 감안할 때, 결국 우리가 대리인에게 현금을 전달한 후 해적이 최종적으로 자기 손에 돈이 들어왔음을 확인하는 데 필요한 최소한의 시간이었다는 생각이 든다.

유사 납치 사례와 비교해 보면 동원호 납치 사건의 협상 성과와 의미를 되새길 수 있을 것 같다.

유사 사례와 비교

동원호를 납치한 '아프웨니' 해적 집단에 2005년 6월 납치되었던 세계식량기구(World Food Program: WFP) 구호선 사례와 동원호보다 1주일 전에 납치된 아랍에미리트 유조선 사례가 동원호 협상 과정에 좋은 참고로서 크게 도움이 되었다.

◆ 세계식량기구 구호선 사례

2005년 6월 27일 구호식량(쌀)을 실은 운반선(SEMLOW)이 납치된 이래, 세계식량기구(WFP)는 협상 초기부터 소말리아 과도정부의 협력을 적극적으로 요청하였다. 소말리아 국민을 위한 구호선이 처음으로 소말리아 해적에게 납치되었기 때문에 과도정부에 조기 해결을 위해 최대한 협력해 달라고 촉구하였다.

과도정부의 '푸루(Furuh)' 해운항만 국무장관(Minster of State for Marine Transport & Ports)은 "세계식량기구는 해적이 속한 씨족인 '술리만 씨족(Sulieman clan)'이 지정하는 사람들에게 구호물을 제공한다"라는 조건으로 석방을 추진하였다. 세계식량기구는 '푸루' 장관과 이 합의문에 서명까지 했으나 마지막 단계에서 해적이 이를 거부하였다.

그 기간 중 해적 두목 '아프웨니'는 지역방송국(Shabelle News)에 인터뷰를 자청하여 자신들이 소말리아를 지키는 애국자라고 주장하는 등 언론을 이용해 자신들의 입지를 강화하였다. 결국 선주(국적 케냐)가 따로 석방금(10만~13만 5천 불로 추정)을 해적에게 전달함으로써 10월 4일 99일 만에 석방되었다.

세계식량기구의 소말리아 담당관은 석방에 100일 가깝게 걸린 이유는 케냐 정부와 소말리아 과도정부가 정치적, 외교적으로만 해결하려 했으며, 선주와 해적 간에 석방 합의금에 이견이 계속되었기 때문이었다고 설명하였다.[94]

이후에 세계식량기구는 지속적으로 국제사회, 소말리아 과도정부, 내전 중 가장 큰 세력인 이슬람 법정연합에 대해 해적 퇴치를 촉구해

---

94 동원호 사건 발생 초기부터 주케냐 한국대사관은 현지 WFP 소말리아 담당관과 긴밀히 교류하면서 경험 공유와 조언을 구했다. 그는 2005년 WFP 구호선 석방 경위를 상세히 설명해 주었다.

나갔다.

우리 외교부는 주케냐 대사관을 통해 세계식량기구와 지속적으로 접촉하여 조언을 구하였다.[95] 동 기구는 우리 협상팀의 요청으로 동원호 억류 중에 해적에 대한 위협용으로 이슬람 법정연합에게 '해적을 용인容認하지 않는다'라는 성명을 발표하도록 요청하기도 하였다.

♦ 아랍 에미리트 유조선 사례

2006년 3월 29일 동원호보다 1주일 전에 납치된 아랍에미리트 유조선(Lin 1)의 경우[96] 해적과 협상 중에 5월 21일경 강경책으로 현지 군벌을 고용하여 해적 소탕을 도모하였으나 결국 실패하였다.

이후 협상을 통해 6월 12일경 석방금 45만 불에 합의한 것으로 알려졌다. 이어 7월 5일 해적이 현금 전달 방안을 선주 측에 처음으로 제의한 후 이에 대해 협상이 진행되어 7월 15일 현금을 전달하고 10시간 만에 석방되었다. 납치된 지 108일 만에 안전하게 석방된 것이다.

협상팀에게는 유조선의 현금 전달 과정과 전달 후 석방까지의 추이에 대한 선례가 크게 도움이 되었다. 우리의 초기 판단과 사전 계획이 틀리지 않았다고 안도하면서 더욱 확신을 갖고 우리 입장을 해적에게 밀어붙일 수 있었다.

아랍에미리트 유조선의 석방금 전달 과정은 앞서 기술한 대로 6월

95　WFP 소말리아 담당관은 소말리아 과도정부 인사들을 너무 의지하지 말라고 조언하고 '푸루' 해운항만 국무장관은 사실상 해적과 '한통속'으로 보아도 무방하다는 의견을 표명했다.

96　유조선의 경우, 선원 중에는 아랍에미리트 자국민이 한 명도 없었으며 20명 전원이 필리핀 국적이었으며 선박도 용선한 것이었다.

12일경 석방금 합의 후에 실제로 현금이 전달될 때까지 30여 일이 걸렸다. 해적이 7월 5일에서야 현금 전달 방안을 처음 제의하였고 그동안 구체적 전달 과정에 관해 협상을 하였으며 양측간 여러 차례 오해가 생겨 계속 지연되었다. 예를 들어 해적 측이 현금 수령 후 공항까지 선주 대리인이 동행하도록 요구하여 단호히 거절하였다고 하며, 전달 과정에 처음에는 해적 대리인이 합의 장소에 나타나지 않는 등 약속을 제대로 지키지 않은 경우도 있었다.

선주 측이 협상 중에 현지 군벌을 동원하여 무력으로 해결하고자 한 경위가 있어서 해적 측이 현금 수령 시 상당히 경계했던 것으로 보였다. 현금 전달 시에는 나이로비 선주소유 호텔에서 2대2로 만났으며 유조선 측은 영국인 협상 대리인과 선주 측 나이로비 사무소 관계자를 통해 현금을 전달하였다. 별도 경호원은 고용하지 않았다.

7월 15일 오전 6시경 현금 전달 후 선상 행동대원이 추가 현금을 요구하는 등 마찰이 있었으나 선주와 선원들이 이에 굴하지 않고 강경하게 대응함으로써 10시간 후인 오후 4시경 선박이 풀려나왔다.

♦ 유사 사례의 교훈과 참고 사항

세계식량기구 구호선 사례는 동원호 피랍 이전에 이미 종료된 사건이다. 소말리아 과도정부의 중재가 결국 실패로 끝남으로써 과도정부의 실질적인 영향력이 한계가 있음이 드러났다.

따라서 납치된 선박의 석방을 위해서는 해적과 직접 협상할 수밖에 없으며 해적은 피해자 측이 자신들의 요구 수준에 응해 올 때까지 국내외 언론도 활용하고 시간을 끌며 장기적으로 억류할 의도를 갖고 있다는 현실을 깨우쳐 주었다.

아랍에미리트 유조선의 경우, 동원호와 1주일 간격으로 납치되어 해적 측과 동시에 협상이 진행되어 초기부터 관련 정보를 서로 교환하였다. 유조선 대리인은 석방 직전에는 매우 민감한 시기이기 때문에 정보 공유에 조심스러운 입장이었으나 유조선의 안전 석방 후에는 우리에게 협상 경위와 석방 과정을 조금씩 알려 주어 크게 도움이 되었다.

특히 현금 전달 과정 전모를 듣고 우리의 계획에 대해 더욱 확신을 갖고 적어도 현금 전달 과정에서는 우리가 협상 주도권을 잡고 진행할 수 있었다.

유조선과 동원호와 상호 비교할 때, 몸값은 유조선이 45만 불, 동원호가 88만 불, 억류 기간은 유조선이 108일, 동원호가 117일로 비슷하며, 몸값 합의 후 실제 전달 기간은 유조선은 33일, 동원호는 4일 걸렸으며, 몸값 전달 후 실제 석방까지 시간은 유조선은 10시간, 동원호는 28시간이 걸렸다.

협상 과정에 '조건법적 서술(counterfactual)'을 적용한다면

이미 발생한 일은 과거로서 다시 되돌릴 수도, 바꿀 수도 없다. 그러나 사람들은 현재에 만족하지 않기 때문에 과거의 선택을 잘한 것인지, 잘못한 것인지 자문하는 경향이 있다. 이러한 물음은 현재를 바꿀 수는 없지만, 미래를 준비하는 데에 도움이 된다. 누구나 가끔은 일상이나 역사 속에서 '만약 그때 다른 선택을 했더라면(what if…) 결과는 달라졌을 것이다'라고 생각하게 마련이다.

동원호의 경우, 결과를 놓고 보면 해적이 90만 불을 서면 제의했을 때 우리가 바로 수락했다면 좀 더 빨리 석방될 수 있었을 것이 아닌가 문제 제기를 할 수 있다. 나로서는 확실하게 대답하기 어렵다는 것이 결론이다.

7월 19일(수) 해적은 최 선장과 김 기자와 협의하고 그들의 제의에 따라 90만 불을 제의하였다. 이에 대해 나는 외교부와 동원수산 본사에 대해 "우리는 80만 불, 해적은 90만 불을 계속 고수한다면 상당 기간 대립 상태가 유지될 것이며, 무엇보다도 김 기자가 취재 내용을 무작위 국내 언론에 기고하는 것은 불 보듯 뻔하다. 돈 때문에 시간이 오래 걸렸다고 좋지 않은 보도가 나가면 정부나 동원수산이나 곤란을 겪을 가능성도 있을 것"이라고 보고하였다.

이에 따라 1안) 80만~90만 불 절충액 제의, 2안) 동원수산 본사에서는 회장 명의 80만 불 고수, 강 상무 개인 차원에서 약간의 금액을 추가적으로 주는 형식으로 80만~90만 불 사이로 타결을 모색하는 안을 건의하였다.

이에 대해 동원수산 본사는 7월 20일(목) 회장 명의로 80만 불을 고수하는 팩스를 보냈다. 21일 (금) 오전 해적의 팩스 접수 확인 후 해적과 3일 이상 연락이 두절되었다. 그 기간 중 동원수산 본사는 강 상무에게 90만 불이라도 타결하라고 지시하였다.

나는 당시 7월 30일 동원호 석방 직후에 귀국 비행기 안에서 협상 과정을 되돌아볼 때에는, 사실 7월 19일(수) 협상팀 건의를 동원수산 본사가 받아들였다면 동원호 석방을 최소한 5일 정도는 앞당길 수 있었을 것이며 김 기자의 취재 보도에 따른 국내 언론의 공세에 동원수산 본사와 정부가 보다 적극적으로 대응할 수 있었을 것으로 생각하였다. 앞서 기술한 바와 같이 당시에 7월 19일(수) 협상의 모멘텀을 살리지 못한 것이 아쉬웠던 것은 사실이다.

그러나 한편으로는 우리가 마지막까지 80만 불을 고수했던 것이 해적 자신들이 최대한 받을 수 있는 수준이 80만~90만 불이라는 현실을 확실히 인식시켰다는 효과가 있었을 것이라고 생각하였다. 아울러 해적에게 몸값 수준 이상으로 그들에게 중요한 것이 안전한 현금 수령인데 7월 19일 당시에는 두바이에서의 현금 수령 대리인이 아직 정해지지 않은 상황으로 짐작되므로, 그 이후 전개되는 상황을 7월 25일 이후의 실제로 전개된 상황과 똑같이 가정하여 추정한다는 것은 무리이며 별 의미가 없어 보였다.

특히 아랍에미리트 유조선의 경우, 현금 전달 과정 협상이 7월 5일부터 시작하여 실제 전달하는 데 10일이 걸렸다고 하니, 그 예를 준용한다면 만약에 우리가 7월 19일 해적과 최종 금액에 합의했더라도 29일 전달하게 된다. 결국 동원호 석방의 실제 상황과 똑같은 결과가 나온다.

결국 예측하기 어려운 불법 집단인 해적과 같은 상대와 비정상적인 거래를 할 때는, 협상자는 그간 경험과 현장에서 체득한 감으로 최선을 다한 방안을 선택함으로써 진전(progress)을 만들어 가고 이미 벌어진 상황에는 바로 다시 적응하여 그때 다시 최선의 선택을 하면서 원하는 결과를 만들어내야 한다는 생각이 든다.

2. 민관 협상 체제의 딜레마

동원호 피랍 사건과 같은 사건은 단순히 피해 당사자와 피해 기업의 차원을 넘어 자연스럽게 국민적 관심사가 된다.

동원호의 경우, 사건 발생 처음부터 외교부와 동원수산 간 의사소통과 협력 체제가 구축되어 긴밀한 협의를 통해 대응해 왔다. 해적과의 협상 창구는 당연히 동원수산이 맡았으며 외교부는 일관되게 협상을 지원하고 참여하였다.

다만 동원호 사건을 해결하기 위해서는 해적에게 일정 수준의 돈을 지불해야 하는데, 돈을 얼마 지불할 것인가는 동원수산에 달려 있었다. 이론적으로는 사건이 발생하자마자 해적의 요구액을 회사가 빨리 전달하면 바로 해결할 수 있었다.

외교부는 납치 사건 해결을 위해 국제 공조 체제를 구축하고 다양한 채널을 통해 관련 정보를 수집, 분석하여 해적을 종합적으로 파악하고 영국인 전문가까지 고용하면서 협상에 참여하였다. 그러나 협상 타결에 결정적인 몸값의 수준은 동원수산이 최종적으로 정하는 것이기 때문에 외교부의 개입에 한계가 있을 수밖에 없다. 동원수산은 선원의 안전을 최우선으로 두고 국제사회에 나쁜 선례가 되지 않는 범위 내에서 합리적 수준의 적절한 금액을 지불하고자 했다.

상기와 같이 '가상 사실(counterfactuals)'로서 마지막 단계에서 해적은 90만 불을 일정 기간 고수하였고 결국 88만 불에 타결되는데, 만약 양측간 80만~90만 불 사이에서 협상이 오갈 때 동원수산 본사가 90만 불로 빨리 결단을 내리도록 외교부가 좀 더 권고했더라면 어떻게 전개되었을까 생각해 본 적이 있었다.

결국 해적과의 협상에서 가장 중요한 자원, 즉 해적에게 전달할 돈은 민간이 갖고 있으며 그 수준을 민간이 최종적으로 결정하는 상황은 처음부터 이러한 민관 합동 협상 체제의 딜레마가 아닐까 생각한다.

한편, 협상 마지막 단계에서 동원수산 본사로부터 다양한 주문과 지시가 강 상무에게 내려와 현지 협상팀에 일정한 부담이 되었던 것도 사실이다. 그러나 동원수산 본사와 외교부의 현지 협상팀에 대한 신뢰가 절대적이었기 때문에 협상팀의 모든 건의는 거의 수용되었고 그대로 시행되었다.

앞으로도 유사 사건에서 현지 협상팀에 외교관이 합류하는 경우에는, 외교부는 민간회사 측과 원만한 협력관계를 유지하면서 상호 양해하에 민간회사 본사는 협상의 큰 틀만 정해 주고 구체적인 사안에 관해서는 현지 협상팀에 전권을 위임하도록 하는 것이 바람직할 것으로 생각한다.

3. 충돌하는 공익公益: 살 권리와 알 권리

동원호가 2006월 4월 4일(화) 오후 3시 40분경(한국 시간) 소말리아 해역에서 조업 중 해적 8명에게 납치되자, 근처에 있던 네덜란드 군함의 신고로 네덜란드 정부를 통해 사실 관계를 파악한 후 외교통상부는 바로 비상대책본부를 가동시켰다.

외교부 재외국민보호과 상황실은 사건 발생 9시간 후인 4월 5일(수) 새벽 1시 청와대 안보실, 국정상황실, 국무조정실, 국정원 등 관계기관에 첫 번째 일일 상황을 보고하였다. 이후 소말리아 과도정부 및 케냐, 지부티, 에티오피아 정부의 적극적인 협조와 지원을 요청하였으며, 동원수산 본사와 협력 체제를 구축하고 관계부처 회의를 지속적으로 개최하여 정부로서 가능한 대책을 강구하면서 동원수산을 지원해 갔다.

♦ *외교부의 언론에 대한 설명*

4월 5일 바로 반기문 외교장관의 브리핑과 이준규 재외동포영사국장의 브리핑(2회)을 통해 출입 기자단에게 사실관계를 설명하고 납치 사건의 본질상 언론의 협조가 필수적이니 보도의 자제와 주의를 요청하였다.

그 이후 외교부는 7월 30일 동원호의 안전 석방까지 비공개를 전제로 외교부와 해양수산부의 출입 기자단에게 수시로 진행 상황을 설명하였다.

외교부 대변인실에 의하면 4월 5일 "소말리아 인근 자국 선박 피랍"에 관한 최초 보도자료 배포 이후 사건 해결 후인 8월 8일까지 보도(참고)자료 6회, 외교장관 정례브리핑 및 인터뷰 8회, 재외동포영사국장의 출입 기자단을 대상으로 한 비보도 전제 또는 배경 설명 및 인터뷰 11회를 실시하였다.

이에 따라 국내 언론은 4월 7일 "납치 집단은 '소말리아 머린(Somali marine)'이라는 군벌 휘하의 무장 집단인 것으로 추정", "정달호 재외동포영사 대사 파견", 5월 9일 "납치 세력 내부에서 협상 조건에 대한 이견으로 협상 지연", 6월 22일 "협상 조건 90% 가량 의견 접근", 7월 4일

"협상 막바지에 있다"라는 정도로 진전 상황의 큰 흐름을 보도하였다.

이러한 정부와 언론과의 협조 관계는 해적과 사실상 협상이 타결된 7월 25일 MBC 〈PD 수첩〉 방영 전까지는 대체로 유지되었다.

내가 두바이 협상팀에 합류하기 전인 6월 25일 KBS 뉴스는 "동원호 납치 80여 일째"라는 제목으로 선원 가족 인터뷰, 동원수산과 외교부의 현황 설명을 다음과 같이 전하였다.

- 전제적으로 동원호 소식은 초기에 집중되었으며 이후에는 계기가 있을 때만 간간이 다뤄지고 있으며 거기에는 납치 보도에 있어 피랍자들의 안전과 협상에 지장을 주지 않기 위해 신중을 기한다는 측면도 고려되었다.
- (신웅진 YTN 외교부 출입기자) "아무래도 협상 결과에 영향을 줄까 봐 조심스럽게 움직이고 있다. 경찰서 출입할 때에도 결과 나올 때까지 납치 보도에 조심스러웠다. 동원호도 끝난 것이 아니기에 결과를 지켜보고 있다. 외교부의 협조 요청도 있지만 기자들의 자체 판단도 한몫을 하고 있다."
- 협상이 장기화되면서 동원호가 잊히고 있다. 협상에 지장을 주지 않는 범위에서 선원들에 대한 사회적인 관심을 지속적으로 이어주는 언론의 노력이 필요하다.[97]

---

97 "동원호 납치 80여 일째, 언론은 초기 반짝 관심뿐", KBS 뉴스, 2006년 6월 25일.

♦ 언론 보도와 기자 취재의 동원호 사건에의 영향

이러한 대부분 언론의 협조에 따라 동원수산과 외교부가 해적과의 협상을 무난히 이끌 수 있었다고 생각한다.

다만 나는 협상에 참여한 이후 해적이 한국 언론 동향에 관심을 갖고 있었던 것은 틀림없으며, 앞서 기술한 대로 6월 중순 소말리아 지역 방송이 한국언론 보도를 그대로 인용 보도한 후에 해적이 갑자기 요구 수준을 크게 올린 것은 그러한 언론의 영향 때문이었다고 추측하였다.

아울러 협상팀이 마지막 단계에 심각하게 우려했던 점은 김영미 기자가 취재한 내용의 선택적 보도에 따라 협상에 미칠 잠재적인 부정적 영향이었다.

거기에 더 심각하게 우려했던 점은 해적과의 협상과정에 있어 김 기자의 참여 행태였다.

김 기자는 동원수산과 일체 사전 협의 없이 "내가 직접 현금을 동원수산에서 받아서 하라데레로 가지고 오겠다"라고 해적에게 제안했다. 이에 대해 강 상무가 협상 책임자 및 피해 당사자로서 김 기자와 여러 차례에 걸친 통화 시 일관되게 "협상에 개입하지 말아 달라. 안전하게 석방될 때까지 보도를 자제해 달라"라고 간곡히 요청했음에도 불구하고 해적과 연락하는 등 계속 협상에 간여했다.

김 기자는 귀국 후에 협상팀이 두바이에서 해적과 협상 중인 줄 알면서 방송에서 "나 혼자 찾아가서도 협상할 수 있을 정도의 해적"이라면서 해적들이 요구하는 것이 무슨 엄청난 거액도 아니고 10억 원 내외다"라고 몸값을 공개하였다. 김 기자의 일련의 이러한 언행은 본인의 진정한 의도[98]와 상관없이 결국 해적이 자신들의 입장을 공고히 하는 데에 도움을 줄 수 있는 행동이었다.

국민의 알 권리에 따른 취재의 자유와 관계없는 인질 협상 개입은 기자의 본분을 넘어선 행동이었다고 생각한다.[99]

다행히도 7월 25일 MBC 〈PD 수첩〉의 김 기자 취재를 바탕으로 한 동원호 관련 프로그램이 해적과의 100여 일의 협상 끝에 최종 합의가 이루어진 후 1시간 뒤에 방영되었다. 이후에 결과적으로 해적이 합의를 뒤집지 않고 그대로 이행되었기 때문에 동 프로그램이 해적과의 합의 자체에는 결정적인 영향을 미치지는 않았다.

물론 〈PD 수첩〉의 정부에 대한 충분한 근거 없는 비판으로 일반 국민과 언론의 정부, 특히 외교부와 외교관에 대한 불신은 깊어졌다.

프로그램 방영 이후 일부 언론이 한 "정부가 방송 후 부랴부랴 협상 타결에 급히 나섰다", "정부의 철저한 무관심"이라는 보도는 물론 사실이 아니었다. 한 여론 조사에서 보여 준 "〈PD 수첩〉이 동원호 해결에 결정적 기여 62.4%"라는 결과는 왜곡된 언론 보도의 영향으로 일반 국민이 진실과 얼마나 동떨어져 생각하게 되는지를 여실히 보여주

---

98 김 기자는 선원들에게 "지금 쌀이 이십일 치 남아 있다고 하니까 반드시 그 안에 돈을 가지고 돌아올게요"라고 말했다(김영미, 170쪽)고 한다. 이후 "선원들이 무사히 풀려났다는 소식을 듣고 가장 안심했던 것은 다시 돈을 들고 그 '사지'로 들어가지 않아도 된다는 것, 그 부담으로부터의 해방이었다"라고 덧붙였다(김영미, 222쪽).

99 김 기자는 "다시 돈을 들고 소말리아에 가고자 했던 것도 동원수산과 선원들을 돕고자 하는 마음에서 그랬던 것이다. 저널리스트라는 내 직업의 영역에서 벗어난 일이라도 사람을 살리기 위해서는 어쩔 수 없다고 생각한 것이었다"라고 한다(김영미, 207쪽).

는 사례라고 할 수 있다.

♦ 언론과 정부 간 신뢰 관계 구축 필요

언론과 정부 간의 긴장 관계는 민주주의 사회에서는 불가피한 요소이다. 언론은 자유민주주의 사회의 제4부로서 정부를 계속 감시하고 비판해야 한다. 정부는 언론의 비판을 겸허히 받아들임으로써 잘못된 것은 고치고 부족한 것은 보완하면서 국민과 국가의 이익을 최대한 보호하고 확대하여야 한다.

정부는 동원호 선원의 생명 보호와 사기업의 선박이라는 재산 보호를 위해 국제사회의 보편적 관례에 따라 공식적으로 전면에 나서지 않되 사기업인 동원수산과 함께 해적이라는 불법 집단과 협상하여 동원호 피랍 사건을 해결하였다.

그 과정에서 정부는 언론과 동 사건에 대한 정보를 완전히 공유할 수 없는 상황에서 선원 모두가 안전하게 조속히 살아나와야 하며, 바로 그 선원의 살 권리를 끝까지 보호해야 하기 때문에 언론의 보도 자제를 요청하였다.[100]

반면에 언론은 국민들의 알 권리를 충족시키면서 선원의 조기 석방을 위한 사회적 관심을 높여서 정부의 노력을 더욱 촉구한다는 입장이므로 자연스럽게 양자 간 긴장과 갈등이 생길 수밖에 없었다.

대부분 선진국의 경우 동원호 피랍 사건과 같은 납치, 인질 사건의

---

100 이영호 과장은 "협상의 특성상 국민에게 알릴 수 없는 내용이 많았다. 납치된 우리 국민이 위험해질 수도 있었기 때문"이라면서 "우리 국민의 안전이 최우선"이라고 밝혔다(『공감』, 〈제46호〉, 2006년 8월 17일).

경우에는 정부와 언론 간에 공식적인 것은 아니나 관례에 따라 일정한 양해 사항이 있는 것으로 알려져 있다. 부러운 일이다.

동원호 이후에도 선박 납치는 물론 유사한 인질 사건이 계속 발생하고 있고 그 경우 거의 예외 없이 정부와 언론 간의 관계가 악화되거나 경우에 따라서는 불신이 커진 사례가 지속적으로 발생하고 있다[101].

특히 언론은 해외에서의 사건, 사고에 대해서는 국내 사건보다 훨씬 민감하고 크게 받아들이는 경향이 있다. 또한 언론의 기본적 기능이 정부 비판이기 때문에 외교부나 재외공관의 활동을 객관적으로 평가하기 앞서 국민의 입장에서 보도하게 된다. 따라서 사건 발생 초기부터 국민 보호를 소홀히 하고 있다는 비판적 관점에서 보도하여 외교부와 재외공관의 대응을 더욱 어렵게 하는 경우가 있다.

더욱이 요사이는 '온라인상 인적 네트워크 서비스(Social Networking Service: SNS)'나 인터넷 등의 발달로 언론 환경이 급속도로 변하고 있어 진짜 뉴스와 가짜 뉴스를 구별하기 어려운 시대가 되었다. 정부와 언론 간의 신뢰 관계를 쌓아 가기가 더욱 쉽지 않게 되었다.

그럼에도 불구하고 피해자의 생명과 안전을 위협하는 인질, 납치와 같은 사건의 해결을 위해서는 정부와 언론 간의 신뢰를 바탕으로 한 공조가 전체적인 국익 확보 차원에서 필수적인 조건이다. 이를 위해 정부는 정부대로, 언론은 언론대로 지속적으로 노력해야 한다고 생각

---

101 이영호 과장은 2006년 동원호 납치 사건에 이어 2012년 재외동포영사국 심의관 시절에 싱가폴 선적의 제미니호 사건을 담당할 때도 해적의 언론 플레이와 일부 우리 언론의 무분별한 관련 보도에 대한 대응은 큰 부담이 되었다고 한다. 특히 제미니호의 경우에는 해적이 선원의 탄원 메시지 동영상을 유튜브에 게재하거나, 소말리아 언론 매체에 선원 사진을 공개하거나, 선원 가족에 대한 심리 교란 수법 등이 고도화됨에 따라 언론 대응에 어려움이 가중되었다.

한다.

정부와 언론이 재외국민 보호와 같은 어떤 특정 사안을 다룰 때는, 국민과 국가 이익이라는 목표를 향해 '같은 배를 탔다'고 공통 인식하에 신뢰를 바탕으로 지속적으로 소통한다면, 사례별(case by case)로 국제관례와 상식에 기반한 합리적인 관례가 점차 축적될 수 있을 것으로 기대해 본다.

공무원은 국민과의 소통 과정에서 언론이 항상 중추적인 역할을 수행하고 있다는 현실을 이해해야 한다. 특히 외교관의 경우, 재외국민 보호 활동에 있어서 궁극적으로 국민의 지지와 공감을 얻기 위해서는 사건 당사자의 생명, 안전 및 개인정보 보호와 함께 국민의 알 권리를 균형 있게 고려하면서 언론과의 건전한 공조 관계 구축에 힘써야 한다.

4. 동원호 납치 사건 이후 해적 동향 및 우리의 대응

우리가 처음 겪은 동원호 납치 사건은 소말리아 해적이 2005년부터 본격적으로 준동하면서 발생하였다.[102]

이후에 소말리아 해적의 활동이 보다 조직화되어 더욱 활발해졌다. 2007년 전 세계에서 신고된 해적에 의한 공격 중 약 절반이 아프리카 나이지리아와 소말리아 해역에서 벌어졌으며 2008년에는 전 세계에

---

102 2006년 4월 7일 AFP는 '국제해사국(International Maritime Bureau: IMB)'에 의하면 동원호 납치 사례는 2005년 3월 이래 소말리아 해역에서 발생한 41번째 공격이라고 보도하였다.

서 벌어진 해적 공격사례 293건 중 40%가 소말리아 해역에서 발생하였다.[103]

프랑스, 러시아 등 다른 나라의 선박들과 함께 우리 선박이나 우리 국민이 선원으로 활동하는 어선이나 상선이 소말리아 해역에서 지속적으로 납치되었다.[104]

해적이 요구하는 몸값도 계속 상승하였으며 해적들은 신변 안전을 고려하여 선주 측에 자신들이 지정하는 소말리아 해상의 특정 지점에 몸값을 공중에서 투하하라고 요구하고 이를 수거하는 형식으로 전달되었다. 보통 전문직인 사설 보안회사가 물에 뜨는 플라스틱 컨테이너에 현금을 담아 포장한 후 공중에서 투하하였다.[105]

2010년 납치되었다가 석방된 선박들의 평균 몸값은 미화 540만 불이 넘었다. 2010년 신고된 납치 건수가 50건이 넘으므로 해적의 2010년 몸값 수입은 미화 2억 5천만 불이 넘을 것으로 추정되었다.[106]

이러한 소말리아 해적 문제는 특히 공격 횟수가 2007년 51건에서 2009년 217건까지 매년 2배로 증가함에 따라 국제적인 안보 사안으로 대두되었다.

---

103 미국 의회 조사국(Congressional Research Service: CRS)의 2011년 4월 27일 "Piracy off the Horn of Africa" 보고서 내용을 인용하였다.

104 소말리아 해적의 우리 선박/선원 납치 사례: 2007년 5월 마부노 1, 2호(우리 선원 4명 등 24명), 2007년 10월 골든노리호(일본 선사, 우리 선원 2명), 2008년 9월 브라이트루비호(우리 선원 8명 등 22명), 2008년 11월 켐스타 비너스호(일본 선사, 우리 선원 5명 등 23명), 2010년 4월 삼호드림호(우리 선원 5명 등 24명), 2010년 10월 금미305호(우리 선원 2명 등 43명), 2011년 1월 삼호쥬얼리호(우리 선원 8명 등 21명), 2011년 4월 제미니호(싱가포르 선사, 우리 선원 4명)

105 "Why the Somali Pirates Keep Getting Their Ransoms," *Time*, 2009년 4월 20일.

106 상기 미국 의회조사국 보고서에 포함된 분석내용이다.

유엔 안보리는 드디어 2008년 6월 2일 소말리아 연안 해적 퇴치를 위한 결의(1816호)를 채택하여 해적 퇴치 목적으로 외국 정부가 소말리아 영해 내 진입하는 것을 승인하였다. 우리나라는 안보리 비상임이사국으로서 일본, 스페인, 덴마크 등과 함께 공동 주도국으로 참여하였다. 이에 따라 소말리아 해적 퇴치를 위한 국제사회의 공조 노력 강화를 위한 국제법적 제도적 기반이 구축되었으며 해적에 대한 억지효과를 기대할 수 있었다.

이어 2008년 10월 유엔 안보리는 우리나라를 포함한 19개국 공동 제안으로 소말리아 해적 퇴치를 위한 국제 공조 체제 강화를 요지로 하는 결의(1838호)를 채택하여 유엔 전 회원국에 대해 해적 퇴치를 위해 소말리아 인근 해역에 군함 및 군용기를 파견해 줄 것을 요청하였다.[107] 이어 2008년 12월 2일 유엔 안보리는 상기 안보리 결의 제1816호에 의거한 소말리아 영해 진입시한을 연장하고 국제 공조 조치를 강화하는 결의 제1846호를 채택하였다.[108]

이에 따라 우리 정부는 2009년 3월 13일부터 청해부대를 소말리아 앞바다에 보내서 해적 퇴치와 우리 상선 보호를 위한 활동을 개시하였다. 우리나라가 유럽연합(EU), 북대서양조약기구(NATO)와 함께 소말리아 앞바다에서 해적 퇴치 공동작전을 펼치면서 국제사회에서 중견국(middle power)으로서의 위상이 더욱 높아지는 계기가 되었다.

이러한 활동에 이어 우리 정부는 2011년 1월 15일 삼호쥬얼리호가

---

107 외교통상부 보도자료, "유엔 안보리 소말리아 해적 퇴치 관련 결의 채택", 2008년 10월 8일.
108 외교통상부 보도자료, "유엔 안보리 소말리아 해적 퇴치 관련 결의 채택", 2008년 12월 3일.

납치된 후 바로 1월 21일 청해부대의 구출 작전(아덴만 여명 작전)을 시행하여 동 선박을 구출해 내는 쾌거를 거두었다. 당시 석해균 선장이 구사일생으로 구출된 일화는 전 세계의 화제가 되었다.

이렇게 우리 정부는 2006년 동원호 피랍 사건 이래, 국제사회의 해적 퇴치 활동에 적극적으로 참여했다. 개별적인 우리 선박, 선원 피랍의 경우에는 "정부는 해적과 협상하지 않으며 선사가 협상을 주도한다"라는 기본 원칙과 축적된 협상 역량에 따라 대응하면서 선사를 최대한 지원해 왔다.

이러한 방침은 국제사회에서 모든 국가가 인정하는 보편적인 관례에 따른 것이다. 정부가 불법 범죄 집단인 해적과 협상하거나 석방금을 지불하는 선례를 남길 경우에는 우리 선박과 선원이 그들의 집중 목표물이 될 가능성이 있으며 결국 국제관례에 반하여 국제사회에 비난을 받을 소지가 있기 때문이다.

특히 2011년 4월 소말리아 해적에 납치되었다가 11월 석방금을 전달한 후에 다시 납치된 제미니호의 우리 선원 4명을 2012년 12월 다시 구출해 내는 과정에서, 해적 측은 협상 초기에 몸값 요구와 함께 상기 2011년 1월 삼호쥬얼리호 구출 작전(아덴만 여명 작전)으로 체포된 해적 5명의 석방과 사살된 해적 8명에 대한 보상금 지불을 요구하였다. 이에 대해 우리 정부는 그러한 해적의 정치적 요구를 단호히 거절하였으며 군사작전 가능성도 배제하지 않는다는 자세로 해적을 강하게 압박함으로써 선원의 안전 구출을 위한 협상을 성공적으로 이끌었다.

맺음말

외교관은 외교를 하는 사람이다. 외교(diplomacy)는 국가나 기타조 직을 대표하여 자격증(diploma)을 가진 사람들이 협상을 하는 기술과 행위라고 할 수 있다. 나는 외교관 경험을 통해 결국 외교는 기본적으 로 사람들 간의 관계이기 때문에, 일상의 인간관계와 공통점이 많다 는 진실을 배웠다.

2006년 해적과의 협상 경험을 통해 그러한 진실을 더욱더 절감하게 되었다. 어떤 목표를 향해 같은 배를 탔으면 그간의 사정이 어쩌하든, 상대가 누구이든, 승선한 '사람들' 간에 신뢰가 생겨야 노를 같은 방향 으로 저어 갈 수 있다. 나는 우연한 길에 해적을 만나 타협해야 했으 며 해적과 끊임없는 대화와 소통으로 그렇게 공통 기반을 만들어 우 리 선원들을 안전하게 풀어낼 수 있었다.

16년 전 두바이 현장에서의 자료, 신문 스크랩, 메모와 기억으로 당 시 20여 일의 협상 기록을 엮어 보았다. 다시 한번 현장에 있다는 기 분으로 당시 시간에 쫓기면서 휘갈겨 써서 알아보기 힘든 글씨들, 그 래도 정신 차려 또박또박 써 내려간 해적의 행태 분석 등을 모아 보고, 흐트러진 기억을 가능한 한 살리기 위해 당시 언론 보도 등 주변 상황 을 살펴보았다.

외교관은 매일 읽고 듣고 말하고 쓰는 직업이다. 그러한 외교관의 일상으로 민간 협상자와 함께 해적을 상대로 매일 24시간 내내 협상해 가는 과정을 보여주는 기록이 되었다.

10월 중순경 초고가 완성되었다. 이를 2006년 7월 당시 외교부 본부에서 동 협상을 지휘했던 이규형 차관(전 주중국대사), 실무 책임을 담당한 이준규 국장(전 주일본대사), 이영호 과장(전 주예멘대사), 정기홍 서기관(현재 주함부르크총영사)에게 보내서 의견을 구하였다. 그분들께 당시 사실관계를 확인하고 격의 없는 의견을 듣고 싶었다.

모든 분이 이 원고가 우선 동원호 피랍 사건을 민관 합동 체제로 대응하여 해결했던 만큼 그 외교사적 의미와 성과를 되새기는 의미 있는 기록이며, 특히 협상 과정을 시간대로 상세히 정리하고 두바이 현장에서의 긴박했던 상황을 그대로 묘사하여 흥미로우며, 전반적으로 협상의 기본을 이해하는 데 도움이 될 것이라는 취지로 평가해 주었다.

아울러 국제법 전문가인 정해웅 전 주알제리대사와 2011년 삼호쥬얼리호 피랍 사건 등 계기에 외교부 신속대응팀장을 여러 차례 수행했던 이수존 전 주칭다오총영사에게도 초고를 보냈다. 외교관으로서 해적과의 협상은 희귀한 경험이므로 앞으로 유사한 사건 대응에 좋은 지침서가 될 것으로 평가하고 전체 구성, 서술 방법과 표현 등 여러 측면에서 조언을 주었다.

이렇게 따뜻한 격려와 함께 여러 조언을 아끼지 않은 상기 외교부 상사, 선배, 동료분들께 심심한 감사의 뜻을 전한다.

이어 해적을 상대로 함께 협상한 강오순 상무(현 동원수산 사외이사)에게 초고를 보냈다. 강 상무는 세월이 오래되어 기억 일부는 지워졌지만, 초고 덕분에 새록새록 기억이 되살아났다고 하면서 당시 상황이 잘 정리되었으므로 이러한 기록이 앞으로 관계자들에게 좋은 참고가 되기 바란다고 평가해 주었다.

아울러 나이로비에서의 협상 초기에 '소말리아 현지에서의 협상'을 추진하였으나 해적 역시 위험하다고 판단하여 무산된 얘기, 나이로비에서 여러 약국을 찾아다니면서 말라리아 약을 구해 보내 준 일, 해적과의 지루한 협상 과정에서 마약 풀에 취한 해적과의 통화 시 애로사항 및 해적의 횡설수설, 변덕 등의 협상 수법, 김영미 기자의 협상 개입으로 마지막 협상 단계에서의 긴장 상황에 관한 기억 등을 전했다. 당시 두바이에서의 전화비용이 3천만 원이 넘었고, 자신은 무엇보다도 해적이 선원을 결코 해치지 않을 것이라는 확신이 있었기 때문에 마지막까지 해적과 끈기 있게 협상을 할 수 있었다고 회고하였다.

강 상무께 당시 협상팀에서 보여 주었던 포용적이며 개방적인 파트너십과 초고에 대한 평가와 격려에 대해 깊은 감사의 뜻을 전한다.

한편 정기홍 서기관은 김영미 PD가 2007년 3월 김홍길 선원과 함께 출간한『바다에서 길을 잃어버린 사람들』이라는 책을 상기시켜 주었다. 덕분에 나는 이 책을 읽고 동원호 피랍 사건의 전모에 다른 사실도 있음을 알게 되었으며 내가 그간 갖고 있던 몇 가지 의문의 퍼즐을 풀 수 있었다. 당시 사실관계를 보다 종합적으로 그리기 위해 그 책의 여러 부분을 그대로 인용하였다.

사실 김 기자의 저서를 읽어 보고 내가 당시 두바이 협상 현장과 〈PD 수첩〉 방영 등으로 인해 갖게 된 김 기자에 대한 인식이 조금 바뀌게 되었다. 김 기자가 당시 독립 PD로서 상당액의 자비로 위험을 무릅쓰고 현지로 들어가 생사의 고비를 넘기면서 취재했다는 사실에서 김 기자의 직업정신과 진정성을 느낄 수 있었다. 또 당시에 충분히 인식하지 못했던 선원들의 견디기 힘든 억류 생활도 좀 더 이해할 수 있었다.

두바이에서 해적과의 협상 중에 선원들에 대한 그러한 학대 행태를 알았다면 당연히 해적에게 강력히 항의하고 재발하지 않도록 계속 요구했을 것이다.[109]

다만 김 기자는 선원들에게 조기 석방을 위한 '현금 운반'을 약속한 후 생사의 고비를 넘기고 나서 외교부와 동원수산에 대한 불신이 더욱 깊어진 것 같으며 그래서 취재 내용의 일부 보도에 객관성 및 균형 감각을 충분히 확보하지 못한 것이 아닌가 하는 생각이 들었다.

사람들은 누구나 자기가 보고 듣고 겪은 것만이 사실의 전부인 것처럼 생각하는 경향이 있다. 그러나 진실은 몇 개의 사실만으로는 파악할 수 없다. 그것은 내가 외교관으로서, 세상의 지속(continuity)과 변화(change) 속에서 늘 무언가를 만들어야 하는 행위자(doer)로서 절감했던 변하지 않는 진실이다. 사실 조각들을 부단히 많이 모아서 제대로 맞추어야, 그나마 전체 진실의 일부가 보일까 말까 하는 것이 우리가 살고 있는 세상이자 현실이다.

특히 전문 직업인이라고 칭하는 사람들은 이러한 진실을 염두에 두어야 한다. 항상 겸손한 자세로 세상사의 수많은 조각을 역량이 닿는

---

109 나는 두바이 출장 후에 유사 사건 대응과 관련하여 관계부처 합동 협력 체제 구축, 외교부 자체 대응 체제 개선 방안 등에 관해 건의한 바 있으나 선원 안전 석방 후 사후 조치에 관해서는 특별한 문제의식이 없었다. 앞으로는 유사한 사건 해결 후에는 외교부의 피해 당사자 입장 청취 및 정신적·육체적 피해 회복에 관해 민간부문과 함께 대응하는 체제를 제도화하는 것이 바람직하다고 판단된다.

대로 모아서 짜 맞추고 분석하여 자기 입장을 표현하여야 할 것이다.

이 책 역시 내가 겪은 직접 경험과 알고 있는 사실을 바탕으로, 가능한 한 많은 사실을 모아서 균형 있게 객관적으로 써보려고 하였다. 이미 16년 이상의 세월이 흘러 사람들의 기억 속에서 사라진 동원호 피랍 사건에 관해 당시 직접, 간접으로 간여했던 사람들의 얘기와 함께 이 책이 그 사건의 진실을 이해하는 데 조금이나마 도움이 되기를 기대한다.

마지막으로 졸고가 이러한 책자로 나오는 데 수고해 주신 북랩 담당 편집자를 비롯한 여러분들께 감사의 마음을 전한다.